新版

例解
共済組合経理の実務

共済組合経理研究会［編］

JN196123

学陽書房

は し が き

　国家公務員共済組合（以下「共済組合」）は，共済組合に属する組合員又は
その被扶養者の病気，負傷，出産，死亡等の発生に対して適切な給付を行うほ
か，健康診断の実施，診療所・宿泊施設の経営，貯金の受入れ，臨時の資金貸
付け，生活物資の供給等，多岐にわたる事業を実施しています。

　共済組合がこれらの事業を適正，効率的かつ合理的に実施するためには，定
められた経理基準に基づき，運営の実態を明確に把握することが重要です。

　共済組合の事業は，一般企業にはみられない共済組合特有の経理処理もあり
ますが，基本は正規の簿記の原則に従って取引の整理・記録を行っています。

　本書は，共済組合において発生する各種取引の経理処理に係る手引書として
の活用を念頭に刊行されました。また，前回の刊行から23年が経過しており，
現在の共済組合における経理実務に則した内容とするため，今般，所要の改訂
を行い，新版として新たに刊行されることとなりました。

　本書が共済組合の経理事務に携わる方の一助となれば幸いです。

　令和 6 年12月

　　　　　　　　　　　　　　　　　　　　　　　　共済組合経理研究会

目　　次

第7章　出納計算表

第8章　決　算

凡　　例

法…………………国家公務員共済組合法（昭和33年5月1日法律第128号）

施行法……………国家公務員共済組合法の長期給付に関する施行法（昭和33年5月
　　　　　　　　　1日法律第129号）

施行令……………国家公務員共済組合法施行令（昭和33年6月30日政令第207号）

施行規則…………国家公務員共済組合法施行規則（昭和33年10月11日大蔵省令第54
　　　　　　　　　号）

財務諸表等規則…財務諸表等の用語，様式及び作成方法に関する規則（昭和38年11
　　　　　　　　　月27日大蔵省令第59号）

運用方針…………国家公務員共済組合法等の運用方針（昭和34年10月1日蔵計第
　　　　　　　　　2927号）

注解………………企業会計原則注解（昭和29年7月14日）

第1章　序　　論

§.1—— 共済組合制度経理の原則

わが国の共済組合制度は，明治38年に当時の官業製鉄所であった八幡製鉄所で，業務災害に対する補償をしたことから始まったとされている。

その後，退職年金給付制度が導入され，さらに，組合員の福利厚生を推進するための福祉事業も行われるようになって，共済組合制度は，制度的発展が進められ，逐次，内容の充実が図られてきた。

今日では，共済組合制度は，社会保障の一翼を担うものとして，また，組合員及びその遺族の生活安定と福祉を支える根幹としての重要な役割を果たしているが，その内容は多様なものとなっている。

共済組合制度の事業主体たる共済組合及び国家公務員共済組合連合会（以下「連合会」，これらを総称して「共済組合等」という。）は，その事業内容が組合員等の生活の安定，福祉の増進を図るという公益福祉的なものであり，特別の法律に基づいて設立が認められている法人（共済組合類型の法人）であるものの，平成13年12月に定められた特殊法人等整理合理化計画において「国の社会保障制度の一部を運営する機関であって主務省の政策実施機関とは性格が異なることを勘案し，特殊法人等の対象から除外」された法人との位置付けがなされている。このような法人の会計基準に視線を向けた場合，公共・公益事業推進のために特別の法律により設けられた法人では，事業の目的や内容が多種多様であるため統一的な会計処理は困難であるが，財政状態及び経営成績を真実にかつ明瞭に報告するため，企業会計原則に準拠した会計処理が要請される。

共済組合等においても，多様な事業内容の経営実態を正確に把握するととも

に，事業を適切かつ効率的に行っていくために，企業会計原則に準拠した共済組合制度における会計に適用する会計基準がある。その会計基準は，まず，①国家公務員共済組合法施行規則（昭和33年大蔵省令第54号）第2章第2節第7款（同規則第85条第2項で準用する場合を含む。）の規定によるものとし，次に，①の規定にないものについては，②特殊法人等会計処理基準（昭和62年10月（平成19年11月19日改訂）財政制度審議会公企業会計小委員会）を適用し，さらに，②に定めのないものについては，③一般に公正妥当と認められる企業会計の基準を適用することとされている。また，その基盤となる手法については，施行規則第52条において「取引を正規の簿記の原則に従つて整然かつ明りように，整理して記録しなければならない」と規定し，正規の簿記の原則に従って処理することを経理の原則として定めている。

　実務においては，現在，標準共済システム等の会計システムにより経理処理が行われており，簿記の知識が十分でなくても日々の経理処理をすることは可能ではあるが，共済組合等の経理は簿記が基本であることから，簿記の理論を理解することが必要不可欠である。

§.2 —— 簿記の意義

　簿記とは，企業に所属する財産及び資本に生じた変動を記録，計算，整理して，その結果を明らかにする方法である。

　簿記は，企業の正しい損益を確定し，かつ，一定時点における財政状態を明らかにするため，財産及び資本の変動を秩序正しく記録計算することが主な目的である。企業の経営活動の結果どのような成果が得られたか，また，財政の現状はどうなったかを正しく知ることが経営者にとって必要なことであり，これを基礎として将来とるべき方針を定めることができる。

　高度に発達した現在の経済社会においては，経営活動はますます複雑となり，これを見聞ないし記憶によって管理することは到底不可能で，経営者は簿記の助けを借りることにより，初めて経営活動を認識し，その成果を知ることができ，合理的な経営生活を営み得る。また簿記は，企業の他の計算制度に対

しても重要な各種の資料を提供する。すなわち，原価計算のためには原価構成要素の分類をなし，また統計のためには種々の数字・材料を提供する。

§.3——複式簿記

簿記は，計算記録法の相違によって，単式簿記と複式簿記に分類することができる。

単式簿記は，いわゆる家計簿のように財産の変動のみの記録計算をなすもので，特別の記録原理はなく専ら常識的な記録計算を行うものであり，資本に関する記録計算が行われないため，一定期間の純損益を確かめることができても，その原因を明らかにすることができない。従って，単式簿記は，財産及び資本の正確な記録計算を行うために用いられるものではなく，記帳技術が簡易であることから小規模な企業に適用される。

複式簿記は，これとは異なり，一定の記帳原則によって財産及び資本の変動をすべて記録計算する。その財産計算は，単式簿記のように専ら他人との貸借関係だけにとどまらず，財産及び資本のすべての構成部分に関する計算を行う。特に損益の記録計算を行うことから，経営成果の原因を明らかにすることができる。従って，企業の会計は，複式簿記による記録計算によって完全に整理される。

元来，一事業年度の純損益を計算する方法には，損益法と財産法の二つの方法がある。

損益法は，一定期間に発生した損失・利益の項目を集計して純損益を計算するもので，損益発生の原因を明確に表示する方法である。これに対し財産法は，純財産高，すなわち，資産から負債を差し引いた額を期首・期末の二時点間で比較し，増減した額を計算してその差額を純損益とする方法であり，損益の存在計算ともいうべきものである。財産法のみによるときは，損益発生の原因を確かめることができない欠点がある。これに対し，損益法のみによるときは，事実上の財産の増減を把握することができないため，計上した損失・利益は空虚なものとなる。

　企業会計が単に純損益の決定のみを目的とするものであったなら財産法のみでよい。この場合には，日常の取引すべての記帳記録は必要でなく，単に期末に財産の在高を確証すれば足りる。しかし，企業会計は，純損益のみではなく，それが生じた原因を確かめなければならない。従って，損益法による計算を行わなければならない。ただし，損益法による純損益の計算は複雑となり，損益法のみでは計算の脱漏を防ぐことが困難である。その結果，複式簿記が採用されることとなった。複式簿記では，一定の簿記の法則に従って記録計算を行うことで，損益法と財産法の純損益が必ず一致することとなる。これにより，損益発生の原因を損益法により確認するとともに，損益法による純損益の計算結果の正確性を財産法により確認することが可能となっている。

　このように企業の経営においては，損益について，その生じた原因を明確に把握することが重要な使命であり，また，これを行わなければ将来に対する適正な方針を確立することはできない。これを明確に把握できる複式簿記の方法によってこそ，その目的が達成できるものであり，また，損益法と財産法の両面より日常取引の記録計算が行われるので，自動的に記帳記録の検証が合わせて行われ，その正確性を期することができる。従って，今日の企業においては，複式簿記による記録計算の方法が要求される。むろん共済組合等の事業の経理も，複式簿記の記録計算の方法によってこそその目的が達せられることはいうまでもない。

§.4 —— 取　　　引

1　取引の意義

　簿記は，財産及び資本の変動を一定の簿記原理に従って記録計算する方法である。財産及び資本に変動を生ずる事項を取引という。取引とは，通常他人との間の売買・貸借その他の契約を指すものであるが，簿記では，財産及び資本に変動を生じ，簿記計算の単位をなす勘定に記入を必要とする事柄であって，当事者の意志や目的から離れて結果からのみ判断する。従って，家屋の賃貸借契約のようなものは通常では取引であるが，簿記上では取引とならない。これ

に対し，火災や盗難により資産が減少したときは，通常では取引とならないが，簿記上では取引と考えられている。

2 取引の種類

複式簿記における取引は，以下のとおり幾つかに分類することができる。

(1) 交換取引・損益取引・混合取引

交換取引は，交替取引とも呼ばれ，財産のある部分が他のものと交替するもので，損益の発生を伴わない取引である。例えば，商品の買入れを掛（後払い）とした取引は，商品という資産が増加し，買掛金という負債が増加する。また，建物を現金で購入した取引は，建物という資産が増加し，現金という資産が減少する。

損益取引は，損失及び利益の発生を伴う取引である。損失の発生は正味資産が減少し，利益の発生は正味資産が増加する。例えば，国庫負担金を小切手で受け取る取引は，負担金という利益が発生するとともに現金という資産が増加する。また，保健給付を小切手で支払うという取引は，保健給付という損失が発生するとともに当座預金という資産が減少する。

混合取引は，交換取引と損益取引が一取引に混合して同時に発生する取引である。例えば，連合会の保健経理貸付勘定からの借入金を返済すると同時にその利息も合わせ小切手で支払うという取引は，借入金という負債の減少と当座預金という資産の減少を来たす交換取引と，支払利息という損失の発生と当座預金の減少という損益取引とが混合して一つの取引となる。

(2) 現金取引・振替取引

これは，現金の収支に対する関係を標準とする分類法に基づく取引である。

現金取引は現金の収支を伴う取引をいい，振替取引は現金と無関係の部分を含む取引で，全く現金の収支に関係のない全部振替取引（例えば，商品を掛で仕入れる）と一部現金の収支を伴う一部振替取引（例えば，商品を仕入れ一部は現金で支払い，一部は掛で仕入れる）に分類することができる。

(3) 開業取引・経営取引・閉業取引

これは，発生の時期を標準とする分類法に基づく取引である。

　開業取引は事業設立又は開業に関する取引，経営取引は事業を経営するにつれ日常発生する営業取引，閉業取引は事業閉止の場合に清算事務を行うことにより生ずる取引である。

　日常の経営取引は，さらに，開始取引，日常取引及び決算取引に区分される。開始取引は，会計年度の初めにおいて前期から繰り越された資産，負債及び資本の記入を行う取引であり，開業取引に準ずるものである。また，決算取引は，会計年度の終わりにおいて損益を計算して各勘定の整理締切を行う取引である。

3　取引の二面性

　すべての取引は，財産上の変化と損益発生が二個以上の対立関係となって現われる。その対立する両者は，原因となりまた結果であると考えることができる。

　これを取引の二面性あるいは取引の二重性と呼んでいる。

　例えば，商品を現金で仕入れるという取引は，一方に商品の増加と他方に現金の減少という二面の結果を生じている。また，建物が焼失した場合は，一見建物の減少という一面の結果のみが生じたように思われるが，会計上に及ぼす影響を考えれば，建物焼失に伴う同額の損失（資本の減少）が生じているので，建物焼失に係る取引も，同様に二面計算を要求することとなる。

　このように，すべての取引が必ず二面性を有することは簿記の基本的事実であり，この認識なしに複式簿記を理解することはできない。

　資産，負債その他について，各種の取引の二面性を説明すると，次のとおり分類される。

　(1)　資産の増加

$$
資産増加\begin{cases}
資産減少（例：現金で商品を買い入れる）\\
負債増加（例：商品を掛で買い入れる）\\
資本増加（例：資本主から現金を元入れとして受け入れる）\\
利益発生（例：家賃を現金で受け入れる）
\end{cases}
$$

(2)　資産の減少

資産減少
- 資産増加（例：売掛金を現金で受け取る）
- 負債減少（例：買掛金を現金で支払う）
- 資本減少（例：資本主使用のため営業の現金を渡す）
- 損失発生（例：給与を現金で支払う）

(3)　負債の増加

負債増加
- 資産増加（例：借入金を現金で受け入れる）
- 負債減少（例：短期借入金を長期借入金に移換する）
- 資本減少（例：店主個人の借入金を営業の借入金に移す）
- 損失発生（例：臨時の出費を借入金で賄う）

(4)　負債の減少

負債減少
- 資産減少（例：買掛金を現金で支払う）
- 負債増加（例：借入金を社債に乗り換える）
- 資本増加（例：営業の借入金を店主個人の借入金に移す）
- 利益発生（例：家賃と借入金を相殺する）

(5)　資本の増加

資本増加
- 資産増加（例：現金を元入れする）
- 負債減少（例：借入金を資本金に振り替える）
- 資本減少（例：積立金を資本金に振り替える）
- 損失発生（例：無償で増資本をする）

(6)　資本の減少

資本減少
- 資産減少（例：出資金を現金にて払い戻す）
- 負債増加（例：店主個人の借入金を営業の借入金に移す）
- 資本増加（例：甲出資金を乙出資金に振り替える）
- 利益発生（例：営業の収入を店主の自己の用に供する）

(7)　利益の発生

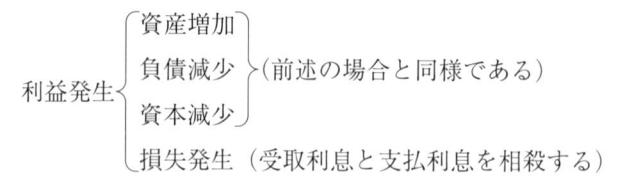

(8)　損失の発生

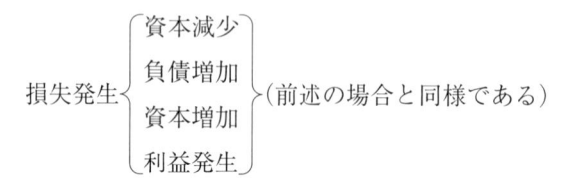

　以上のようにすべての取引は必ず二個以上の対立関係で構成されているものであり，その対立関係を示すと次のようになる。

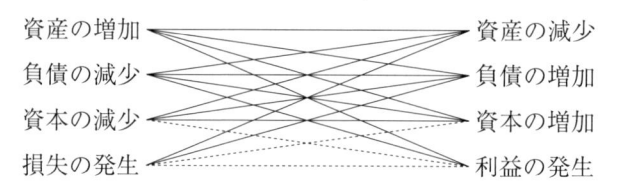

　これを取引8要素の結合関係表といい，すべての要素を結べば16種類となるが，資本の減少と利益の発生，損失の発生と資本の増加，損失の発生と利益の発生は同時に起こる取引が現実としてはないので，それらを除くと13種類になる。

§.5 ── 勘　　定

　勘定とは，同性質もしくは同種に属する財政上の事項に関して生じた増減，すなわち，資産，負債，資本並びに損益の継続的な記録及び計算を区分標示させたものである。

　言い換えれば，資産，負債，資本並びに損益の各項目の変動を明瞭にするために設けられた計算上の区分のことであって，簿記計算の単位をなすものである。記録及び計算される数字は常にいずれかの勘定の数字となり，勘定に属さ

ない数字は合計額以外には取り扱われない。勘定の種類は，大きく貸借対照表に属する勘定と損益計算書に属する勘定の２つに区分され，貸借対照表は資産勘定，負債勘定及び資本勘定に，また損益計算書は利益勘定及び損失勘定に分類される。さらに，各々の勘定につけられている，例えば，現金，商品等の名称を勘定科目と称する。

§.6 ── 借方・貸方（かりかた・かしかた）

　借方・貸方は会計用語の一つであり，帳簿の左側を借方，右側を貸方という。この用語は簿記発達の初期において，人名勘定，すなわち企業が他人との間に貸借関係を生じたときに，これらの債権債務を記帳するために，相手方人名を科目とする勘定にこの用語を使用したことに由来している。この場合，貸借は口座主を主体とするもので，借方は，口座主が借主又は債務者であることを意味し，相手方が企業に対して債務を負ったときに記入され，貸方は，口座主が貸主又は債権者であることを意味し，相手方が企業に対して債権を得たときに記入される。

　このような意味で借方・貸方の用語が用いられ，当初は不都合が生じなかったが，複式簿記が発明され，この両語をそのまま用いるようになってから両語の適用範囲が拡大されて人名勘定以外の各種財産及び資本構成部分に対しても用いるようになってきたことにより，従来の字義どおり解釈することに無理が生じ，結果，単に口座の左右両側の記号に過ぎないものと解されるようになった。従って，＋－，増減，出入等と解しても特段支障はない。

(1)　A会社から商品¥50,000を掛で買い入れる
(2)　B組合員に商品¥55,000を月賦で売り渡す
(3)　B組合員への月賦代金¥5,000を現金で受け取る
(4)　A会社へ買掛金¥5,000を現金で支払う

（借方）　商品勘定　（貸方）		（借方）　A会社勘定　（貸方）	
(1)　50,000	(2)　55,000	(4)　5,000	(1)　50,000
（仕入）	（売上）	（債務の減少）	（債務の増加）

（借方）　B組合員勘定　（貸方）		（借方）　現 金 勘 定　（貸方）	
(2)　55,000	(3)　5,000	(3)　5,000	(4)　5,000
（債権の増加）	（債権の減少）	（B組合員入金）	（A会社返済）

　この例において，A会社が当組合に対して商品代金の債権があること，また，B組合員に対して当組合が債権を有していることは，借方・貸方の文字どおり理解できるのであるが，商品勘定又は現金勘定については，借方・貸方の文字どおりの意味として理解できない。従って，複式簿記の発達した今日においては単なる記号と解せざるを得ない。

§.7―― 仕　訳（しわけ）

1　仕訳の意義

　簿記上の取引は，いずれかの勘定の借方と他の勘定の貸方とに分けて記録することとなる。

　各取引について，それがどの勘定の借方とどの勘定の貸方に記入すべきかを定めることを仕訳という。仕訳によって次の3つの事項が決定される。

(1)　勘定科目

(2)　勘定科目の借方に記録するか，貸方に記録するか

(3)　金額

2　仕訳の法則

　仕訳は，簿記記録の根本をなすものであり，出発点をなすものであるから十分に修得する必要がある。

　取引が単純である場合には仕訳をすることは必ずしも困難ではないが，取引が複雑で多数の勘定に記入されるものであるときは，どの勘定の借方と貸方とに記入すべきかを決めるのは容易でない場合がある。しかも複式簿記では，仕訳によって初めて取引が帳簿に記録されるので，仕訳を間違えた場合には最後まで発見されないことが多々あるから，十分慎重に行う必要がある。よって仕訳の法則を理解していることが有益である。この法則は次のとおりである。

(1) 資産の諸勘定は，増加を借方に，減少を貸方に記入する。

例：現金の増は借方，現金の減は貸方

(2) 負債の諸勘定は，増加を貸方に，減少を借方に記入する。

例：借入金の増は貸方，借入金の減は借方

(3) 資本の諸勘定は，増加を貸方に，減少を借方に記入する。（共済組合等の資本は，基本金及び剰余金（欠損金））

例：積立金の増は貸方，積立金の減は借方

(4) 利益の諸勘定は，発生を貸方に，減少を借方に記入する。

例：固定資産の売却益の発生は貸方

(5) 損失の諸勘定は，発生を借方に，減少を貸方に記入する。

例：固定資産の売却損の発生は借方

3 仕 訳 例

取引 8 要素の結合関係表で述べた13種類の取引について仕訳例をあげれば次のとおりである。

(1) （借方）資産の増加　　　　　（貸方）資産の減少

> **例** 現金￥100,000をA銀行に預金する。
> 　　（借方）資産の増加（普通預金）　　（貸方）資産の減少（現金）
> **例** A商店から椅子1脚を￥100,000で購入し小切手で支払う。
> 　　（借方）資産の増加（器具・備品）　　（貸方）資産の減少（当座預金）
> **例** A組合員に対する商品売掛代金￥5,000を現金で入金する。
> 　　（借方）資産の増加（現金）　　　　（貸方）資産の減少（売掛金）

(2) （借方）資産の増加　　　　　（貸方）負債の増加

> **例** 連合会より組合員貸付金の資金として￥5,000,000を借り入れ，直ちに預金した。
> 　　（借方）資産の増加（普通預金）　　（貸方）負債の増加（長期借入金）

(3)　（借方）資産の増加　　　　　　　　（貸方）資本の増加

　例　20年前に￥500,000で取得したＡ宿泊所の建物を評価見積りしたところ，￥5,000,000
　の価額の価値があるので￥5,000,000に再評価した。
　　　（借方）資産の増加（建物）　　　　　（貸方）資本の増加（再評価積立金）

　この種の取引は，共済組合等の経理においては少ないが，一般の企業会計に
おいては，開業する場合あるいは増資する場合に必ず発生する。

(4)　（借方）資産の増加　　　　　　　　（貸方）利益の発生

　例　給与支給機関より掛金￥5,000,000の小切手を受領し，直ちにＡ銀行に預金した。
　　　（借方）資産の増加（普通預金）　　　（貸方）利益の発生（掛金収入）
　例　直営診療所において，自組合員の診療所収入の収入未済分￥1,500,000を未収金に
　計上した。
　　　（借方）資産の増加（未収金）　　　　（貸方）利益の発生（内部患者収入）
　例　直営売店において，本日の商品売上は現金売￥100,000，掛売￥200,000，合計
　￥300,000であり，現金は直ちにＡ銀行に預金した。
　　　（借方）資産の増加（普通預金）　　　（貸方）利益の発生（商品売上）
　　　　　　　　　　　　（売　掛　金）

---

(5)　（借方）負債の減少　　　　　　　　（貸方）資産の減少

　例　連合会からの借入金のうち￥5,000,000を小切手で返済した。
　　　（借方）負債の減少（長期借入金）　　（貸方）資産の減少（当座預金）
　例　Ａ商会に対する医療用機械の未払代金￥500,000を小切手で支払った。
　　　（借方）負債の減少（未払金）　　　　（貸方）資産の減少（当座預金）

---

(6)　（借方）負債の減少　　　　　　　　（貸方）負債の増加

　例　連合会からの短期借入金を長期借入金に振替整理した。
　　　（借方）負債の減少（短期借入金）　　（貸方）負債の増加（長期借入金）
　例　掛金の過徴収分￥100,000を仮受金で整理していたが，未払金勘定をもって処理す
　るのが妥当であるので振替整理した。
　　　（借方）負債の減少（仮受金）　　　　（貸方）負債の増加（未払金）

---

(7)　（借方）負債の減少　　　　　　　（貸方）資本の増加

例　本年度決算において前年度末の支払準備金の計上額のうち¥100,000が過剰計上と
なったので，積立金に振り戻した。
　　（借方）負債の減少（支払準備金）　　（貸方）資本の増加（積立金）

---

(8)　（借方）負債の減少　　　　　　　（貸方）利益の発生

例　前年度における退職給与引当金の過剰計上額¥20,000を発見したので，前期損益修
正益で処理した。
　　（借方）負債の減少（退職給与引当金）　（貸方）利益の発生（前期損益修正益）

例　A商会より掛で仕入れていた商品¥100,000について，代金を支払期日より早期に
支払ったため，¥5,000の支払割引を受けた。
　　（借方）負債の減少（買掛金）　　　　（貸方）資産の減少（当座預金）
　　　　　　　　　　　　　　　　　　　　　　利益の発生（仕入値引）

---

(9)　（借方）資本の減少　　　　　　　（貸方）資産の減少

この種の取引は，共済組合等の場合は生ずることがないが，企業会計におけ
る例をあげれば次のようなものがある。

例　相手会社へ出資金を現金で払い戻した。
　　（借方）資本の減少（資本金）　　　　（貸方）資産の減少（現金）

---

(10)　（借方）資本の減少　　　　　　　（貸方）負債の増加

例　本年度の決算において前年度末における借入金の計上額に¥100,000の計上不足を
発見したので，本年度において積立金を長期借入金に振替整理した。
　　（借方）資本の減少（積立金）　　　　（貸方）負債の増加（長期借入金）

---

(11)　（借方）資本の減少　　　　　　　（貸方）資本の増加

例　本年度の決算において会館建設資金として積立金¥1,000,000を建設積立金として
積み立てた。
　　（借方）資本の減少（積立金）　　　　（貸方）資本の増加（建設積立金）

⑿　（借方）損失の発生　　　　　　　　　（貸方）資産の減少

> **例**　6月分の職員給与￥3,000,000を小切手で支払った。
> 　　（借方）損失の発生（職員給与）　　　（貸方）資産の減少（当座預金）
> **例**　A宿泊所において6月分の飲食材料費￥600,000を小切手で支払った。
> 　　（借方）損失の発生（飲食材料費）　　　（貸方）資産の減少（当座預金）

⒀　（借方）損失の発生　　　　　　　　　（貸方）負債の増加

> **例**　直営売店において￥200,000の商品を掛で仕入れた。
> 　　（借方）損失の発生（商品仕入）　　　（貸方）負債の増加（買掛金）

§.8 ── 正規の簿記の原則

　共済組合等の経理については，施行規則第52条において「この省令に定めるものを除くほか，取引を正規の簿記の原則に従つて整然かつ明りように，整理して記録しなければならない」と規定されている。

　共済組合等の経理は，すべての企業と同様に，事業によって生ずる取引を処理した結果，もっとも真実で公正妥当な財政状態及び経営成果を株主ともいうべき組合員及び事業主に対して報告するものでなければならない。この目的を達成するためには，正規の簿記の原則によってすべての記録計算を処理することが必要である。

　正規の簿記の原則とは，必ずしも法令によって強制されるものではない。すべての企業がその会計を処理するにあたって従わなければならない基準であり，記録計算の結果を集計し整理することによって，経営成績及び財政状態が一覧し得るような財務諸表が作成できるような法則に適合した記録上の原則である。

勘 定 科 目

§.1 —— 勘定科目の設定

　勘定科目とは，既に述べたように各種の勘定に付けた名称をいう。取引が行われた場合に，それを記録計算する単位であり，財産及び損益の各項目がどのように変化していくかを示すものである。

　勘定科目の精粗は，事業の必要に応じて定められるもので一様ではない。例えば，事業が小規模であれば一勘定科目で処理し得る経費でも，やや大きな事業では，諸勘定科目に分割して記入する必要がある。ただし，あまり細分すれば簿記方の負担を大きくし，総合し過ぎれば記録の明瞭性を欠くことになる。この勘定科目は，組織立案に際して重要な事項であり，事業その他の規模に応じて適切に設定すべきである。また，一度設定した勘定科目は，みだりに変更すべきではない。事業の経営成績及び財政状態を観察するために，数年度の実績を比較できるよう，勘定科目の連続性を保つことは必要不可欠である。

　勘定科目の設定にあたっては，次のような点に注意する必要がある。

(1)　勘定科目は，それ自身の取引の実質を明確に表わすものでなければならない。

(2)　勘定科目は，借方・貸方が単純に相殺し得るよう同性質のものが記入されなければならない。また，例えば商品は資産の増減と損益発生を同一勘定科目で記入するので混合勘定での使用は避けるべきであり，受取利息及び支払利息は利息勘定に区分して記入しなければならない。

(3)　勘定科目は，形態による区分と機能による区別とがある。土地・建物等は形態による区別であるが，保養所・診療所等と称するものは機能による区分である。また，給料・家賃等は形態による区別であるが，営業費・販

売費は機能による区分である。このような場合は，両者を混同しないよう注意しなければならない。

(4)　複雑な事業では勘定科目の数が非常に多数になる。共済組合等の経理においては，従来より貸借対照表における資産区分として流動資産，固定資産などの財務諸表上の区分を大項目としている。その下に，例えば，現金及び現金同等物を現金・預金という勘定科目を設け，さらにこれを現金，当座預金，普通預金，定期預金等に細分化して勘定科目を設ける場合，前者を中項目，後者を小項目として管理している。中項目は元帳の口座であり，小項目は元帳の口座又は補助簿の口座であるが，小項目を元帳の口座にするかは，事業の事情により決定しなければならない。

なお，施行規則第53条の規定により，各経理単位においては，資産勘定，負債勘定，純資産勘定，利益勘定及び損失勘定を設け，取引の整理を行う。

§.2 —— 勘定科目の分類

共済組合等における勘定科目は，貸借対照表に属する勘定科目（資産・負債及び純資産の勘定科目）と損益計算書に属する勘定科目（利益及び損失の勘定科目）に大別される。

貸借対照表に属する勘定科目には，借方に流動資産（1年未満のうちに換金される状態にある資産），固定資産（1年以上にわたって事業の用に供する性質を有する資産及び利殖等の目的をもってする投資資産）及び繰延資産（本来費用としての性質を持つが，期間損益計算の必要から計算的に資産として次年度以降へ費用を分割計上させるために繰延べを行う資産）があり，貸方に流動負債（1年未満のうちに支払われる債務），固定負債（1年以上にわたる借入債務及び資産勘定の控除項目又は将来予定される支出に対する留保資産）並びに基本金及び剰余金がある。

損益計算書に属する勘定科目には，借方に経常費用（本来の事業を達成するために支出される費用並びに連合会及び他経理への繰入金）及び特別損失（事業運営に派生して支出される費用の項目）があり，貸方に経常収益（本来の事

業による収入項目及び他経理よりの繰入金）及び特別利益（本来の事業による
収入以外の収入項目）がある。

§.3 —— 特殊な勘定科目

勘定科目には，計算技術上の関係性を称するもの，及び計算技術上の目的か
ら設定される特殊な性質を有するものもあり，たとえ勘定という文字を用いて
いても，会計処理を記録する計算単位としての名称（勘定科目名）とは異なる
ものも存在するので注意する必要がある。

1　評価勘定

ある勘定から金額を直接控除することが不適当あるいは不可能と認められる
場合に，その勘定から間接控除の形式で貸借反対に対比的に設定される勘定を
評価勘定という。

例えば，貸倒引当金は，貸付金あるいは売掛債権に対して予め将来の損失を
見積り，これらの債権額から控除する形式をもって表示された勘定である。こ
のような勘定の実価は，評価勘定の金額を控除して初めて評定される。また評
価勘定は，間接控除の形式で設けられるので，相殺勘定・差引勘定・控除勘定
あるいは修正勘定とも呼ばれる。

2　対照勘定

支払能力その他共済組合等の財政状態に影態を及ぼす事実関係を貸借対照表
に的確に明示するために，二個の勘定を貸借双方に対立的に設けた場合にその
両勘定のことを対照勘定という。

対照勘定の特徴は，二個の勘定が同一金額をもって同時に発生又は消滅し，
各々独立しては存在しないということである。例えば，工事契約において，そ
の契約保証金として業者より有価証券を徴した際に（借方）保管有価証券，
（貸方）預り有価証券として処理した場合，この両勘定は対照勘定と呼ばれる。

なお，対照勘定は，相互勘定，あるいは会計上備忘の目的から用いられる場

合には備忘勘定とも呼ばれる。

3　統轄勘定

　同一種類の多数の勘定を集合して一個の勘定を設ける場合，これを統轄勘定（あるいは統制勘定）という。

　統轄勘定にはその内訳明細を示す多数の勘定がある。通常，補助簿に記録されている多数の同一種類の勘定が集合して一個の勘定として元帳に記録されると統轄勘定となる。

　例えば，組合員貸付金は，小項目として一般貸付金・住宅貸付金・特別貸付金・特別住宅貸付金の同一種類の勘定が集合して元帳に記録されるので，統轄勘定と称される。

第3章　貸借対照表勘定

§.1 ── 流動資産に属する勘定

　流動資産とは，現金又は短期間で現金あるいは他の資産に代わり得る資産である。流動資産に属する勘定科目のうち，現金・預金・売掛金のように比較的回転速度の速いものを当座資産といい，商品・貯蔵品・仕掛品等のような流動資産で主としてその在高をたな卸の方法により確定されるものをたな卸資産という。

　資産における短期，長期，流動，固定という概念は，すべて相対的な概念である。短期又は長期とは，会計学上，1カ年を基準として1年未満のものを短期，1年以上のものを長期に区分している。これは企業会計原則及び財務諸表等規則をみても明らかである。また流動資産は，固定資産，繰延資産と対立するものである。

1　現金・預金

(1)　現　　金

　金銭の出入を整理記録するための勘定である。簿記上における現金は，金銭（通貨）及び通貨代用証券（小切手・郵便為替証書・国庫送金通知書等，金融機関の窓口で換金できるもの）が含まれる。共済組合等においては，収入現金はすべて取引金融機関に預入することとし（施行規則第43条），また支払いは，小切手による方法を原則として，現金による支払いは制限されている（施行規則第45条）。従って，現金勘定の取引が発生する場合は，施行規則第41条第2項に規定する現金を保有する場合，すなわち，出納締切後に収納した現金を保有する場合，あるいは施行規則第45条第1項ただし書の規定による支払い

のための現金を保有する場合に概ね限定される。この場合，翌日に繰り越される現金を現金勘定で処理する。

保健経理，医療経理，宿泊経理及び物資経理等においては，その事業運営上その収入金に対してはつり銭の準備が必要な場合がある。

このつり銭は支払資金ではないため，自己宛の小切手を振り出して現金化することはできない。従って，毎日の収入金からつり銭に必要な一定金額の現金を留保しておく以外に方法がない。このことから，つり銭に必要な現金は，出納締切後に収納した現金と解して逐次に翌日に繰り越すことができることとされており（運用方針施行規則第41条関係），この場合も現金勘定で処理される。

現金取引の時点は，現金が実際に収入又は支出されたときであるが，当日の収入又は支出で当日に残高が生じない場合は，現金勘定は省略しても差し支えないものと考えられる。一方で，組合員に対する貸付金を現金払いする場合等において，現金化した当日に借受人が不在等の理由により受領しなかった場合には，当該現金は翌日に繰り越される結果とならざるを得ないものと考えられるので，現金勘定を起こして整理することとなる。

> **例**　直営売店における本日の現金売上は￥100,000で，そのうち￥30,000は出納締切後の売上であった。
>
> （借方）現　　金　　　　　30,000　　　（貸方）商品売上　　　　　100,000
> 　　　　普通預金　　　　　70,000
>
> **例**　A宿泊所の日常消費する文房具を購入するため，￥50,000の自己宛の小切手を振り出し現金化した。
>
> （借方）現　　金　　　　　50,000　　　（貸方）当座預金　　　　　50,000
>
> **例**　B宿泊所において宿泊客の料理用に国産黒毛和牛の肉1kgを購入し，その代金￥30,000を現金で支払った。
>
> （借方）飲食材料費　　　　30,000　　　（貸方）現　　金　　　　　30,000

(2)　当座預金・普通預金・通知預金・定期預金

当座預金は銀行との当座取引契約を締結した支払手段として使用され，普通預金は通常の支払資金の保管運用及び支払手段として，通知預金は通常の支払資金の保管運用の手段として，また，定期預金は剰余金の見返資金等の保管運

用の手段として使用される。

余裕金（支払資金を含む。）のうち，当座の支払資金にあっては，短期の預金（当座預金・普通預金・通知預金又は別段預金をいう。）（運用方針施行規則第12条関係）とし，その他の資金にあっては長期の銀行預金（当座預金・普通預金・通知預金・別段預金以外の銀行預金）とする（施行規則第12条第2項）。

収入金はすべて取引金融機関に預入されることとなるが，これは普通預金あるいは通知預金として処理されるのが通常である。また支払いはすべて小切手によることとなるので必ず普通預金あるいは通知預金から必要額を当座預金に振り替えて処理される。しかし預金口座相互間に資金を移動する場合，給付金及び組合員に対する貸付金の支払いを取引金融機関に委託する場合，隔地者に対し支払いをする場合あるいは会計単位間に資金を回送する場合等においては，当座預金に振替え処理することなく普通預金で直接処理することができる（施行規則第35条ただし書）。

当座預金は，小切手による支払い手段として使用されるので，小切手を振り出したがその受取人が銀行への提示を遅延していれば，元帳口座の残高と銀行の預金残高とが一致しない場合がある。この場合は，記帳の一致しない原因を確認するため未提示小切手の明細を作成する必要がある。

通知預金は，短日間据置期間があり，払戻しをするときは一定期日前に通知することを約束した預金である。

定期預金は，期限付預金で契約期間は3カ月・6カ月・1カ年定期等に分類される。

例 連合会Ｔ病院からの診療費の請求に対し，審査確定し，¥5,000,000をＡ銀行虎の門支店払いの小切手で支払った。

（借方）直営保健給付　　5,000,000　　　（貸方）当座預金　　　　5,000,000

例 給与支給機関より本月分の短期掛金¥1,000,000の小切手を受け取り，Ａ銀行虎の門支店の普通預金に預け入れた。

（借方）普通預金　　　　1,000,000　　　（貸方）掛金収入　　　　1,000,000

例 Ａ宿泊所の本月購入の飲食材料費を小切手で支払うため，¥800,000を普通預金より当座預金に振り替えた。

　　　（借方）当座預金　　　　　800,000　　　（貸方）普通預金　　　　　800,000
例　支出官より本月分の長期給付の国庫負担金￥3,000,000を受け取り，A銀行の通知
　　預金に預け入れた。
　　　（借方）通知預金　　　　3,000,000　　　（貸方）負担金収入　　　3,000,000
例　A銀行の通知預金のうち￥1,000,000をA銀行の定期預金に振り替えた。
　　　（借方）定期預金　　　　1,000,000　　　（貸方）通知預金　　　　1,000,000
例　A銀行の定期預金￥1,000,000が満期日となったので，再びA銀行の定期預金とし
　　て同額を預け入れた。
　　　（借方）定期預金　　　　1,000,000　　　（貸方）定期預金　　　　1,000,000
例　B支部より￥500,000の支払資金の送金の要求があったので，A銀行に対し本部よ
　　り送金を依頼しB支部長の口座に送金した。
　　〈本部の仕訳〉
　　　（借方）支部勘定　　　　　500,000　　　（貸方）普通預金　　　　　500,000
　　〈支部の仕訳〉
　　　（借方）普通預金　　　　　500,000　　　（貸方）本部勘定　　　　　500,000

(3)　金銭信託

　共済組合等の業務上の余裕金の運用方法の一つとして，信託業務を営む金融
機関（金融機関の信託業務の兼営等に関する法律（以下「兼営法」という。）
の認可を受けた金融機関）への金銭信託で元本補てんの契約があるものを認め
ている（施行令第8条）。

　金銭信託とは，金銭の信託（信託の引受時における財産の種類が金銭である
もの）のうち，信託終了時に委託者に金銭で交付されるものである。

　金銭信託は，その運用方法により，特定金銭信託，指定金銭信託及び無指定
金銭信託に分類される。さらに，信託財産の管理方法の違いにより，単独運用
と合同運用に分類され，単独運用は，ある信託財産のみを他の信託財産と区分
して単独で運用されるものをいい，合同運用は，運用方法を同じくする複数の
信託の信託財産を合同して運用するものをいう。

　特定金銭信託とは，信託契約において委託者が運用の方法，目的物を具体的
に特定するもので，受託者は単に投資手続の実行に任ずるのみである。特定金
銭信託では，運用方法が特定されることから，元本補てん契約をすることは禁

止されている（信託業法第24条，兼営法第6条）。

　指定金銭信託とは，運用方法及び目的物の種類（例えば，株式の買入れ・貸付金等）が指定されているものであり，受託者は，善良な管理者として指定された範囲内において，最も確実有利な方法を選んで投資しなければならない。指定金銭信託では，具体的な投資に当たって，受託者の裁量に負うところが大きいため，信託元本に損失を生じた場合又は予め一定額の利益を得なかった場合に，これを補てんし又は補足する旨の契約をすることができ（兼営法第6条），受託者が元本補てんの責に任ずることが通例となっている。

　なお，無指定金銭信託は，運用方法及び目的物の種類について特定も指定もないものであるが，実務上は取り扱われていない。

　よって，共済組合等が行う金銭信託は，単独運用又は合同運用による指定金銭信託となる。

例　資金の効率的運用を図るため，普通預金¥5,000,000からB信託銀行の金銭信託に預け替えた。

　　（借方）金銭信託　　　　5,000,000　　　　（貸方）普通預金　　　　5,000,000

例　B信託銀行の金銭信託¥5,000,000が満期日となったので，普通預金に預け入れた。

　　（借方）普通預金　　　　5,000,000　　　　（貸方）金銭信託　　　　5,000,000

例　支払資金に不足を来たしたので，満期日となった金銭信託¥2,000,000を解約して普通預金に預け入れた。

　　（借方）普通預金　　　　2,000,000　　　　（貸方）金銭信託　　　　2,000,000

例　貸付信託の受取利息¥350,000を金銭信託に預け入れた。

　　（借方）金銭信託　　　　350,000　　　　（貸方）信託収益　　　　350,000

　（参考）金銭の信託は以下のとおり分類される。

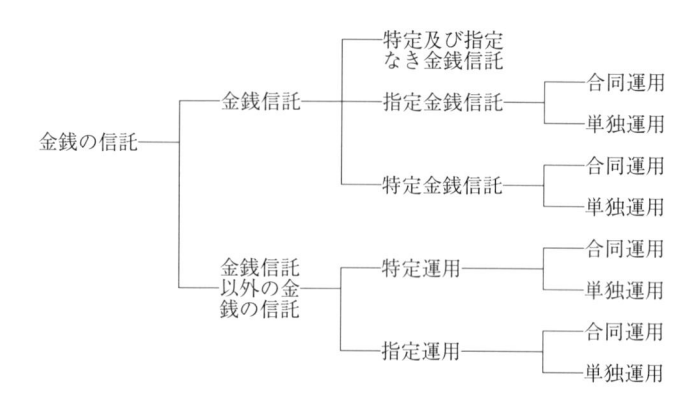

⑷　預　託　金

　短期経理の支払準備金の2分の1に相当する金額を連合会に預託する際の預託金を処理する勘定である。

　医療費の増大等により短期経理の財政状況が悪化している共済組合に対し，共済組合間の相互扶助の精神に基づき交付金を交付することにより，組合員間の給付と負担に大幅な格差が生じないようにするための財政調整事業，及び，共済組合の短期給付に係る事業のうち共同して行うことが適当と認められる事業を連合会が行っている。

　これらの事業の財源の一部に充てるため，共済組合の短期経理の支払準備金の2分の1を連合会に預託することとされ（施行令附則第8条第8項），連合会はこれらの預託金の運用収入を事業費に充てている。

2　売　掛　金

　通常の取引に基づいて発生した営業上の未収金（役務の提供による営業収益で未収のものを含み，破産債権，更生債権その他これらに準ずる債権で1年以内に回収されないことが明らかなものは除く。財務諸表等規則第15条）を処理する勘定である。

　例えば，商品の売上代金の未収金がこれにあたる。なお，共済組合等において商品の売買を取り扱う経理単位は，商品販売が主目的である物資経理，各福祉施設内で売店を設けて商品を販売する医療経理及び宿泊経理並びに旧令医療

経理であるが，物資経理以外は現金販売が主であるため，掛売は基本的に発生しないものと考えられる。

　購入者が商品を共済組合等より受領確認し，共済組合等が納品を完了して商品代金の納入がない場合には，売掛金としてその債権額を表示する。

例　本日，直営売店で商品￥150,000を売り上げ，￥100,000は現金売り，￥50,000は後から受領することとした。

	（借方）現　　金	100,000	（貸方）商品売上	150,000
	売 掛 金	50,000		

例　上記売掛金￥50,000について現金で支払いを受け，直ちにA銀行に預け入れた。

	（借方）普通預金	50,000	（貸方）売 掛 金	50,000

例　電気製品の割賦展示即売会を実施し，購入者の現品受領月日を確認して商品の仕入，売上の整理をした。（仕入金額￥200,000，利潤割掛率３％）

	（借方）商品仕入	200,000	（貸方）買 掛 金	200,000
	売 掛 金	206,000	商品売上	206,000

例　上記売掛金のうち，第１回目の回収額￥10,300を給与支給機関より小切手で受け取り，直ちにA銀行に預け入れた。

	（借方）普通預金	10,300	（貸方）売 掛 金	10,300

例　決算において売掛金の肉容を調査したところ，回収不能の不良債権￥10,000があるので損金処理した。

	（借方）貸倒損失	10,000	（貸方）売 掛 金	10,000

3　有 価 証 券

　厚生年金保険経理，退職等年金経理，保健経理貸付勘定，貯金経理，貸付経理及び短期財調経理といった資金運用を積極的に実施する経理以外の経理において，国債・地方債・社債その他の諸債券等を処理する勘定である。この勘定は一時的所有を目的とするもので，一時的な資金の余裕があれば効率的運用を図るため有価証券を取得し，支払資金に不足が生ずれば直ちに預金勘定に振り替えられるべき性格のものである。

　この勘定に属する有価証券は，各経理における資金の性格上，生じるケースは少ないと考えられるので，取引の処理方法等については，投資その他の資産

に譲ることとする。

　なお，厚生年金保険経理，退職等年金経理，保健経理貸付勘定，貯金経理，貸付経理及び短期財調経理といった資金運用を積極的に実施する経理において，いわゆる自家運用として保有する有価証券は，投資・運用等を目的としたものであるので，「投資有価証券」の勘定科目において整理する。

> **例**　短期経理において一時的に資金の余裕ができたので，3カ月の所有を目途に国債¥1,000,000を購入した。
>
> 　　（借方）有価証券　　　　1,000,000　　　　（貸方）普通預金　　　　1,000,000
>
> **例**　上記の国債が3カ月経過したので売却することとした。利息は¥10,000であった。
>
> 　　（借方）普通預金　　　　1,010,000　　　　（貸方）有価証券　　　　1,000,000
>
> 　　　　　　　　　　　　　　　　　　　　　　　　　　有価証券利息　　　　10,000

4　保管有価証券（預り有価証券）

　保管有価証券は，預り有価証券に対する，帳簿上に備忘記録するために設けられる貸借一対となる対照勘定である。

　預り有価証券は，共済組合等が工事若しくは物品納入等の契約をした場合に，相手方が契約保証金（契約金額の100分の10以上の金額を納めさせなければならない（施行規則第29条第1項）。）又は入札保証金（見積り契約金額の100分の5以上の金額を納めさせなければならない（施行規則第27条の3第1項）。）として共済組合等に差し入れた有価証券を処理する勘定である。

　この保管有価証券に対しては，必ず相手勘定として預り有価証券勘定が存在しなければならない。従って，財務諸表上には，対照勘定として同金額が必ず表示される。保証金として保管する有価証券は，国債，政府の保証のある債券等（施行規則第27条の3第2項，運用方針施行規則第27条の3関係）である。

> **例**　東京共済会館新築工事請負契約保証金として，A会社より国債額面¥10,000,000を受け取った。
>
> 　　（借方）保管有価証券　　10,000,000　　　　（貸方）預り有価証券　　10,000,000

例　東京共済会館が完成し引渡しを終わったので，契約保証金を返還した。

　　（借方）預り有価証券　　10,000,000　　　　　（貸方）保管有価証券　　10,000,000

（注）　政府の保証のある債券の種類は，現在（令和5年度）次のようなものがある。

(1)　株式会社日本政策金融公庫の発行する社債

(2)　株式会社国際協力銀行の発行する社債

(3)　独立行政法人国際協力機構有償資金協力部門の発行する債券

(4)　独立行政法人エネルギー・金属鉱物資源機構の発行する債券

(5)　独立行政法人日本高速道路保有・債務返済機構の発行する債券

(6)　独立行政法人住宅金融支援機構の発行する債券

(7)　株式会社日本政策投資銀行が発行する社債及び債券

(8)　株式会社日本貿易保険が発行する社債

(9)　預金保険機構が発行する債券

(10)　銀行等保有株式取得機構の発行する債券

(11)　株式会社産業革新投資機構の発行する社債

(12)　株式会社地域経済活性化支援機構の発行する社債

(13)　原子力損害賠償・廃炉等支援機構の発行する債券

(14)　株式会社東日本大震災事業者再生支援機構の発行する社債

(15)　株式会社民間資金等活用事業推進機構の発行する社債

(16)　株式会社海外交通・都市開発事業支援機構の発行する社債

(17)　電力広域的運営推進機関の発行する債券

(18)　株式会社海外通信・放送・郵便事業支援機構の発行する社債

(19)　社会保険診療報酬支払基金の発行する債券

(20)　民間都市開発推進機構の発行する債券

(21)　中部国際空港株式会社の発行する社債

(22)　地方公共団体金融機構の発行する債券

5　商　　　品

　商品（販売の目的をもって所有する物品であり，営業を主目的とするもの（財務諸表等規則第15条，同ガイドライン15-5））の売買取引を処理する勘定である。共済組合等で商品の売買を取り扱う経理単位は原則として物資経理のみであるが，保健経理，医療経理及び宿泊経理並びに旧令医療経理においても当該施設内に売店を設け商品の売買を行う場合があるので，その場合はこの勘定

で処理することとなる。

　なお，商品仕入及び商品売上は損益計算書勘定科目となり，年度末において在庫品のたな卸を行って，商品の実際の在高を確認したたな卸商品は貸借対照表勘定科目となる。このため，商品販売益の勘定科目は損益計算書において表示されないが，商品仕入と商品売上の各勘定科目の残高の差額が商品販売益となり，自動的に算出される。

　例えば，当期の仕入高¥500,000，売上高¥400,000及び実地たな卸の結果による期末たな卸高は¥200,000とすれば，決算整理の方法は次のようになる。

〈整理仕訳〉（借方）たな卸商品　200,000　　　（貸方）商品売上　　　200,000

　前記の方法は，期末たな卸商品を仕入原価で売り上げたものとして整理した方法であり，商品売上と商品仕入との差額¥100,000が商品販売益となる。

　この方法とは別に，期末たな卸商品を商品仕入勘定に振り替えて仕入高を減額する方法があり，次のように処理される。

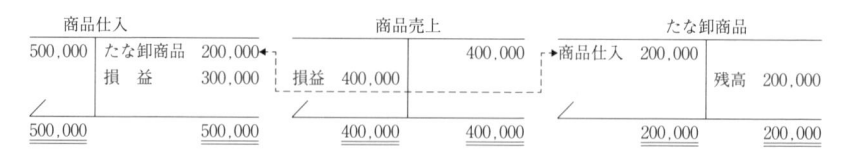

〈整理仕訳〉（借方）たな卸商品　200,000　　　（貸方）商品仕入　　　200,000

　次に割賦販売に伴う期末売掛金に対する未実現利益の計上額が¥20,000とすれば，次のような整理方法となる（商品売上の残高を¥100,000とする。）。

商品売上		未実現利益	
未実現利益　20,000	100,000		商品売上　20,000
損　　益　80,000		残高　　20,000	

〈整理仕訳〉（借方）商品売上　　　20,000　　　（貸方）未実現利益　　20,000

なお，各勘定科目の内容を示せば次のとおりである。

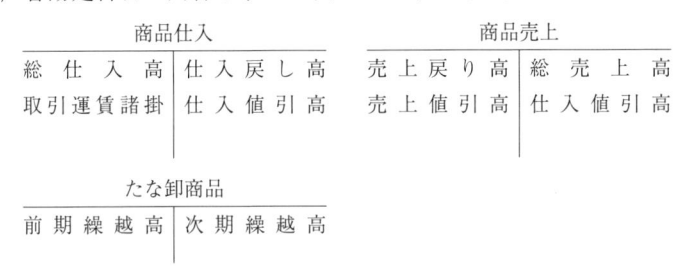

商品仕入		商品売上	
総 仕 入 高	仕 入 戻 し 高	売 上 戻 り 高	総 売 上 高
取引運賃諸掛	仕 入 値 引 高	売 上 値 引 高	仕 入 値 引 高

たな卸商品	
前 期 繰 越 高	次 期 繰 越 高

　共済組合等の商品販売の取扱いとしては，各々の会計単位において売買する方法と，本部で一括購入契約を締結して各会計単位に商品を送付する方法とがある。前者の場合における商品勘定の処理方法は前述したとおりであるが，後者の場合には会計単位間における取引が発生する。この会計単位間における取引の処理方法については，次のような方法が考えられる。

(1)　　　〈本部の取引〉　　　　　　　　　　　〈支部の取引〉

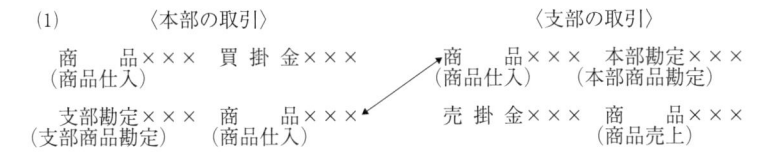

```
    商　　品×××　買 掛 金×××      →商　　品×××　本部勘定×××
    （商品仕入）                      （商品仕入）　　（本部商品勘定）
    支部勘定×××　商　　品×××      売 掛 金×××　商　　品×××
    （支部商品勘定）（商品仕入）                     （商品売上）
```

　本部より支部に商品勘定を振り替える場合に，購入原価で処理する場合と販売価額で処理する場合とがあるが，購入原価で処理する場合は，支部において商品販売益が計上され，販売価額で処理する場合は，本部において商品販売益が計上される。

(2)　　　〈本部の取引〉　　　　　　　　　　　〈支部の取引〉

```
    商　　品×××　買 掛 金×××      →売 掛 金×××　本部勘定×××
    支部勘定×××　商　　品×××      支部勘定×××　商　　品×××
```

　本部より購入組合員に直送した場合は，支部においては商品の納入が現実に行われなかったとの考え方で，支部における商品勘定を省略することも考えられ，この場合は，本部において商品販売益が計上される。

　本部より購入組合員に直送する場合には，本部における商品勘定の取引の時点が問題となる。発送の時点で処理する発生主義によることは，事務処理上不可能と考えられるので，購入者から現品受領の通知を受けたことによりその検

収を確認し，その時点で処理することとなる。この場合は，年度区分を誤らないよう，年度内の検収については，年度内の取引として処理しなければならない。

このような不合理をできるだけ合理的に処理するため，次のような方法も考えられる。

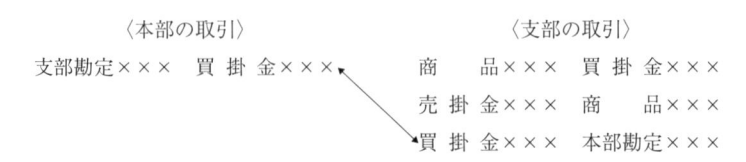

〈本部の取引〉
支部勘定×××　買掛金×××

〈支部の取引〉
商　　品×××　買掛金×××
売掛金×××　商　　品×××
買掛金×××　本部勘定×××

支部において，現品受領確認をもって商品勘定の処理をし，買掛金を本部に付け替えて処理する方法であり，この場合の商品販売益は支部において計上される。

商品勘定の会計単位間における取引については，未達商品が生ずる場合がある。未達商品とは，本部，支部，所属所相互間の取引において，一方から送付した商品が未だ輸送の途中にあって，他方に到着しない状態にある商品である。

この場合，発送者側では既に取引の記録が行われているが，受取側では記録が行われていないことになる。未達商品が問題となるのは，主として決算時である。

決算においては，通常共済組合等内部の勘定は貸借が一致し相殺されて財務諸表には表示されない。しかしながら，本支部取引に未達取引があるときは，本部勘定と支部勘定の各々の残高が一致しないこととなるが，この不一致は，数日を経れば商品等の到着によって解消する見込みであることから，期中においては特に未達商品勘定を設定してまで処理する必要はないと考えられるものの，決算時においては，未達取引があれば，その内容を調査のうえ未達商品勘定で処理し，本部勘定，支部勘定の残高を一致させなければならない。

例　A商会より掃除機3台を購入し（@¥50,000），1台分は小切手で支払い，その他は掛買とした。

（借方）商　　品 　　　（商品仕入）	150,000	（貸方）当座預金	50,000
		買　掛　金	100,000

例　組合員Bに対し上記掃除機1台を¥60,000で20カ月の分割払いにて売却した。

（借方）売　掛　金	60,000	（貸方）商　　品 　　　（商品売上）	60,000

例　前記掃除機の第1回目の代金¥3,000を給与支給機関より受け取った。

（借方）普通預金	3,000	（貸方）売　掛　金	3,000

例　C商会より2カ月後払いの契約で買い入れた売店販売用土産品のうち，30個（@¥1,000）¥30,000が品質不良と判明したため，C商会に返戻した。

（借方）買　掛　金	30,000	（貸方）商品仕入	30,000

例　組合員Dに現金で売却した洋服1着¥12,000が品質不良のため返却されたので，小切手で支払った。

（借方）商品売上	12,000	（貸方）当座預金	12,000

例　組合員Eに現金で売却した純米大吟醸酒1本¥15,000を梱包している外箱に破損箇所があることが判明したので1割引をし，割引額を小切手で支払った。

（借方）商品売上	1,500	（貸方）当座預金	1,500

例　F商会より現金で購入した掛け時計1個¥13,000の表面ガラスに微少なキズがあることが判明したので1割値引させ，小切手で受け取り直ちに取引金融機関に預入した。

（借方）普通預金	1,300	（貸方）商品仕入	1,300

6　受託商品（受託商品引受）

　共済組合等が他人から販売することを依頼されて委託品を受け取った場合に，自己の商品と区分するために設ける勘定である。

　通常の簿記では，販売のため受け取った商品自体については，他人の商品であるため仕訳をしない場合もあるが，共済組合等の経理では，商品の中に委託品がある場合には，その内訳を明確にするための備忘勘定として受託商品勘定があり，この対照勘定として受託商品引受勘定がある。

　対照勘定であるから，両勘定の残高は常に一致しなければならない。

例　A商会より受託商品¥30,000を受け取った。受託商品手数料は2％である。

（借方）受託商品	30,000	（貸方）受託商品引受	30,000

例　受託商品¥10,000を現金で売却した。

（借方）現　　金	10,000	（貸方）受託販売	10,000
受託販売	200	受託商品手数料収入	200
受託商品引受	10,000	受託商品	10,000

例　A商会に対し売却代金として手数料を差し引き¥9,800を小切手で支払った。

（借方）受託販売	9,800	（貸方）当座預金	9,800

例　A商会より受託を受けた受託商品¥10,000を返却した。

（借方）受託商品引受	10,000	（貸方）受託商品	10,000

例　受託商品¥10,000を掛で売却した。

（借方）売 掛 金	10,000	（貸方）受託販売	10,000
受託販売	200	受託商品手数料収入	200
受託商品引受	10,000	受託商品	10,000

例　上記売掛代金が入金されたので，A商会に対し売却代金として手数料を差し引き¥9,800を小切手で支払った。

（借方）現　　金	10,000	（貸方）売 掛 金	10,000
受託販売	9,800	当座預金	9,800

　なお，「受託販売」の勘定科目を使用することなく，次のように処理することもできる。

例　A商会より受託商品¥30,000を受け取った。受託商品手数料は2％である。

（借方）受託商品	30,000	（貸方）受託商品引受	30,000

例　受託商品¥10,000を現金で売却した。

（借方）現　　金	10,000	（貸方）受託商品	10,000
受託商品引受	10,000	未 払 金	9,800
		受託商品手数料収入	200

例　A商会に対し売却代金として手数料を差し引き¥9,800を小切手で支払った。

（借方）未 払 金	9,800	（貸方）当座預金	9,800

例　A商会より受託を受けた受託商品¥10,000を返却した。

（借方）受託商品引受	10,000	（貸方）受託商品	10,000

例　受託商品¥10,000を掛で売却した。

（借方）売 掛 金	10,000	（貸方）受託商品	10,000
受託販売引受	10,000	未 払 金	9,800
		受託商品手数料収入	200

> **例**　上記売掛代金が入金されたので，手数料￥200を除き，A商会に対し￥9,800を小切
> 手で支払った。
>
> 　　（借方）現　　金　　　　10,000　　　（貸方）売　掛　金　　　　10,000
> 　　　　　　未　払　金　　　 9,800　　　　　　　当座預金　　　　 9,800

7　原　材　料

原材料を購入して物品の製造を行う場合に，製造工程における原材料を処理する勘定である。

原材料とは，商品を製造・加工するために使用する原料，材料をいう。

> **例**　組合員から注文をとり洋服の製造販売をするため洋服生地20着分￥160,000を購入
> し，小切手で支払った。
>
> 　　（借方）原　材　料　　　160,000　　　（貸方）当座預金　　　　160,000
>
> **例**　上記洋服を売店に払い出した。
>
> 　　（借方）商　　　品　　　320,000　　　（貸方）製　　　品　　　320,000
>
> **例**　上記洋服20着を1着につき￥16,500で売却した。
>
> 　　（借方）現　　金　　　　330,000　　　（貸方）商　　　品　　　320,000
> 　　　　　　　　　　　　　　　　　　　　　　　　商品販売益　　　　 10,000

8　貯　蔵　品

事務用消耗品，事業用消耗品，薬品，医療材料品及び飲食材料品等の消費目的資産をその消費量を基準として年度間に配分するための勘定である。なお耐用年数1年以上の器具・備品で取得価額10万円以上のものは有形固定資産として処理されるので，この勘定には含まれない。

貯蔵品の処理には，資産主義による方法と費用主義による方法とがある。

資産主義とは購入の都度貯蔵品勘定を起こして払い出して，使用の都度消耗品費等の損失勘定に振り替えて整理する方法であり，費用主義とは購入の際に直接消耗品費等の損失勘定で処理し，決算の際にたな卸を実施してそのたな卸高を貯蔵品勘定に振り替えて整理する方法である。いずれの方法によっても差

し支えないが，一般的に，相当多量に購入しその使用が1年以上相当長期間にわたるものについては，資産主義による方法が望ましいものとされ，1年以内に使用し尽くされるものについては費用主義による方法が妥当とされているものの，年度間の損失の把握という面からすれば，いずれを採用しても完全に一致することとなる。しかし，実際の取引という面からすれば，資産主義による方法がより完全性が高いといえる。また，いずれの処理方法によっても貯蔵品台帳の整理方法は同じである。

(1)　事務用消耗品

コピー用紙・ファイル等の事務用消耗品を処理する勘定である。

例　コピー用紙20箱（@¥1,000）を買い入れ，代金¥20,000を小切手で支払った。

〈資産主義による方法〉

（借方）貯 蔵 品　　　20,000　　　　（貸方）当座預金　　　20,000

〈費用主義による方法〉

（借方）事務用消耗品費　20,000　　　　（貸方）当座預金　　　20,000

例　コピー用紙2箱を厚生課第一係に交付した。

〈資産主義による方法〉

（借方）事務用消耗品費　　2,000　　　　（貸方）貯 蔵 品　　　2,000

〈費用主義による方法〉

仕訳せず

例　コピー用紙4箱を厚生課第二係へ交付した。

〈資産主義による方法〉

（借方）事務用消耗品費　　4,000　　　　（貸方）貯 蔵 品　　　4,000

〈費用主義による方法〉

仕訳せず

例　年度末においてコピー用紙の実地たな卸をしたところ14箱であった（残高が一致した場合）。

〈資産主義による方法〉

仕訳の必要なし

〈費用主義による方法〉

（借方）貯 蔵 品　　　14,000　　　　（貸方）事務用消耗品費　14,000

例　年度末においてコピー用紙の実地たな卸をしたところ13箱であった（残高が少ない場合）。

〈資産主義による方法〉

　　（借方）事務用消耗品費　　1,000　　　（貸方）貯 蔵 品　　　　1,000

〈費用主義による方法〉

　　（借方）貯 蔵 品　　　　13,000　　　（貸方）事務用消耗品費　13,000

例　年度末においてコピー用紙の実地たな卸をしたところ15箱であった（残高が多い場合）。

〈資産主義による方法〉

　　（借方）貯 蔵 品　　　　1,000　　　（貸方）事務用消耗品費　　1,000

〈費用主義による方法〉

　　（借方）貯 蔵 品　　　　15,000　　　（貸方）事務用消耗品費　15,000

(2) 事業用消耗品

　病院，宿泊所及び保養所の経営に必要な事業用の消耗品で，耐用年数１年未満又は取得価額が10万円未満の器具・備品，医療器具機械等で有形固定資産に計上されない物品である。事業用消耗品費の会計処理は，事務用消耗品費と同様で差し支えないが，宿泊所等の食器類等のように多額の資金を必要とするものについては，貯蔵中のもののみではなく，現在使用中のものも貯蔵品に計上するため，次のような経理を行った方が妥当と考えられる。

例　Ａ宿泊所の開設に当たり，皿・茶碗等の食器類¥200,000を購入し，代金は小切手で支払った。

　　（借方）貯 蔵 品　　　200,000　　　（貸方）当座預金　　　　200,000

例　年度途中において食器類の破損したものがあるので，これを補充するため新たに食器類¥50,000を購入し，代金は小切手で支払った。

　　（借方）事業用消耗品費　50,000　　　（貸方）当座預金　　　　　50,000

例　年度途中において開業当時の食器類では不十分なものがあるので，新たに食器類¥30,000を購入し，代金は小切手で支払った。

　　（借方）貯 蔵 品　　　　30,000　　　（貸方）当座預金　　　　　30,000

例　年度途中において増築を行い，宿泊者の増加見込みに対する食器類の不足分として¥60,000を購入し代金は小切手で支払った。

　　（借方）貯 蔵 品　　　　60,000　　　（貸方）当座預金　　　　　60,000

例　年度末において食器類のたな卸をしたところ¥300,000であった（残高が多い場合）。

　　　（借方）貯　蔵　品　　　　10,000　　　　（貸方）事業用消耗品費　　10,000

例　年度末において食器類のたな卸をしたところ¥270,000であった（残高が少ない場合）。

　　　（借方）事業用消耗品費　　20,000　　　　（貸方）貯　蔵　品　　　　20,000

(3)　薬品・医療材料品

　病院・診療所等の医療施設に必要な薬品及び医療材料品を処理する勘定である。この会計処理は事務用消耗品と同様である。

例　A商会より下記薬品を購入し，代金¥19,350を小切手で支払った。

　　　アリナミン3,000錠　　　¥9,900

　　　ムコダイン錠500mg　　　¥2,750

　　　アクロマイシン250mg　　¥6,150

　　　テラマイシン17.5g　　　¥　550

　　〈資産主義による方法〉

　　　（借方）貯　蔵　品　　　　19,350　　　　（貸方）当座預金　　　　19,350

　　〈費用主義による方法〉

　　　（借方）薬　品　費　　　　19,350　　　　（貸方）当座預金　　　　19,350

例　本日アリナミン錠1,000錠¥3,300を払い出した。

　　〈資産主義による方法〉

　　　（借方）薬　品　費　　　　　3,300　　　　（貸方）貯　蔵　品　　　　3,300

　　〈費用主義による方法〉

　　　仕訳せず

(4)　飲食材料品

　食堂・保養所・宿泊所・病院等の飲食材料品を処理する勘定である。この会計処理は，事務用消耗品と同様である。

例　米150kgを購入し，代金¥75,000を小切手で支払った。

　　〈資産主義による方法〉

　　　（借方）貯　蔵　品　　　　75,000　　　　（貸方）当座預金　　　　75,000

〈費用主義による方法〉

（借方）飲食材料費	75,000	（貸方）当座預金	75,000

例　米10kg を炊事場に払い出した。

〈資産主義による方法〉

（借方）飲食材料費	5,000	（貸方）貯蔵品	5,000

〈費用主義による方法〉

仕訳せず

9　立　替　金

　一時的に立替えを行った現金等を処理する勘定である。例えば，預金口座の振替えにより，給付金の送金手数料を短期経理で支払った場合には，業務経理に対する立替払いであるため立替金勘定で処理する。また，契約医療機関と契約する場合において，事務簡素化のため，組合員が窓口で負担すべき診療費を共済組合等が一時的に立て替える契約をしたとき，あるいは直営医療機関において被扶養者の診療費に係る組合員の窓口負担を共済組合等が一時的に立て替える取扱規程を設けたとき，それに基づいて立て替えた金額をこの勘定で処理する。

　立替金は速やかに回収しなければならないものであり，また，その内容を明確にして処理するため，立替金整理簿を設けて整理する必要がある。

例　年金受給者Ａほか５名に対し，老齢厚生年金の３カ月分の支給月分として¥1,800,000を預金口座振替で送金し，送金手数料¥600を立替払いとした。

（借方）退職給付	1,800,000	（貸方）普通預金	1,800,600
立　替　金	600		

例　業務経理より送金手数料¥600を小切手で受け取った。

〈厚生年金保険経理〉

（借方）現　　金	600	（貸方）立　替　金	600

〈業務経理〉

（借方）事　務　費	600	（貸方）当座預金	600

例　３月分の家族療養の給付及び被扶養者の負担分として¥1,000,000の請求が直営診療所（医療経理）よりあったので，小切手で支払った。

〈短期経理〉

　　（借方）直営保健給付　　700,000　　　　（貸方）当座預金　　1,000,000
　　　　　立　替　金　　300,000

〈医療経理〉

　　（借方）現　　　金　　1,000,000　　　　（貸方）内部患者収入　1,000,000

例　給与支給機関に対して徴収方依頼中の，医療機関における被扶養者の窓口負担分に対する立替金￥300,000について，小切手で受け取った。

〈短期経理〉

　　（借方）現　　　金　　300,000　　　　（貸方）立　替　金　　300,000

10　仮　払　金

　現金等の支出があった際に，どの勘定科目で処理すべきであるかが未決定の場合，あるいは勘定科目は決定しているが，これを精算しないと金額が確定しない場合に処理する勘定である。

　このように仮払金は，勘定科目及び金額が確定するまで一時的に処理するための勘定であり，金額が確定次第，直ちに本来の勘定科目で処理する。

　仮払金は，その内容が不明瞭な観点から疑惑を受けやすい。従って，勘定処理での使用は必要最小限度に止めることはもちろん，貸借対照表においては本科目名のまま記載することなく，その性質を示す他の科目名を記載することが明瞭性の原則から望ましい。

　共済組合等の取引においてこの勘定科目を使用する場合は，次のような場合が考えられる。

(1)　大規模災害等において急を要する場合の災害見舞金

(2)　内容不明の支出

(3)　契約医療機関に支払う療養費

例　台風直撃により大規模な風水害が発生し，被災地の罹災組合員30名に対し，取り急ぎ災害見舞金￥3,000,000を現金（概算払）で支払った。

　　（借方）仮　払　金　　3,000,000　　　　（貸方）現　　　金　　3,000,000

例 後日上記30名に係る損害の程度を調査した結果，災害見舞金が¥4,500,000で確定したので，追加額を現金で支払った。

（借方）災害給付 4,500,000 （貸方）仮 払 金 3,000,000
現 金 1,500,000

（注） 概算払の限度については何ら規定されていないが，精算の結果，過払いが生ずることのないよう留意する必要がある。

例 Ａ支部において不正消費事実を発見し，調査の結果，職員Ｂが売掛金の回収金¥300,000を使い込んだことが判明した。

（借方）仮 払 金 300,000 （貸方）売 掛 金 300,000

例 本日職員Ｂが現金で¥200,000を返済した。

（借方）現 金 200,000 （貸方）仮 払 金 200,000

例 Ｃ支部において貯金経理の貯金の架空引出し事実を発見し，調査の結果，その金額は¥100,000であることが判明した。

（借方）仮 払 金 100,000 （貸方）普通預金 100,000

例 Ｄ支部において物資経理の商品の盗難があり，商品¥50,000相当が盗まれたことが判明した。

（借方）仮 払 金 50,000 （貸方）商 品 50,000

例 上記盗難商品の回収見込みがなくなったので，損失勘定で処理した。

（借方）雑 費 50,000 （貸方）仮 払 金 50,000

11 前 渡 金

商品，原材料（これらに準ずるものを含む。）の購入のための前渡金（製品の外注加工のための前渡金を含む。ただし，破産更生債権等で1年内に回収されないことが明らかなものを除く（財務諸表等規則第15条，同ガイドライン15-11)。）を処理する勘定である。共済組合等の場合，施行規則第49条第1項に規定する前金払のうち外国から購入する機械，図書，標本又は実験用材料の代価（同項第2号）のような取引が考えられる。物品の受入後は正当科目に振り替えられるもので，一時的に整理する勘定である。

公共工事（同項第10号）の前金払は建設前渡金等の科目で処理することもあるが，通常は建設仮勘定で処理される。また，土地，家屋その他の財産の賃借料及び保険料等の前金払については，通常は損失勘定で処理される。

> **例** ドイツで製造している医療用機械を輸入代理店A商事会社に注文し，その代金とし
> て¥1,000,000を小切手で前払いした。
> （借方）前 渡 金 　　　1,000,000 　　　（貸方）当座預金 　　　1,000,000
> **例** 上記の医療用機械が本日搬入された。
> （借方）医療器具機械 　　1,000,000 　　　（貸方）前 渡 金 　　　1,000,000

12 前払費用

前払費用は，「一定の契約に従い，継続して役務の提供を受ける場合，いま
だ提供されていない役務に対し支払われた対価をいう。従つて，このような役
務に対する対価は，時間の経過とともに次期以降の費用となるものであるか
ら，これを当期の損益計算から除去するとともに貸借対照表の資産の部に計上
しなければならない。また，前払費用は，かかる役務提供契約以外の契約等に
よる前払金とは区別しなければならない。」（注解注5）とされている。

例えば，火災保険料の支払いにおいて，11月1日契約の1カ年分として
¥12,000の保険料を支払った場合，当該年度に属する保険料は5カ月分の
¥5,000であり，残額の¥7,000は翌年度の費用に属する。従って，この残額
¥7,000については，決算時において前払費用に振替整理し，翌期に繰り越さ
なければならない。

> **例** 既に支払い済の保険料¥12,000のうち¥7,000は翌期の費用に属するものであるか
> ら，決算に際し未経過分として処理した。
> （借方）前払費用 　　　　7,000 　　　（貸方）保 険 料 　　　　7,000
> **例** 上記の未経過分¥7,000は，翌期の期首において損失勘定に振替処理した。
> （借方）保 険 料 　　　　7,000 　　　（貸方）前払費用 　　　　7,000

13 未 収 収 益

未収収益は，「一定の契約に従い，継続して役務の提供を行う場合，すでに
提供した役務に対していまだその対価の支払を受けていないものをいう。従つ

て，このような役務に対する対価は時間の経過に伴い既に当期の収益として発生しているものであるから，これを当期の損益計算に計上するとともに貸借対照表の資産の部に計上しなければならない。また，未収収益は，かかる役務提供契約以外の契約等による未収金とは区別しなければならない。」（注解注5）とされている。

　共済組合等の経理において，未収収益勘定が起こるのは，貸付利息，預金利息，金銭信託及び有価証券等の受取利息，受取配当金，土地・建物等の賃貸料等が挙げられる。

　例　年度末決算において，普通預金¥4,000,000に対する¥400の未収利息及び定期預金¥20,000,000に対する¥20,000の未収利息を計上した。

　　（借方）未収収益　　　　　　20,400　　　（貸方）受取利息　　　　　　20,400

　例　A住宅の家賃は，本月分を翌月の16日に取り立てる契約となっているので，年度末決算において3月分の未収家賃¥150,000を計上した。

　　（借方）未収収益　　　　　150,000　　　（貸方）施設収入　　　　　150,000

　例　A住宅の家賃3月分を翌年度4月16日に現金で受け取った。

　　（借方）現　　金　　　　　150,000　　　（貸方）未収収益　　　　　150,000

(注)未収収益勘定は，翌年度の期首において再び収益勘定（受取利息あるいは施設収人等）に振替整理する方法が一般的には行われるが，この方法による場合は毎月作成される出納計算表に収益勘定の借方残が生ずる場合があり，経理月報を作成する際に不都合が生じるので，未収金と同様に実際に収納があった都度，未収収益勘定の振替えを行うべきである。

14　短期貸付金

　長期貸付金と対立するものであり，貸付期間が1年未満で1年内に現金化できる貸付金を処理する勘定である。

　例えば，保健経理において，財源不足のため組合員のレクリエーションの実行に支障を来たし，短期経理等資金的に余裕のある経理より保健経理に対し一時的に資金の融通をする場合，あるいは，貸付経理又は物資経理等の資金需要を満たすため，短期経理等資金的に余裕のある経理が一時的にこれらの経理単位に資金を融通する場合等が考えられる。

　なお，経理単位相互間における資金の融通は事業計画及び予算の重要事項（施行令第7条第3号）であるため，事業計画及び予算において財務大臣の認可を受けた金額の限度以上の資金の融通を行うことができず，限度額を変更するときは，都度，財務大臣の認可を受けなければならない（法第15条第2項）。

　また，この勘定は経理単位間の取引となるので，本部会計においてのみ使用される（施行規則第34条）。

例　保健経理において，夏期レクリエーション施設を開設するために一時的に資金の不足を来たしたので，短期経理より¥300,000の資金の融通を受けた。

〈短期経理〉

（借方）短期貸付金	300,000	（貸方）当座預金	300,000

〈保健経理〉

（借方）普通預金	300,000	（貸方）短期借入金	300,000

例　保健経理において，国庫負担金及び組合員掛金の収入があったので，短期経理からの借入金¥300,000及びこれに伴う利息¥3,500を支払った。

〈短期経理〉

（借方）普通預金	303,500	（貸方）短期貸付金	300,000
		受取利息	3,500

〈保健経理〉

（借方）短期借入金	300,000	（貸方）当座預金	303,500
支払利息	3,500		

15　未　収　金

　商品以外の物品，例えば，土地，建物又は有価証券を売却してその代金を受領しない場合にその債権額を処理する勘定である。通常の売買取引と異なり臨時的・一時的に生ずる性質のものであるため，売掛金と区別させるために使用される。

　また，利益勘定に属する病院の診療収入等の福祉事業の収入金，国庫負担金，組合員掛金，利息収入等において，その債権が確定し，その受領期日が到来しているにもかかわらず未だ入金がない場合に，その債権額を表示するために処理する場合にも使用される。なお，受領期日が未だ到来していないが収益

の発生を見越して計上する場合は，未収収益の勘定で処理することとなる。

例　年度末において国庫負担金の概算払を精算し，国庫負担金額を決定したところ，不足額￥200,000を計上した。

（借方）未 収 金　　　　200,000　　　　（貸方）負担金収入　　　　200,000

例　上記国庫負担金として￥200,000の小切手を支出官より受領し，直ちに普通預金に預け入れた。

（借方）普通預金　　　　200,000　　　　（貸方）未 収 金　　　　200,000

例　年度末において掛金を精査したところ，昇給の遡及発令者に対する徴収漏れ￥15,000を計上した。

（借方）未 収 金　　　　15,000　　　　（貸方）掛金収入　　　　15,000

例　本日，A会館の会食収入￥100,000が翌月の収入見込みとなったことから，未収金に計上した。

（借方）未 収 金　　　　100,000　　　　（貸方）施設収入　　　　100,000

例　B診療所の3月分の診療収入￥2,000,000（対短期経理）が当年度内に収納されないため，未収金に計上した。

〈医療経理〉

（借方）未 収 金　　　2,000,000　　　　（貸方）内部患者収入　　2,000,000

〈短期経理〉

（借方）直営保健給付　2,000,000　　　　（貸方）未 払 金　　　2,000,000

例　災害見舞金の過誤払い￥50,000が判明したので，未収金に計上した。

〈当年度分の場合〉

（借方）未 収 金　　　　50,000　　　　（貸方）災害給付　　　　50,000

〈前年度以前分の場合〉

（借方）未 収 金　　　　50,000　　　　（貸方）前期損益修正益　　50,000

例　3月末受領期日の他経理に対する貸付金の利息￥10,000が年度内に収納されなかったので，未収金に計上した。

（借方）未 収 金　　　　10,000　　　　（貸方）受取利息　　　　10,000

16　支払基金委託金

社会保険診療報酬支払基金（以下「基金」という。）と診療担当者（病院等）が提出する診療報酬請求書の審査，支払いに関する業務を行う契約を締結

（社会保険診療報酬支払基金法第15条第4項）している共済組合等が，同法に基づき支払う委託金を処理する勘定である。

　委託金の額は，過去3カ月において最高額の費用を要した月の診療報酬の概ね0.15カ月分に相当する金額となっており（同法施行令），毎年度その差額の追徴又は還付を行うこととなっている（同法第15条第1項）。なお，共済組合においては，基金への委託は本部が行っているため，本部会計においてのみ使用される勘定科目である。

例　基金本部に対し，委託金¥500,000を小切手で振り込んだ。

　　（借方）支払基金委託金　　　500,000　　　　（貸方）当座預金　　　　　　500,000

例　基金本部から委託金限度超過のため¥20,000の還付があり，A銀行に振り込まれた。

　　（借方）普通預金　　　　　　20,000　　　　（貸方）支払基金委託金　　　20,000

例　基金本部から3月分の診療報酬¥200,000を委託金より振り替えた旨の通知があった。

　　（借方）保健給付　　　　　　200,000　　　　（貸方）支払基金委託金　　200,000

17　本部勘定・支部勘定・所属所勘定

　本部，支部及び所属所の会計単位間の貸借関係を処理する勘定である。共済組合等の経理は，記録計算の単位である会計単位間においてその事業に伴う記録計算が行われる。従って，会計単位相互間における資金の移動は取引として記録計算が行われなければならない。しかし，この取引は組合等の内部取引であるため，組合全体の資産・負債・損益の額は変動しない。

　本部より支部へ資金を回送した場合は，次のような仕訳となる。

〈本部仕訳〉
　　（借方）支部勘定　　　　　　×××　　　　　　（貸方）普通預金　　　　　　×××
〈支部仕訳〉
　　（借）普通預金　　　　　　×××　　　　　　（貸方）本部勘定　　　　　　×××

支部より本部へ資金を回送した場合は，次のような仕訳となる。

〈支部仕訳〉
　　（借方）本部勘定　　　　　　×××　　　　　　（貸方）普通預金　　　　　　×××
〈本部仕訳〉
　　（借方）普通預金　　　　　　×××　　　　　　（貸方）支部勘定　　　　　　×××

支部より所属所へ資金を回送した場合は，次のような仕訳となる。

〈支部仕訳〉
　　（借方）所属所勘定　　　　　×××　　　　　　（貸方）普通預金　　　　　　×××
〈所属所仕訳〉
　　（借方）普通預金　　　　　　×××　　　　　　（貸方）支部勘定　　　　　　×××

所属所より支部へ資金を回送した場合は，次のような仕訳となる。

〈所属所仕訳〉
　　（借方）支部勘定　　　　　　×××　　　　　　（貸方）普通預金　　　　　　×××
〈支部仕訳〉
　　（借方）普通預金　　　　　　×××　　　　　　（貸方）所属所勘定　　　　　×××

　以上のように，本部勘定・支部勘定・所属所勘定は，相互に貸借を反対にして同額が記入され，未達勘定がない限り常に一致する。内部勘定であるため，相互に相殺されて貸借対照表には計上されない。この勘定は，その内容から前年度繰越勘定・回送金勘定・回送商品勘定に区別される。

　前年度繰越勘定とは前年度末における会計単位相互間の貸借の残高，すなわち繰越し高を表示する勘定である。回送金勘定及び回送商品勘定は，当年度内における資金及び商品の回送高を示す勘定である。回送商品勘定は，商品勘定において既に述べたところである。

　例　本部よりA支部へ資金￥500,000，B支部へ資金￥200,000を回送する。
　　〈本部〉
　　　（借方）支部勘定　　　　　700,000　　　　　　（貸方）普通預金　　　　　700,000

	A支部勘定	500,000			
	B支部勘定	200,000			

〈A支部〉

（借方）普通預金 500,000 （貸方）本部勘定 500,000

〈B支部〉

（借方）普通預金 200,000 （貸方）本部勘定 200,000

例 A支部の器具・備品￥200,000を本部会計に移換した。

〈本部〉

（借方）器具・備品 200,000 （貸方）支部勘定 200,000

〈A支部〉

（借方）本部勘定 200,000 （貸方）器具・備品 200,000

上記の場合は，本部及び支部ともに同日付をもって記録整理をする必要がある。

例 本部において建設中のA支部所在地A宿泊所が完成し本日開所となったので，建物￥150,000,000をA支部に移換した。

〈本部〉

（借方）支部勘定 150,000,000 （貸方）建設仮勘定 150,000,000

〈A支部〉

（借方）建　物 150,000,000 （貸方）本部勘定 150,000,000

上記の場合，建物の減価償却は使用を開始した日からとなるので，開始した日をもって移換の整理記録をする必要がある。

例 A支部に所属するB所属所に対し，資金￥500,000を回送した。

〈A支部〉

（借方）所属所勘定 500,000 （貸方）普通預金 500,000

〈B所属所〉

（借方）普通預金 500,000 （貸方）支部勘定 500,000

例 A支部に所属する組合員がB支部へ転出したので，同組合員に対する組合員貸付金の残高￥300,000をB支部へ移換した。

〈A支部〉

（借方）本部勘定 300,000 （貸方）組合員貸付金 300,000

〈B支部〉

（借方）組合員貸付金　　300,000　　（貸方）本部勘定　　300,000

〈本部〉

（借方）支部勘定　　300,000　　（貸方）支部勘定　　300,000
　　　　（B支部）　　　　　　　　　　　　（A支部）

例　A支部所轄のA'単位所属所に所属する組合員がB支部所轄のB'単位所属所へ転出したので，同組合員に対する物資販売の売掛金の残高¥200,000をB'単位所属所へ移換した。

〈A'所属所〉

（借方）支部勘定　　200,000　　（貸方）売　掛　金　　200,000
　　　　（A支部）

〈A支部〉

（借方）本部勘定　　200,000　　（貸方）所属所勘定　　200,000
　　　　　　　　　　　　　　　　　　　　（A'所属所）

〈B'所属所〉

（借方）売　掛　金　　200,000　　（貸方）支部勘定　　200,000
　　　　　　　　　　　　　　　　　　　　（B支部）

〈B支部〉

（借方）所属所勘定　　200,000　　（貸方）本部勘定　　200,000
　　　　（B'所属所）

〈本部〉

（借方）支部勘定　　200,000　　（貸方）支部勘定　　200,000
　　　　（B支部）　　　　　　　　　　　　（A支部）

例　決算においてA支部の損益勘定の貸方残¥2,000,000，B支部の損益勘定の貸方残¥1,000,000を本部に移換した。

〈本部〉

（借方）支部勘定　　3,000,000　　（貸方）損　　益　　3,000,000

〈A支部〉

（借方）損　　益　　2,000,000　　（貸方）本部勘定　　2,000,000

〈B支部〉

（借方）損　　益　　1,000,000　　（貸方）本部勘定　　1,000,000

　本部勘定・支部勘定・所属所勘定は，会計単位相互間における取引を記録整理するために使用する勘定であるが，これ以外に，単位所属所として経理せず，出納職員のうち出納員を設けて経理する所属所とその所属所の属する本部あるいは支部との間の取引を記録整理する際に所属所勘定を設けて処理すると

便利な場合がある（単位所属所の場合における所属所勘定と区別するため，例えば出納員勘定等を設けることもできる。）。

　この場合は，単位所属所における所属所勘定とはその意味を異にし，一時的に使用する勘定であるから，毎月末日の残高は常に零となるように整理すべきである。

　例　A支部において，宿泊所の出納員に対して運転資金￥500,000を送金した。

　　（借方）所属所勘定　　　　500,000　　　　（貸方）普通預金　　　　　500,000

　例　宿泊所の本月分の収支状況（日記帳）の報告があり，内訳は次のとおりであった。

　　①　現　金　保　有　高　￥　　50,000

　　②　普　通　預　金　高　￥　950,000

　　③　施　設　収　入　高　￥2,000,000

　　④　飲食材料費支払高　￥1,500,000

　〈仕訳月計表〉

　　（借方）現　　金　　　　　50,000　　　　（貸方）施設収入　　　2,000,000

　　　　　　普通預金　　　　950,000　　　　　　　　所属所勘定　　　500,000

　　　　　　飲食材料費　　1,500,000

　上記の例のとおり貸借の差額は必ず所属所勘定となり，所属所に回送した￥500,000の借方勘定と一致し，毎月末日には所属所勘定の残高は零となり，その他の取引の残高は毎月末日現在において所属する会計単位の元帳に転記される。

　例　災害見舞金￥100,000をA組合員に支払うため，出納員に送金した。

　　処理方法(A)

　　(1)　出納員に送金した

　　　（借方）所属所勘定　　　100,000　　　　（貸方）普通預金　　　　100,000

　　(2)　出納員より支払完了の通知があった

　　　（借方）災害給付　　　　100,000　　　　（貸方）所属所勘定　　　100,000

　　処理方法(B)

　　　（借方）災害給付　　　　100,000　　　　（貸方）普通預金　　　　100,000

　上記事例において(A)，(B)二つの処理方法が考えられるが，いずれの処理方法

においても，決算時に組合員に対して出納員が支払いを完了していない場合には次のような振替整理を行う必要がある。

(A)の場合

（借方）普通預金	100,000	（貸方）所属所勘定	100,000
災害給付	100,000	未 払 金	100,000

(B)の場合

（借方）普通預金	100,000	（貸方）未 払 金	100,000

18　未達回送金

会計単位間における取引で一方から送付した資金が，輸送途中にあって他方に到着していない状態にある取引を処理する勘定である。

本部勘定・支部勘定・所属所勘定は相互に一致して相殺されることが原則であるが，移動時における時間的ずれ等により一致しない場合が生ずる。この場合は未達勘定を起こして処理する。この不一致は数日を経れば解消されるので，未達が発生するたびに未達勘定を起こして整理する必要はないものと考えられるが，決算時においては，必ず未達勘定を起こして整理しなければならない。

例　本部より A 支部へ資金¥1,000,000を回送したが，決算時において未到着であった。

〈回送取引〉

（借方）支部勘定	1,000,000	（貸方）普通預金	1,000,000

〈未達取引〉

（借方）未達回送金	1,000,000	（貸方）支部勘定	1,000,000

翌年度に至り到着の通知があれば，次のような仕訳を行う。

〈本部〉

（借方）支部勘定	1,000,000	（貸方）未達回送金	1,000,000

〈A 支部〉

（借方）普通預金	1,000,000	（貸方）本部勘定	1,000,000

19　貸倒引当金（貸倒引当金繰入・戻入・貸倒損失）

　福祉経理（貯金経理及び指定経理のうち財務大臣の定めるものを除く。）及び旧令医療経理において，貸付金・売掛金・その他事業に係る未収金に対して，将来における貸倒れを予想してその見積り額を引当金として処理するための勘定である（施行規則第76条）。

　貸付金には，連合会の保健経理貸付勘定を除く各経理相互間における貸付金は含まれず，また事業に係る未収金には，国・独立行政法人・職員団体及び共済組合の負担金，国及び地方公共団体の補助金，組合員の掛金，福祉経理相互間における繰入金，各経理相互間における未収金は含まれない。貸倒引当金は，当該期末債権額に対し保健経理，医療経理，宿泊経理，住宅経理及び旧令医療経理においては100分の1，貸付経理においては100分の0.3，物資経理においては100分の2に達するまで計上することができる（運用方針施行規則第76条関係）。

　なお，連合会の保健経理貸付勘定については，共済組合の福祉経理とは若干異なった性格を有することから特例が設けられており，貸付金に共済組合及び連合会経理単位への貸付金を含めるほか，後述する受寄託資産及び退職等年金経理から譲渡された不動産も貸倒引当金計上の対象とされていることに加え，その繰入れを100分の2に達するまで計上することができることとされている（国家公務員共済組合連合会定款第30条第2号に掲げる事業の取引を経理する経理単位の指定等について（令和4年3月31日財計第1513号。以下「指定経理通達」という。）第9条）。

　貸倒引当金は，損益計算書上において不足金を計上している場合にまで積み立てる必要はなく，毎事業年度の当期利益金の範囲内において積み立てていくべきである（施行規則第76条，運用方針施行規則第76条関係）。

　貸倒引当金を計上する場合には，洗替法によるものとする。決算整理前の貸倒引当金勘定の残高は，前期における貸倒引当金の見積超過分であり，当期の貸倒引当金の見積りとはまったく関係のないものである。従って，この残高を貸倒引当金戻入勘定へ振り替え，当期末の売上債権等に対して新たに貸倒引当

金を設定する。

　前期末において貸倒引当金を設定した売上債権等が，当期において実際に貸倒れとなった場合には，その回収不能額を貸倒引当金勘定の借方に記帳し，売上債権等を直接減額する。このように，貸倒れによって貸倒引当金勘定の借方に記帳することを取崩しという。

　貸倒れが発生したときには，貸倒引当金を取り崩すが，貸倒引当金の残高がない場合又は不足する場合がある。この不足分は，前期末の見積額が少なかったことを意味するが，前期末に遡って修正することができないため，当期に費用として計上する。この費用は貸倒損失勘定の借方に記帳する。

例　年度末決算において貸倒引当金¥150,000を計上した。なお，貸倒引当金の残高は¥50,000である。

（借方）貸倒引当金	50,000	（貸方）貸倒引当金戻入	50,000
貸倒引当金繰入	150,000	貸倒引当金	150,000

例　売掛金の回収不能額¥30,000が生じたので放棄した。

（借方）貸倒引当金	30,000	（貸方）売　掛　金	30,000

例　売掛金¥100,000が貸倒れとなった。なお，当期に繰り越された貸倒引当金は¥70,000であった。

（借方）貸倒引当金	70,000	（貸方）売　掛　金	100,000
貸倒損失	30,000		

---

§.2 ── 固定資産に属する勘定

【Ⅰ】　有形固定資産

20　建　　　物

　組合員の利用に供する病院，宿泊所，保養所等の建物の取得，処分等を処理する勘定である。

　建物は，その用途を基準として種々に分類されるのであるが，共済組合等で

所有するのは，事務所用，店舗用，住宅用，宿泊所用，保養所用，病院用，寄宿舎用，倉庫用，車庫用等の建物となる。

　また，建物はその構造を基準として分類すれば，鉄骨鉄筋コンクリート造，鉄筋コンクリート造，れんが造，石造及びブロック造，鉄骨造，土造，木造及び木骨モルタル造等に分類される。

〈建物附属設備〉

　建物の範囲について問題となるのは，建物の附属の建造物と建物内の設備又は装置である。物置小屋，便所等の附属建物は，粗造な建築であっても建物に属するのであるが，門，塀等については，構築物に属するものであるから，その科目で処理した方が妥当である。しかし，木造建物に附属している簡単な門及び塀については，建物の中に含めて処理することができる。

　建物内設備については，問題はさらに複雑である。上下水等の衛生設備，冷暖房設備，電気設備，昇降機等はその主なものである。独立した煙突は構築物に属するのであるが，建物内に作られた煙道は，建物の一部分とみなすのが合理的である。

　上下水の設備にしても建物と切り離すことができない固着性のものは建物の附属設備として建物の中に含まれるが，冷暖房設備は，別個の機械・装置とすることができる。これは建物と別個に追加して施設することもあり，また，取り外すことも可能であるからである。また，昇降機についても同様であるが，工場用以外のものについては建物の附属設備として建物の中に含めて処理すべきである。企業会計原則，財務諸表等規則においても，冷暖房，通風等の附属設備等は建物の中に含めて処理することが認められている。従って，建物の勘定科目で処理されるのは，建物の本体とそれに伴う各種の附属設備ということができる。

　建物附属設備とは，電気設備，ボイラー設備，冷暖房設備，通風設備，昇降機設備，給排水又はガス設備，衛生設備，特殊ドアー設備，消火又は災害報知設備，アーケード又は日よけ設備等の各種の設備である。

　電気設備とは，内燃力発電設備，蓄電池電源設備及びその他のものに区分される。

内燃力発電設備とは，ガソリン機関，灯油機関，ガス機関及びデイーゼル機関等の内燃機関による発電設備をいい，内燃機関及び発電機並びにこれらに附属する配線，蓄電池，切換盤等がこれに含まれる。

蓄電池電源設備とは，停電時に照明用に使用するため，予め蓄電池に充電しておく設備をいい，蓄電池及び整流器並びにこれらに附属する配線，分電盤等が含まれる。

その他のものとは，受配電盤，変圧器，配電施設等の電気設備及びネオンサイン以外の照明設備のすべてをいう。

ボイラー設備とは，ボイラーの本体，給炭機及び本体の附属品をいう。

冷暖房設備とは，本体，室外機，蒸気暖房の放熱器，パイプ及び附属品又は熱風暖房の加熱装置，送排風機，風道及びこれらの附属品をいう。

特殊ドアー設備とはエアーカーテン設備及びドアー自動開閉設備に区分され，エアーカーテン設備とは上から又は横から吹き出される空気によって気流の幕を構成させ，これによってドアーの代わりをする，いわゆる空気扉をいい，ドアー自動開閉設備とは手動制御方法，踏板制御方法等によるものであるが，この設備には，ドアーエンジン及びその他一切の附属設備が含まれる。

消火又は災害報知設備の消火設備には，消火栓，パイプ，エアーコンプレッサー等が含まれる。また災害報知設備には，電鈴，配線，蓄電池等が含まれる。

〈建物取得価額〉

建物の取得価額は，建物を取得し，完成に至るまでに直接に要した費用である。従って，他から購入したものは買入価額のみならずその買入手数料，周旋料，搬入料等を含み，新築によるものは，業者との請負金額はもちろん，設計費等の附帯費を含むものである。また，取得した場合は，登録免許税あるいは不動産取得税等が課税される場合があるが，この税相当額は建物の中に含めて処理することも考えられるが，共済組合等の場合は損失勘定の負担金の科目で処理した方が妥当ではないかと考えられる。

〈修繕費と資本的支出の区分〉

建物勘定については，修繕費と資本的支出の区分についての非常に困難な問

題がある。この区分を言葉によって表現すれば次のようになる。

　すなわち，「修繕費とは固定資産の原状を維持管理するために必要な費用であり，資本的支出とは固定資産に支出した金額のうち，当該固定資産の使用可能期間を延長させる部分に対する金額又は当該固定資産の価額を増加させる部分に対応する金額をいう。ただし，事業開始前に設備に投入した費用は全額資本的支出として処理される。」という表現になるが，実際の具体的な問題となるとその限界を判定することは非常に困難である。

　簡単明瞭な区分としては，当該固定資産の価額の何％以上の金額を投入した場合は資本的支出とし，それ以下の投入は修繕費として処理するということも考えられるが，当該固定資産の種類又は規模によって異なるもので一定の基準を定めることは困難である。

　また，投入された資金を当該固定資産の原状維持に要する費用とその他に区分し，原状維持に要する費用を見積って修繕費として処理し，その他に区分した額を資本的支出として処理する方法も考えられる。この場合は原状維持に要する費用の見積りが明確に把握できれば合理的な方法と考えられる。

　なお，建物の取得又は譲渡にあたっては，予算総則に記載の上，予め財務大臣の認可を受けなければならない（法第15条第1項，第36条，施行規則第24条第2項第6号，運用方針施行規則第24条関係）。

例　東京病院を建設するためA建設株式会社に設計を依頼し，設計図ができあがったので，代金￥10,000,000を支払った。

　　　（借方）建設仮勘定　　　10,000,000　　　　（貸方）当座預金　　　　10,000,000

例　東京病院の新築工事の既済部分が50％に達したので，契約により工事代金部分払いとして￥2,000,000,000を支払った。

　　　（借方）建設仮勘定　2,000,000,000　　　　（貸方）当座預金　　2,000,000,000

例　東京病院が完成したので，総工事費￥5,000,000,000のうち，すでに支払い済の部分￥2,010,000,000を除き支払った。

　　　（借方）建　　物　　5,010,000,000　　　　（貸方）建設仮勘定　2,010,000,000
　　　　　　　　　　　　　　　　　　　　　　　　　　　当座預金　　3,000,000,000

例　大阪宿泊所を開設するため，既存建物を買収し，買収価額￥350,000,000，周旋料￥5,000,000を支払った。

（借方）建　　物	355,000,000	（貸方）当座預金	355,000,000

例 伊東保養所の建物（取得価額￥2,000,000,000，減価償却累計額￥600,000,000）を￥1,600,000,000で売却し，代金を小切手で受け取った。

（借方）現　　金	1,600,000,000	（貸方）建　　物	1,400,000,000
		固定資産売却益	200,000,000

例 2月1日に熱海保養所の建物（帳簿価額￥200,000,000，減価償却累計額￥80,000,000）が焼失し，同月10日に火災保険金￥200,000,000の支払いを受け，同年5月31日に，この保険金額に￥50,000,000を加え￥250,000,000の建物を取得した。

〈2月1日〉

（借方）火災未決算	120,000,000	（貸方）建　　物	120,000,000

〈保険金額決定時〉

（借方）未収入金	200,000,000	（貸方）火災未決算	120,000,000
		保険差益	80,000,000

〈2月10日〉

（借方）普通預金	200,000,000	（貸方）未収入金	20,000,000

〈5月31日〉

（借方）建　　物	250,000,000	（貸方）普通預金	250,000,000

21　借入不動産附帯施設

　共済組合等が他人の土地，建物等の不動産を借り入れて利用するためにその不動産に投入した修繕あるいは増改築等の費用で，資産価値に属するものを処理する勘定である。

　借入建物に対する附帯施設としては，例えば，保養所あるいは宿泊所を開設するために建物を借り上げ当該施設として必要な風呂場，調理場等の増改築又は内部塗装・模様替えを行う場合等の投資額であり，その建物と不可分の関係にあるものでなければならない。

　借入建物と完全に分離できる施設，例えば，借入建物と渡り廊下により連結して別個に増築工事等を行う場合には，その建物は共済組合等の所有建物として建物勘定に属する。

　借入土地に対する附帯施設としては，例えば，土地を借り上げて駐車場を作る場合，これに要する費用のうち，借入土地と分離できない整地費等はこの勘

定で処理すべきであるが，別個に独立したフェンス等は共済組合等所有の構築物に属する。

　借入不動産附帯施設として資産勘定に属するのは，借入不動産の増築，改築，修繕その他の改良に要した費用のうち，当該不動産の維持又は管理に必要と認められる金額を超える金額，すなわち資本的支出をいうが，施設の開所前に投入した費用は，すべて資本的支出とみなされ，この勘定によって処理される。

　なお，借入不動産附帯施設の取得又は譲渡にあたっては，予算総則に記載の上，予め財務大臣の認可を受けなければならない（法第15条第1項，第36条，施行規則第24条第2項第6号，運用方針施行規則第24条関係）。

例　大阪宿泊所を開設するにあたり，国有の土地，建物を借り上げ，宿泊施設としての設備を整えるため下記の工事を実施し，その工事が完了したのでその代金を小切手で支払った。

① 各所修繕及び畳替等工事　　　¥2,000,000
② 風呂場及び調理場の改築工事　¥4,000,000
③ 便所の改良工事　　　　　　　¥1,000,000
④ 門及び塀の新設工事　　　　　¥3,000,000

（借方）借入不動産附帯施設　7,000,000　　　（貸方）当座預金　　　10,000,000
　　　　構　築　物　　　　　3,000,000

（注）　開所前の費用は，通常修繕費に属するものであってもすべて借入不動産附帯施設として処理する。また，門及び塀は新設であるから共済組合等所有の構築物となる。

例　大阪宿泊所の利用度が高く，増築の必要が生じたので空地に2階建1棟を増築し，工事が完了したのでその代金¥130,000,000を小切手で支払った。

（借方）建　　　物　　130,000,000　　　（貸方）当座預金　　　130,000,000

（注）　増築部分は借入建物とは明確に区分できるので，共済組合等の建物として処理する。

例　大阪宿泊所の畳替えを行い，その代金¥100,000を小切手で支払った。

（借方）修　繕　費　　　100,000　　　（貸方）当座預金　　　100,000

（注）　開所後であるので修繕費に属するものは修繕費の損失勘定で処理する。

例　国有地を借り上げ，駐車場としての設備を整えるため下記の工事を行い，完成した

のでその代金を小切手で支払った。
　　①　整地費及び舗装費　　¥5,000,000
　　②　フェンス設置工事費　¥　500,000
　　③　便所新設工事　　　　¥6,000,000
　　（借方）借入不動産附帯施設　5,000,000　　　　（貸方）当座預金　　11,500,000
　　　　　　構　築　物　　　　500,000
　　　　　　建　　　物　　　6,000,000

22　構　築　物

　構築物とは，土地の上に設備された建物以外の建造物を総称するものであり，工作物と称せられることもある。すなわち，門，塀，井戸，煙突及び煙道，橋，上下水道，貯水池，庭園，舗装道路等の土地に定着する土木設備又は工作物をいう。

　また，構築物を構造別に分類すれば，鉄骨鉄筋コンクリート造，鉄筋コンクリート造，レンガ造，石造，土造及び木造等に分類される。

　構築物と建物又は構築物と土地においてはその境界をどこにおくかによっていろいろな問題が生ずるところであるが，門，塀，上下水道，煙道等については既に建物勘定において述べたところである。

　庭園とは，泉水及び池，燈籠，築山，植木，芝生，あづまや等庭園を構成する一切の施設をいう。高価な池，築山及び植木等の工作物は土地の価額に算入せず構築物として処理した方がよいとされている。土地に加えるのは，例えば，土地の整地費及び通路等の費用は，その土地を他の用途に転換してもその価値は減じないため，土地勘定に含めて処理するのが合理的であり，土地勘定に含めるものは土地の利用価値を高める工作物に限定すべきである。しかし，植木，築山等で少額のものは，構築物として処理することは経理事務が複雑であり，また，独立科目を設けて経理する効果も少ないと思われるので，土地の価額に含めて処理するか，場合によっては資産科目に計上せずに損失科目で処理しても差し支えないものと考えられる。

　舗装道路についても，建物と建物とを結ぶ回廊にあたるものは構築物とする

ことなく，建物の一部として経理すべきである。

　なお，構築物の取得又は譲渡にあたっては，予算総則に記載の上，予め財務大臣の認可を受けなければならない（法第15条第1項，第36条，施行規則第24条第2項第6号，運用方針施行規則第24条関係）。

例　東京宿泊所が完成したので，建設仮勘定から，門，塀及びコンクリート敷舗装道路の工事請負金額¥3,000,000を抽出して構築物に振り替えた。

（借方）構　築　物　　　　3,000,000　　　　（貸方）建設仮勘定　　　3,000,000

例　大阪宿泊所の木塀が腐蝕したので取り壊し，コンクリート塀に建て替え，代金¥2,000,000（取壊し費¥200,000を含む。）を小切手で支払った。なお，木塀の帳簿価額は¥500,000，減価償却累計額は¥300,000であった。

（借方）固定資産除却損　　400,000　　　　（貸方）構築物(旧木塀)　　200,000
　　　　　　　　　　　　　　　　　　　　　　　　当座預金　　　　　200,000

（借方）構　築　物　　　1,800,000　　　　（貸方）当座預金　　　1,800,000

例　横浜宿泊所において芝生植付を行い，代金¥500,000を小切手で支払った。

（借方）構築物　　　　　　500,000　　　　（貸方）当座預金　　　　500,000

23　機械・装置

　病院，宿泊所等における機械及び装置を処理する勘定である。

　機械と装置とを正確に区分することは困難であり，会計上も両方を一括して機械・装置として区分することとされている。

　共済組合等において機械・装置として考えられるのは，パン類製造設備，和菓子製造設備，倉庫事業用設備，ホテル及び旅館業用設備，公衆浴場用設備等である。

　なお，倉庫事業用設備や建物と一体的な機械・装置の取得又は譲渡にあたっては，予算総則に記載の上，予め財務大臣の認可を受けなければならない（法第15条第1項，第36条，施行規則第24条第2項第6号，運用方針施行規則第24条関係）。

例　東京宿泊所において水揚給水用ポンプ，水槽，配管を設置し，代金¥5,000,000を

　　小切手で支払った。
　　　（借方）機械・装置　　5,000,000　　　（貸方）当座預金　　　5,000,000
例　東京宿泊所でパン類製造設備を購入し，代金¥2,000,000を小切手で支払った。
　　　（借方）機械・装置　　2,000,000　　　（貸方）当座預金　　　2,000,000
例　上記機械・装置の運搬及び据付き費¥100,000を小切手で支払った。
　　　（借方）機械・装置　　　100,000　　　（貸方）当座預金　　　　100,000
例　東京宿泊所におけるパン類製造設備（帳簿価額¥2,000,000，減価償却累計額
　　¥600,000）が不要となったため¥1,800,000で売却し，代金を小切手で受け取った。
　　　（借方）現　　金　　　1,800,000　　　（貸方）機械・装置　　　1,400,000
　　　　　　　　　　　　　　　　　　　　　　　　　固定資産売却益　　 400,000

24　医療器具・機械

　病院，診療所において医療に必要な器具機械を処理する勘定である。
　医療器具機械とは，X線撮影装置，CT，MRI，超音波診断装置，その他医療機器等のうち耐用年数1年以上かつその取得価額が10万円以上のものをいい，それ以外は経費支出で処理することができる。

例　A省診療所用として大阪商事KKより歯科診療用ユニット，価額¥1,500,000を購入し，その代金を小切手で支払った。
　　　（借方）医療器具機械　　1,500,000　　　（貸方）当座預金　　　　1,500,000
例　A省診療所におけるX線装置（帳簿価額¥6,000,000，減価償却累計額5,000,000）は陳腐化のため処分した。
　　　（借方）固定資産除却損　 1,000,000　　　（貸方）医療器具機械　　 1,000,000

25　車両・運搬具

　自動車その他の車両及び運搬の諸器具を処理する勘定である。
　自動車とは，貨物自動車，乗合自動車，乗用自動車，自動二輪車，その他特殊の用途に使用される自動車（レントゲン車，移動販売車等）をいう。
　その他の車両及び運搬具とは，自転車，リヤカー，荷車，そり，その他病院

における患者運搬車及び食事運搬車等である。これらのものは，取得価額10万円以上で耐用年数が1年以上のものは車両・運搬具として固定資産として計上しなければならないが，同額未満のものについては経費科目で処理することができる。

例 東京宿泊所において貨物自動車を購入し，その代金¥5,000,000を小切手で支払った。

    （借方）車両・運搬具　　5,000,000　　　　　（貸方）当座預金　　　　5,000,000

例 東京病院において乗用自動車¥4,000,000を旧乗用自動車（取得価額¥3,200,000，減価償却累計額¥2,950,000）と交換し，交換差額¥3,800,000を東京自動車販売KKに小切手で支払った（旧自動車の引取価額は¥200,000である）。

〈(1)　旧車の処分〉

    （借方）現　　　金　　　　200,000　　　　（貸方）車両・運搬具　　　250,000
         固定資産除却損　　　50,000

〈(2)　新車の購入〉

    （借方）車両・運搬具　　4,000,000　　　　（貸方）当座預金　　　　4,000,000

〈(1)(2)の合併（正当仕訳）〉

    （借方）車両・運搬具　　4,000,000　　　　（貸方）車両・運搬具　　　250,000
         固定資産除却損　　　50,000　　　　　　　　　当座預金　　　　3,800,000

例 連合会でレントゲン車を購入し，その代金¥25,000,000を小切手で支払った。

    （借方）車両・運搬具　　25,000,000　　　　（貸方）当座預金　　　25,000,000

    （注）　通常レントゲン車には，常時レントゲンを自動車に備え付けてあるものと，レントゲンは取りはずしが自由で常時自動車に備え付けず使用するときのみ装備するものとの2種類があるが，前者は特殊自動車の耐用年数を適用し，後者は自動車の場合は乗合自動車の耐用年数，レントゲンの場合は医療用のものの耐用年数をそれぞれ適用する。

26　器具・備品

耐用年数1年以上かつ取得価額又は製作価額が10万円以上の種々の器具・備品を処理する勘定である。

すべての器具・備品を固定資産として経理した場合には経理処理上，非常に事務が面倒となるため，耐用年数が1年未満のもの又は取得価額もしくは製作

価額10万円未満のものは重要性の原則により固定資産として計上することなく，当該経費又は貯蔵品勘定で処理する。取得価額が10万円未満であるかどうかの判断は，通常1単位として取引される単位ごとに判定する。例えば器具・備品については，1個，1組又は1揃ごとに判定する。

　なお，器具・備品は減価償却の対象となるが，時の経過とともにその効用価値が減少しないような書画骨董等（複製品で単に装飾目的にのみ使用されるものを除く）は減価償却の対象外である。

例　京都宿泊所で敷布団，掛布団20組を買い入れ，その代金¥1,000,000を小切手で支払った。

　　　（借方）器具・備品　　　1,000,000　　　　　（貸方）当座預金　　　　1,000,000

例　東京会館に室内電話設備及び電話交換機を取り付け，その代金¥3,000,000を小切手で支払った。

　　　（借方）器具・備品　　　3,000,000　　　　　（貸方）当座預金　　　　3,000,000

例　理容室に湯沸器を購入，本日検収し，その代金¥210,000は後日払いとした。

　　　（借方）器具・備品　　　210,000　　　　　（貸方）未　払　金　　　　210,000

---

27 立 木 竹

　施設の土地に育成されている立木竹を処理する勘定である。

　立木竹は，事業の用に供するために購入した土地の一部に群生し，将来立木竹として資産価値があるもの，また，寄付を受けた立木竹で資産価値のあるものをいい，地上に散在するものや，保養所等の庭園の立木竹は，土地又は構築物（庭園）で処理すべきであって，立木竹の勘定で処理すべきではない。立木竹は累年その価値が増加するものであるから，減価償却の対象とはならない。

例　箱根保養所新設の敷地3,000㎡を¥1,500,000,000で購入したところ，敷地内に造林がありその価額¥300,000,000が土地購入価額に含まれていた。購入代金¥1,500,000,000は小切手で支払った。

　　　（借方）土　　　地　　1,200,000,000　　　　（貸方）当座預金　　1,500,000,000

　　　　　　　立　木　竹　　　300,000,000

28 土　　　　地

　病院，宿泊所等の施設の敷地として利用するために取得した土地を処理する勘定である。

　土地の価額に算入されるものは，土地の買入価額のみではなく，仲介手数料，測量費等が含まれる。また，使用前に施す改良費等，例えば，普通の土地として利用し得る下水，通路，整地費等の費用は土地自体の利用価値を増加させるものであるから，これらも土地の価額に含まれる。しかし，これら土地の価額に含まれるものは，普通の土地として利用価値を増加させるための工作物に限定すべきである。その上に建てられた建物や構築物が取り除かれ，あるいはまた土地が一つの用途から他の用途に転換されてもその価値が減じられないもの，更にそれを除去するのに経費を要しないもののみを土地の価額としなければならない。なぜなら，土地は永久資産として償却されないからである。土地の購入に際しての登録免許税及び不動産取得税は，土地の価額に算入することも可能であるが，共済組合等の場合は損失勘定の負担金で処理した方が妥当である。

　なお，土地の取得又は譲渡にあたっては，予算総則に記載の上，予め財務大臣の認可を受けなければならない（法第15条第1項，第36条，施行規則第24条第2項第6号，運用方針施行規則第24条関係）。

例　東京病院増築の敷地として1,500㎡を￥1,200,000,000で買い入れ，仲介手数料￥10,000,000を同時に小切手で支払った。

　　　（借方）土　　地　　1,210,000,000　　　　（貸方）当座預金　　1,210,000,000

例　熱海保養所新設のため土地3,000㎡を1㎡当たり￥600,000で購入し，仲介手数料，測量費，整地費等￥20,000,000，泉水及び池，燈籠，築山，植木等の造園費として￥30,000,000を同時に小切手で支払った。

　　　（借方）土　　地　　1,820,000,000　　　　（貸方）当座預金　　1,850,000,000
　　　　　　　構　築　物　　　30,000,000

29 建設仮勘定

建物，構築物，機械設備等の有形固定資産の建設のための工事費の支出及び建設の目的のため充当した材料費等を処理する勘定である。

施設を建設する場合，期間を要することに加え，施工中における設計変更等もあり得ることから，その経理処理も留意が必要となる。そこで建設に関する費用を一時的にこの仮勘定で整理し，完成してからその金額を固定資産に振り替えることが経理処理上妥当であると考えられるため，この勘定が設けられている。

この建設仮勘定には，次の項目を含めるべきである。

(1) 請負業者に対する前渡金　これは別に前渡金勘定を起こして整理することも考えられるが，建設のためであることが明らかな場合は，建設仮勘定で整理する方が妥当である。

(2) 建設用の材料，部分品の購入代金　購入に際し，貯蔵品として整理し，建設用に使用して初めて建設仮勘定に振替整理する方が正確であると考えられるが，そもそも建設目的として使用することが確定しているのであれば，購入時において建設仮勘定で処理して差し支えない。しかし，施設が完成して使用残の材料等が生じた場合には，建設した固定資産価額に含めず貯蔵品勘定に振替整理しなければならない。

(3) 機械装置の代金　直接固定資産勘定に記入し得るものであるが，据付け，試運転を経なければ営業の用に供するまでに至らない。

土地は買入代金を直接土地勘定で処理することができるが，機械装置については，請負代価のほかに種々の附帯費用もかかるので，建設仮勘定を利用する方が望ましい。

(4) 建設費用　労務費はもちろん，運搬費その他の費用で資本的支出として建設費に関連させるべきものは一応この勘定に算入し，整理すべきである。

建設仮勘定は，完成後において，各々該当資産科目に振り替えなければならない。しかし，多くの場合は，包括的な請負契約であるため，各々の

該当科目に区分して支出することができない。従って，最後に各資産に配分して振り替えるのであるが，この振替えを適切に処理するためには，工事見積書によって資産区分を明確にした建設仮勘定整理簿を設けて処理する必要がある。

　各種の固定資産に振替整理する場合は，各資産の直接費のみではなく，測量費，設計費，工事検査費等の資本的支出に属する経費も割り当てなければならない。この割当を簡単にするためには，各資産の直接費を基準として配分すればよいものと考える。

　建設仮勘定は，固定資産の取得に関するものに限定すべきである。しかし，増改築工事の場合は，工事の当初にいずれを資産に加えるか，又は修繕費として処理するかが明らかでないものがある。そこで，ある限度を定め，これ以上の工事についてはすべて工事番号によって統制し，その費用をすべて建設仮勘定で記入する場合もある。このようにして工事完了後に資産に振り替えるものと修繕費勘定へ振り替えるものとの区分をする。修繕費へ振り替えるものは固定資産に属さないものであるから，建設仮勘定で処理することは会計処理上疑義があるが止むを得ない。

　決算に際し，建設仮勘定は減価償却をしないのが原則である。しかし，建設工事が長期にわたり，一部完成してこれが営業を始めるようになれば，直ちにその部分の原価を計算して各々固定資産に振り替えなければならない。従って，営業の用に供し各々固定資産に振り替えられた部分に対する減価償却はしなければならない。

例　病院の増築工事を行い，請負金額￥56,000,000のうち請負業者に対し￥12,000,000を前渡金として小切手で支払った。

　　（借方）建設仮勘定　　　12,000,000　　　（貸方）当座預金　　　12,000,000

例　増築工事が完成し，本日引渡しを受け請負工事代金の未払い分￥44,000,000を小切手で支払った。

　　（借方）建　　物　　　56,000,000　　　（貸方）建設仮勘定　　　12,000,000
　　　　　　　　　　　　　　　　　　　　　　　　　当座預金　　　44,000,000

【Ⅱ】　無形固定資産

30　借　地　権

　建物を所有する目的で他人の土地を賃借し，不動産登記法により登記したもので，この借地権を取得するために，権利金を支払って取得したものを処理する勘定である。従って，未登記のもの又は権利金の伴わないものは，固定資産として確実なものではないことからこの勘定に計上すべきではない。

　この勘定には，権利金のほかに登記費用その他の手数料等権利の取得に要した費用も含まれる。

> **例**　東京宿泊所敷地に借地権を設定し，権利金，登記料，手数料として¥150,000,000を小切手で支払った。(存続期間30年)
>
> 　　（借方）借　地　権　　　150,000,000　　　（貸方）当座預金　　　150,000,000

31　引　湯　権

　一定の対価を支払ったうえで他人の温泉源より引湯してこれを利用する権利を取得した場合又は他人と共同して温泉源を掘削取得した場合，その温泉の持ち分の価額を処理する勘定である。

　共済組合等が温泉の湧出する土地を取得した場合は，その土地に隣接する温泉の湧出しない土地の価類に比較して計算した土地の価額を控除した金額は土地勘定に含めず引湯権の科目で処理する必要がある。

　共済組合等が自力で掘削して温泉源を取得した場合には，掘削した打込み井戸は構築物として処理され，各種引湯設備等は機械・装置で処理される。また，引湯料として毎月の引湯代金を支払うものは，引湯権ではなく光熱水料の損失勘定の科目で処理される。

> **例**　熱海保養所において引湯権を¥30,000,000で購入し，その代金を小切手で支払った。
>
> 　　（借方）引湯権　30,000,000　　　（貸方）当座預金　30,000,000

> **例**　箱根保養所を建設するため温泉が湧出する土地1,000㎡を取得し，代金￥1,000,000,000を小切手で支払った。なお，その土地に隣接する温泉を湧出しない土地の価額は1㎡当たり￥800,000であった。
>
> 　　　（借方）引 湯 権　　　200,000,000　　　　　（貸方）当座預金　　1,000,000,000
> 　　　　　　土　　　地　　　800,000,000
>
> **例**　上記の土地を掘削して温泉源を取得した。このボーリング費￥15,000,000，引湯管，モーター，水槽，配管等の工事費￥8,000,000を小切手で支払った。
>
> 　　　（借方）構 築 物　　　15,000,000　　　　　（貸方）当座預金　　　23,000,000
> 　　　　　　機械・装置　　　 8,000,000

32　電話加入権

　電気通信事業者といわゆる固定電話に関して加入契約を結んだ者が，当該契約に基づき加入電話により電気通信役務の提供を受ける権利を処理する勘定である。

　共済組合等が電話を架設する場合には，室内交換機，施設設置負担金，工事代金及び契約料の支払いをすることとなる。これらの費用のうち室内交換機は器具・備品として処理されるのであるが，その他の費用は一切電話加入権として処理する。

　また，他人より共済組合等が電話を購入した場合には，購入に要した一切の費用もこの勘定で処理する。

> **例**　T宿泊所において電話を架設するため，次の経費を支出した。
>
> ①　室内交換機　　　￥400,000
> ②　施設設置負担金　￥ 39,600
> ③　工事代金　　　　￥　4,000
> ④　契約料　　　　　￥　　300
>
> 　　　（借方）器具・備品　　　400,000　　　　　（貸方）当座預金　　　443,900
> 　　　　　　電話加入権　　　 43,900

33 施設利用権

共済組合等の福祉厚生施設等において，電気・ガス・上下水道等の供給を受ける権利を得るために，事業者に対し設置費用の一部を負担した場合に処理する勘定である。

> **例** 箱根保養所の配水路設置の負担金として¥34,000,000を小切手で支払った。
> 　（借方）施設利用権　　34,000,000　　　（貸方）当座預金　　34,000,000

34 ソフトウェア（ソフトウェア仮勘定）

この勘定は，共済組合業務のシステム化として共同運用する標準共済システムに係る設計・開発費を処理する勘定である。設計・開発等においては，複数年度にまたがる場合もあり，完成までの支出については，ソフトウェア仮勘定として整理する。

また，ソフトウェアは償却資産であり，耐用年数を5年として，定額法で減価償却費を計算し，直接法により処理する。

> **例** 2カ年度にわたり標準共済システムの改修を行い，初年度に¥1,200,000を負担した。
> 　（借方）ソフトウェア仮勘定　1,200,000　　　（貸方）普通預金　　　　1,200,000
> **例** 翌年度の9月に改修を完了したので，残りの改修費用¥1,200,000を負担した。
> 　（借方）ソフトウェア　　2,400,000　　　（貸方）ソフトウェア仮勘定　1,200,000
> 　　　　　　　　　　　　　　　　　　　　　　　　　普通預金　　　　1,200,000
> **例** 完了した年度の年度末日にソフトウェアを減価償却した。
> 　（借方）減価償却費　　　240,000　　　（貸方）ソフトウェア　　240,000

【Ⅲ】　投資その他の資産

35　長期性預金

　投資目的で長期的に保有する預金を処理する勘定であり，預託金，定期預金，金銭信託，有価証券の信託，包括信託について，この勘定で処理する。

　なお，ここでいう預託金は，連合会の厚生年金保険経理及び退職等年金経理の積立金等を財政融資資金に預託して運用する場合の預託金である。

> **例**　A銀行で持っている保健経理の普通預金に入金されていた¥10,000,000については，当分の間使用することが見込まれないため，同行が販売している金銭信託にて運用することとした。
>
> 　　（借方）長期性預金　　10,000,000　　　　（貸方）普通預金　　　　10,000,000

36　投資有価証券

　投資を目的として所有する有価証券を処理する勘定であり，厚生年金保険経理，退職等年金経理，保健経理貸付勘定，貯金経理，貸付経理及び短期財調経理における，貸付信託・投資信託の受益証券，国債，地方債，社債その他の諸債券等がこれに当たる。

　なお，上記以外の経理単位においては，管理する資金の性格上，投資を目的とした有価証券を取得すべきではない。

> **例**　貯金経理で給与支給期間から5月の給与支給日に振り込まれた組合員の貯金額¥100,000,000について資金運用することを目的に，B事業団発行の事業債にて運用することとした。
>
> 　　（借方）投資有価証券　100,000,000　　　　（貸方）普通預金　　　　100,000,000

37　生命保険資産

　厚生年金保険経理，退職等年金経理及び保健経理貸付勘定の積立金等の運用

として、投資を目的とする団体生存保険の払込保険料を処理する勘定である。

団体生存保険とは、連合会（保険契約者）が組合員（被保険者）の生存につい
て生命保険会社（保険者）と保険契約を結び生命保険料を支払う一
方、各単位保険期間満了時に生存している組合員に対し、給付金を受け取ること
ができる保険である。

例 生命保険への運用として生命保険料¥1,000,000,000を払い込んだ。

（借方）生命保険資産 1,000,000,000　　（貸方）普通金 1,000,000,000

---

38 投資不動産（投資不動産、寄託投資不動産、受寄託投資不動産、受寄託投資不動産負債）

退職等年金経理の積立金の運用として、投資を目的として連合会が保有する
不動産を処理する勘定である。

この投資不動産は、連合会が国等の職員宿舎等建設用地として購入した賃貸
用の土地、国等との契約により年賦売渡しをするために取得した職員宿舎等の
建物及び「旧令による共済組合等からの年金受給者の年金及び一時金の特別措置法」を設
置根拠とする旧令共済病院の設備投資資金を不動産割賦売渡しという形で行っ
ているものである。従って、割賦によって売却するものについては他の固定資
産のように減価償却を行う必要はない。すなわち、「切売り」という概念で、
売却代金が割賦で収納されるとき都度、割賦元本相当額を帳簿価額より直接減額し
て、最終割賦金が完済されたときに帳簿価額より、相手方に所有権移転
が行われる。

なお、旧令医療経理には、この相手科目として長期借入金では な
く、投資不動産引当勘定として計上される。

この割賦金には、元本及び利子相当額が含まれているため、元本相当額は投
資不動産の帳簿価額より直接控除し、利子相当額は受取利息の利益科目で処理
する必要がある。

また、契約の相手方が完済して相手に所有権の移転をするまでは連合会
（退職等年金経理又は保健経理貸付勘定）の所有であるから、連合会において

公租公課及び火災保険料等を負担することとなるが，この取引の性格上，連合会が負担すべきものではなく，実質的な所有者である相手方の負担となるべきものであるため，連合会が負担したこれらについては，別途，相手方に請求が行われているが，資金の性格から立替金の勘定科目で処理するのが妥当である。

　この投資不動産での運用については，予め財務大臣の承認を受けたものに限られているが（施行令第9条の3第2項第2号），国に対する投資不動産である場合には，この承認は不要とされている（運用方針第19条関係）。

　なお，令和4年度に連合会の保健経理に貸付勘定が設置され，投資不動産はすべて退職等年金経理から同勘定に寄託して管理されることとなったため，退職等年金経理では「投資不動産」を「寄託投資不動産」として固定資産勘定に振替え計上し，保健経理貸付勘定では対照勘定として「受寄託投資不動産」を固定資産勘定に計上のうえ，更に賃借一対となるように「受寄託投資不動産負債」を固定負債勘定に計上させている。

例　投資不動産の建物を建設するため，B建設株式会社と請負契約を締結した。当会社に前渡金として工事代金の4割にあたる¥400,000,000を小切手で支払った。なお，この工事は，保証会社より前払金の保証された工事である。

　（借方）投資不動産　　400,000,000　　　　（貸方）当座預金　　　400,000,000
　　　　　（建設仮勘定）

例　上記工事が80％完成したので，契約に基づき既済部分の90％の工事代金を当会社に小切手で支払った。

　（借方）投資不動産　　360,000,000　　　　（貸方）当座預金　　　360,000,000
　　　　　（建設仮勘定）

　（注）　¥1,000,000,000（総工事費）×0.8（進行歩合）×0.9＝¥720,000,000
　　　　　¥720,000,000×（0.9-0.4）＝¥360,000,000

例　上記工事が完成したので工事代金の残額を小切手で支払い，A省と当該不動産の賃貸契約を締結した。なお，建設仮勘定で処理したものについては，正当科目に振替整理する。投資不動産の内訳は土地¥1,500,000,000，建物¥1,000,000,000である。

　（借方）投資不動産　　240,000,000　　　　（貸方）当座預金　　　240,000,000
　　　　　（建設仮勘定）

　（借方）投資不動産　1,000,000,000　　　　（貸方）投資不動産　1,000,000,000
　　　　　（建物）　　　　　　　　　　　　　　　　　（建設仮勘定）

例　上記宿舎の割賦売渡年限50年，年１回払いとし，元金¥50,000,000，利息¥137,500,000
を小切手で受け取り，直ちに預金した。

　　　（借方）普通預金　　　187,500,000　　　　　（貸方）投資不動産　　　50,000,000
　　　　　　　　　　　　　　　　　　　　　　　　　　　　受取利息　　　137,500,000

例　退職等年金経理から保健経理貸付勘定に投資不動産¥70,000,000,000を寄託した。
　〈退職等年金経理〉
　　　（借方）寄託投資不動産　70,000,000,000　　（貸方）投資不動産　70,000,000,000
　〈保健経理貸付勘定〉
　　　（借方）受寄託投資不動産　70,000,000,000　（貸方）受寄託投資不動産負債　70,000,000,000

例　投資不動産に係る割賦代金¥10,100,000（元本分¥10,000,000，利息分¥100,000）
を保健経理貸付勘定にて回収し，退職等年金経理へ引き継いだ。
　〈保健経理貸付勘定〉
　　　（借方）普通預金　　　　10,100,000　　　　（貸方）受寄託投資不動産　10,000,000
　　　　　　　　　　　　　　　　　　　　　　　　　　　　賃　貸　料　　　　100,000

　　　（借方）受寄託投資不動産負債　10,000,000　（貸方）普通預金　　　　10,100,000
　　　（借方）納　付　金　　　100,000
　〈退職等年金経理〉
　　　（借方）普通預金　　　　10,100,000　　　　（貸方）寄託投資不動産　10,000,000
　　　　　　　　　　　　　　　　　　　　　　　　　　　　納付金収入　　　　100,000

39　長期貸付金（寄託貸付金，受寄託貸付金，受寄託貸付金負債）

　各経理間及び連合会からの貸付金を処理する勘定である。長期貸付金とは，
固定資産に属する貸付金で長期的な貸付金，すなわち，貸付期間が１年以上の
貸付金をいう。

　組合員の利用に供する保養所・宿泊所・病院・住宅等の建設には相当の資金
量が必要であり，また，物品の販売業及び貸付事業等を実施するためにも相当
の資金量を必要とするものである。これらの資金に充当するため，余裕金を常
時保有している貯金経理や連合会の保健経理貸付勘定及び退職等年金経理等の
資金を活用した貸付けが行われている。これらの貸付金は，貸付期間が１年以
上となる場合が多く長期貸付金として処理される。

　また，各共済組合内における他の経理単位に貸し付ける場合の貸付金の利率

は，法令上は規定されていないが，貯金経理が貸付けを行う場合には，組合員貯金に対する支払利率より下回らないことが必要である。

　この勘定は，連合会との間又は経理単位相互間における取引であるため，本部のみにおいて使用される勘定である。

　なお，「投資不動産」の項目でも記載しているが，令和4年度に連合会の保健経理に貸付勘定が設置され，退職等年金経理の長期貸付金はすべて同勘定に寄託されて管理されることとなったため，退職等年金経理では「長期貸付金」を「寄託貸付金」として固定資産勘定に振替え計上し，保健経理貸付勘定では対照勘定として「受寄託貸付金」を固定資産勘定に計上のうえ，更に貸借一対となるように「受寄託貸付金負債」を固定負債勘定に計上させている。

　連合会保健経理貸付勘定が共済組合又は連合会内の経理単位に対して貸し付ける場合の貸付金の利率は，指定経理通達（退職等年金経理が貸し付ける場合は，財務大臣の定め（施行規則第85条の8，第85条の9））によることとされている。

例　熱海保養所の建設資金として¥200,000,000を保健経理貸付勘定より宿泊経理に貸し付けた。貸付期間10年　年利率1.0%

〈保健経理貸付勘定〉

　　（借方）長期貸付金　　200,000,000　　　　（貸方）普通預金　　　200,000,000

〈宿泊経理〉

　　（借方）普通預金　　　200,000,000　　　　（貸方）長期借入金　　200,000,000

例　前記貸付金の第1回返済金¥20,000,000及び年間利息¥2,000,000を受け取り，直ちに預金した。

〈保健経理貸付勘定〉

　　（借方）普通預金　　　22,000,000　　　　（貸方）長期貸付金　　20,000,000

　　　　　　　　　　　　　　　　　　　　　　　　　　貸付金利息　　　2,000,000

〈宿泊経理〉

　　（借方）長期借入金　　20,000,000　　　　（貸方）普通預金　　　22,000,000

　　　　　　支払利息　　　 2,000,000

例　退職等年金経理から保健経理貸付勘定に長期貸付金¥46,000,000,000を寄託した。

〈退職等年金経理〉

　　（借方）寄託貸付金　46,000,000,000　　　　（貸方）長期貸付金　46,000,000,000

〈保健経理貸付勘定〉

（借方）受寄託貸付金　46,000,000,000　　　（貸方）受寄託貸付金負債　46,000,000,000

例　保健経理貸付勘定にて受寄託貸付金に係る元本￥100,000,000と貸付利息￥1,000,000の回収を行い，退職等年金経理へ引き継いだ。

〈保健経理貸付勘定〉

（借方）普通預金　　　　101,000,000　　　（貸方）受寄託貸付金　100,000,000
　　　　　　　　　　　　　　　　　　　　　　　　　　貸付金利息　　1,000,000

（借方）受寄託貸付金負債　100,000,000　　（貸方）普通預金　　　101,000,000
　　　　納　付　金　　　　1,000,000

〈退職等年金経理〉

（借方）普通預金　　　　101,000,000　　　（貸方）寄託貸付金　　100,000,000
　　　　　　　　　　　　　　　　　　　　　　　　　　納付金収入　　1,000,000

40　組合員貸付金

　組合員に対する貸付金を処理する勘定である。組合員に対する貸付金は，その事業として行っている貸付経理のみに存在するものである。

　組合員向け貸付金制度については，各共済組合の貸付規程に定められているとおり，普通貸付，特別貸付（教育貸付，結婚貸付，災害貸付等），住宅貸付，特別住宅貸付があり，貸付金の性質に応じ同種のものは一括した科目で処理すべきである。

　各共済組合に規定されている貸付規程によれば，他省庁への出向の場合を除き，組合員の資格を喪失した場合は直ちに全額返済させる旨の規定があるが，実際には直ちに返済できない場合も生じるものと考えられる。この場合の未返済額については，組合員ではなくなっているものの，基本的には貸付条件等は何ら変わるものではないと考えられるため，会計処理上は，返済が完了するまでこの勘定で処理した方が妥当である。

例　甲野一郎に対し，普通貸付金￥300,000を貸し出した。

　　（借方）組合員貸付金　　　300,000　　　（貸方）普通預金　　　　　300,000

例　給与支給機関に徴収依頼した5月分の貸付元利金￥502,500（内利息収入￥12,500）を小切手で受け取り，直ちに預入した。

（借方）普通預金 502,500 （貸方）組合員貸付金 490,000
貸付金利息 12,500

例 大阪次郎より貸付金に対する臨時弁済元金¥15,000を受け取り，直ちに預入した。

（借方）普通預金 15,000 （貸方）組合員貸付金 15,000

例 関東財務局より本省に転入した大蔵一郎の貸付金¥200,000を移し換えた。

〈本省支部〉

（借方）組合員貸付金 200,000 （貸方）本部勘定 200,000

〈関東財務局支部〉

（借方）本部勘定 200,000 （貸方）組合員貸付金 200,000

〈本部〉

（借方）支部勘定 200,000 （貸方）支部勘定 200,000
　　　（本省支部） 　　　（関東財務局支部）

---

41 長期前払費用

　前払費用のうち，1年を超える期間を経て役務の提供を受ける部分を処理するために設けられた勘定である。従って，長期前払費用のうち1年以内の期間になった部分については，前払費用に振り替える。

例 10月1日契約の3カ年分として¥30,000の火災保険料を支払い，決算に際し未経過分¥25,000を処理した。

〈10月1日〉

（借方）保　険　料 30,000 （貸方）当座預金 30,000

〈決算時〉

（借方）前払費用 10,000 （貸方）保　険　料 25,000
　　　長期前払費用 15,000

---

42 敷金・保証金

　共済組合等が相手方に契約の履行を担保するために，差し入れたものを処理する勘定である。

　敷金・保証金は，解約等に際して返ってくるものと返ってこないものがあるため，返ってこない場合には，その金額の性格に応じた経理処理が必要となる

ことに注意すべきである。

> **例**　共済組合職員宿舎借上げのため，¥100,000を払い込んだ。
> 　（借方）敷金・保証金　　　　100,000　　　（貸方）現　　金　　　　　100,000
> **例**　共済組合職員宿舎借上げ契約を解約したが，原状回復費用として¥50,000が差し引
> 　かれて返金された。
> 　（借方）修　繕　費　　　　　 50,000　　　（貸方）敷金・保証金　　　100,000
> 　　　　　現　　金　　　　　　 50,000

43　加　入　金

　共済組合等の事業を行う場合に法令に基づき拠出する加入金，又は事業運営上有利と認められる各種の組合又は団体に加入したときに拠出する加入金を処理する勘定である。

　この加入金は資産勘定として計上されるから，脱退する場合には必ず返還される条件のものでなければならない。

§.3—— 繰延資産に属する勘定

44　創業費（創業費償却）

　保養所，宿泊所，病院等を建設する場合に，建設開始後営業開始までに要した諸費用で，資産の価額に含めて処理できない経費を複数年に繰り延べて処理するために設けられた勘定である。

　創業費は，施設の建設期間中（具体的に設置個所が決定した後）における土地・建物等の賃借科，広告宣伝費，通信交通費，事務用消耗品費，支払利子，使用人の給料，保険料，電気・ガス・水道料及び開所式に要する費用等で当該施設の建設開始後営業開始までに支出した費用を処理する勘定であり，旅費は含まない。

　繰延費用として処理した創業費は，決算時において創業費償却勘定を用いて償却をしなければならない。これは，支出した年度のみに経費を負担させるこ

とは，費用収益対応の原則からして不合理であるためであり，営業開始後何年かに経費を割り当てるために決算時において償却を行うこととなる。

創業費の償却は，毎事業年度末日において，5年以内で共済組合等の代表者の定める期間により均分額以上の償却をしなければならない。また償却額は，直接法により処理しなければならない（施行規則第72条第3項）。

5年以内と規定されているのは，費用収益の原則を乱さない限度において，できるだけ早く償却を完了した方が妥当とされているからである。なお，償却費の計算を算式で示せば次のとおりである。

$$創業費 \times \frac{1}{5年以内} = 償却額$$

〈仕訳〉

　　（借方）創業費償却　　×××　　（貸方）創 業 費　　×××

例　大阪宿泊所が完成したので，建設仮勘定より創業費に属すべき費用¥7,000,000を創業費に振り替えた。

　　（借方）創 業 費　　7,000,000　　（貸方）建設仮勘定　　7,000,000
　　（注）　創業費に属すべき費用を当初建設仮勘定で処理することは不合理であるが，
　　　　　その点については，建設仮勘定の科目において述べたところである。

例　決算に際し，上記創業費を償却した。償却期間は5年とした。

　　（借方）創業費償却　　1,400,000　　（貸方）創 業 費　　1,400,000

45　開発費（開発費償却）

新技術又は新経営組織の採用，資源の開発，市場の開拓等のため支出した費用を複数年に繰り延べて処理するために設けられた勘定である。

開発費の償却も創業費と同様，毎事業年度末日において，開発費償却を用いて5年以内に共済組合等の代表者が定める期間により均分額以上の償却をしなければならない。また償却方法は，直接法によるものとする（施行規則第72条第3項）。

例　宿泊所の管理プログラムを開発するために要した費用¥500,000を小切手で支払った。

（借方）開 発 費	500,000	（貸方）当座預金	500,000

例　決算に際し，上記開発費を償却した。償却期間は5年とした。

（借方）開発費償却	100,000	（貸方）開 発 費	100,000

§.4 —— 流動負債に属する勘定

46 買　掛　金

　主に物資経理において商品・原材料等を仕入れて，代金を後払いとしたとき
に，仕入先に対して生ずる将来の支払義務を示すために処理する勘定である。

　買掛金も未払金と同様に商品を検査収納した時点で支払義務が生じるため，
その時点において代価の支払が完了していなければ買掛金の勘定で処理しなけ
ればならない。

　従って，商品展示会等で組合員に商品の販売を実施する場合は，購入（仕
入）及び売上が同時で買掛金と売掛金とが同日付で整理されるものと考えら
れ，在庫品は常に零となる。

　ただし，年度末近くにおける展示会において商品を業者から仕入れて組合員
に直送する場合においては，購入した組合員の商品受領月日が共済組合等の検
査納入の月日と考えられるため，年度内の受領商品については，買掛金及び売
掛金の整理を行って，当該年度における適正な販売益の表示をしなければなら
ない。

例　商品¥400,000を後払いで購入した。

（借方）商　　品	400,000	（貸方）買 掛 金	400,000

例　上記商品代金を後日，小切手で支払った。

（借方）買 掛 金	400,000	（貸方）当座預金	400,000

例　東京商会よりカメラ10台@¥60,000を後払いで購入した。

（借方）商　　品	600,000	（貸方）買 掛 金	600,000

例　上記のカメラのうち6台が売れたが（現金），4台が売れ残ったので返品するとと
　　もに，6台分の代金を小切手で支払った。

（借方）現　　金	360,000	（貸方）商　　品	360,000
買 掛 金	600,000	当座預金	360,000
		商　　品	240,000

47 短期借入金

一時的に支払資金に不足を生じた場合に，他の経理単位より資金を借り入れ，短期間のうちに返済する借入金を処理する勘定である。

短期借入金の取引は，経理単位間における取引となるので本部のみにおいて使用される勘定である。

通常この勘定が使用されるのは，業務経理の年度当初の支払資金不足，保健経理の一時的な事業資金不足，あるいは貸付経理又は物資経理の一時的な運転資金不足が想定される。

例　貸付経理における貸付資金として，短期経理の剰余金より¥120,000,000を一時的に借り入れ，預金口座間で振り替えた。
〈短期経理〉
　（借方）短期貸付金　　120,000,000　　　（貸方）普通預金　　120,000,000
〈貸付経理〉
　（借方）普通預金　　120,000,000　　　（貸方）短期借入金　　120,000,000
例　上記資金が不用となったので，借入金を返済するとともに，利子¥300,000を預金口座間で振り替えた。
〈短期経理〉
　（借方）普通預金　　120,300,000　　　（貸方）短期貸付金　　120,000,000
　　　　　　　　　　　　　　　　　　　　　　　　貸付金利息　　　　300,000
〈貸付経理〉
　（借方）短期借入金　　120,000,000　　　（貸方）普通預金　　120,300,000
　　　　　支払利息　　　　300,000

48　組合員貯金

　貯金経理における組合員の貯金の受入れ及び払出しを処理する勘定である。

　組合員貯金の種類としては，各共済組合の貯金規程で定められており，普通貯金，定期貯金，積立貯金等に分類されている。普通貯金とは受入れ及び払出しについて特別の制限をつけない貯金，定期貯金とは据置期間等に一定の条件を付した貯金，積立貯金とは毎月一定金額を積み立てる貯金である。

　なお，保険貯金は貯蓄を目的とするものではなく，団体保険等の保険料を積み立てるためのものであり，保険会社に払い込むまで一時的・便宜的に預かっているにすぎないため，預り金という勘定科目で整理する。従って，保険会社に保険料の払込みが完了すれば，通常その残高は零となる性格のものであり，無利子が原則である。

　組合員貯金には貯金規程に基づき利子を支払わなければならない。従って，決算に際しては，貯金台帳により当年度に属する利子が支払われているかどうかを確認し，当期の支払未済の利子については未払金に，支払期が翌期に到来する利子については未払費用に計上し，利息を元加する場合は組合員貯金の受入れとして処理するよう適正な整理をしなければならない。

例　組合員甲野一郎ほか50名分の普通貯金¥100,000,000を給与支給機関より受け取り，直ちに受け入れた。

　　（借方）普通預金　　　100,000,000　　　（貸方）組合員貯金　　100,000,000
　　　　　　　　　　　　　　　　　　　　　　　　　（普通貯金）

例　組合員甲野一郎より普通貯金¥150,000の払戻し請求があったので，現金で払い戻した。

　　（借方）組合員貯金　　　　150,000　　　（貸方）現　　金　　　　150,000
　　　　　　（普通貯金）

例　決算において組合員貯金利息計算の結果，普通貯金利息¥250,000及び定期貯金利息¥400,000（支払期は翌期である。）が未払いとなった。

　　（借方）支払利息　　　　650,000　　　（貸方）未 払 金　　　　250,000
　　　　　　　　　　　　　　　　　　　　　　　　　未払費用　　　　400,000

例　決算において普通貯金金利計算の結果¥800,000となったので，貯金者の貯金口座に組み入れた。

> | （借方）支払利息 | 800,000 | （貸方）組合員貯金
　　　　　（普通貯金） | 800,000 |
>
> **例**　普通貯金￥500,000の貯金者である東京支部の甲野一郎が，大阪支部に異動になっ
> たので組合員貯金の異動処理をした。
> 〈東京支部〉
>
> | （借方）組合員貯金 | 500,000 | （貸方）本部勘定 | 500,000 |
>
> 〈大阪支部〉
>
> | （借方）本部勘定 | 500,000 | （貸方）組合員貯金 | 500,000 |
>
> 〈本部〉
>
> | （借方）東京支部勘定 | 500,000 | （貸方）大阪支部勘定 | 500,000 |

49　未払消費税

　決算時において納付額が確定しているにもかかわらず，支払期日が到来してい
ない消費税負担額を表示して処理する勘定である。なお，消費税の決算計上
額を法人税の取扱いと同様としている場合を除く。

> **例**　年度末決算において，納付すべき消費税額を計上した。なお，課税期間中の借受消
> 費税は総額￥3,000,000で仮払消費税は総額￥2,400,000であった。
>
> | （借方）借受消費税 | 3,000,000 | （貸方）仮払消費税 | 2,400,000 |
> | | | 　　　　　未払消費税 | 600,000 |
>
> **例**　消費税の確定申告を行い，上記消費税額￥600,000を当座預金からの口座振替によ
> り納付した。
>
> | （借方）未払消費税 | 600,000 | （貸方）当座預金 | 600,000 |

50　未払費用

　未払費用は，「一定の契約に従い，継続して役務の提供を受ける場合，すで
に提供された役務に対していまだその対価の支払いが終わらないものをいう。
従つて，このような役務に対する対価は，時間の経過に伴いすでに当期の費用
として発生しているものであるから，これを当期の損益計算に計上するととも
に貸借対照表の負債の部に計上しなければならない。また，未払費用は，かか
る役務提供契約以外の契約等による未払金とは区別しなければならない。」（注

解注5）とされている。

　上記については専ら当該年度の損益を明確にして事業の経営成果を明瞭にするために，決算時に必ず整理しなければならない事項である。例えば，賃金・超過勤務手当・通勤手当等において，当月分を翌月払いとする約定がある場合，3月分は翌年度の4月に支払われることとなるが，当該費用は，あくまでも当該年度の費用に属するものを翌年度に支払うこととなるため，年度末決算時において未払費用に計上しなければならない。

　未払費用は一般的には決算科目であり，翌年度の期首において該当する費用の勘定に振替整理する必要があるが，共済組合等の場合は，出納計算表作成時に損失勘定の貸方残が計上される場合があり，毎月の統計表作成の際に不都合が生ずる結果となるので，未払金と同様に実際の支払いの都度，損失勘定に振替整理する方法をとらざるを得ない。

例　年度末決算において，当期の共済組合職員の給与を計算したところ，未払い分が¥30,000あることが判明したので，当期の費用に計上した。

　　（借方）職員給与　　　　　　30,000　　　（貸方）未払費用　　　　　　30,000

例　上記の給与を4月16日に現金で支払った。

　　（借方）未払費用　　　　　　30,000　　　（貸方）現　　　金　　　　　　30,000

例　年度末決算において翌月16日払いとなっている当月分の家賃¥50,000を当期の費用に計上した。

　　（借方）賃 借 料　　　　　　50,000　　　（貸方）未払費用　　　　　　50,000

例　上記の家賃を4月16日に小切手で支払った。

　　（借方）未払費用　　　　　　50,000　　　（貸方）当座預金　　　　　　50,000

51　未　払　金

　共済組合等の事業に伴う費用で支払期日が到来しているにもかかわらず，その支払いを完了しない債務額を表示して処理する勘定である。事業に伴う費用とは，損益上の費用という意味合いではなく，商品以外の物品や有価証券等の買入れに対する支払いすべてを含んでいる。

　未払金は，物品購入の場合における未払い，各種給付金の未払い，物品購入

以外の各種費用の未払いに区分することができる。

　共済組合等の経理はすべて発生主義によって経理されるのであるが，給付金については，組合員等からの請求に基づいて共済組合等が決定するとされている（法第39条第1項）ことから，給付事由発生の事実によって経理するのではなく，請求書の到着した日の属する年度で給付金の事業年度区分を行う必要がある。

　物品の購入に対する発生主義とは，共済組合等が物品購入契約を行い，当該物品を共済組合等が検査納入した時点で物品の購入があったとするものである。すなわち，物品を検査納入した時点において当該物品に対する代価の支払いが完了しなければ，相手方の請求書の有無にかかわらず支払債務が生じているのであるから，未払金に計上しなければならない。土地の購入については，所有権の移転登記を行い，所有権を確保してその代価の支払いが完了しなければ，その時点において未払金として処理する必要がある。

　また器具・備品の購入においては，共済組合等が当該物品を検査納入した時点において支払債務が発生するため，支払いが完了しなければ未払金に計上する必要がある。建物の建設・取得については，その部分払いの金額及び前渡金は建設仮勘定で処理することとなるが，建物が完成して請負業者より当該建物の完成引渡しを受けた場合において，請負工事代金の未払債務があれば未払金に計上する必要がある。

　これらの器具・備品及び建物は，検収又は完成した場合には直ちに共済組合等の事業の用に供され，それによって収益が生ずる一方で，その時点より収益に対応する費用として減価償却を実施しなければならないので，その時点において帳簿上，器具・備品勘定又は建物勘定に計上する必要がある。

　固定資産に属さない物品の購入，例えば，事務用消耗品・事業用消耗品・飲食材料品あるいは薬品等の購入についても器具・備品の場合と同様に，これらの物品を検収した時点において支払いが完了しなければ未払金に計上するのが発生主義の原則である。しかし，これらの物品で当該年度に消費されるものは損失勘定として損益計算上処理する必要がある。従って，原則は検収時点において処理すべきであるが，期間損益の適正な把握という観点から，年度末決算

時において当該年度内に検査納入した物品で支払いが完了しないものについて
は，未払金に計上して当該物品の購入を帳簿上表示するにとどめ，毎日の検収
時点における支払債務の未払金の処理は省略して，実際の代金支払いの都度，
購入の帳簿上の処理をすることも実務上やむを得ないと思われる。決算時にお
ける年度内検査納入物品について，未払いのものを未払金に計上しないと購入
しない物品が貯蔵品勘定に計上されるという不合理が生ずることとなる。

　各種給付金の事業年度区分は前述したとおりである。決算日の3月31日まで
に共済組合等に請求書が到着したが年度内に支払いを完了しないものについて
は，決算整理期間中に当該請求書に基づき給付金の適否を審査確定して未払金
に計上しなければならない。給付金の期間損益の把握という観点からすれば，
決算時における未払金の計上のみで十分その目的を達成できるのであるが，給
付金については，各年度月別の比較対照分析あるいは各種の統計上，毎月一定
の状態における給付金の把握が必要である。従って，給付金については，決算
時の未払金の計上のみならず，毎月末日までに請求書が到着して当月内に支払
いが完了しないものについては，審査確定して未払金に計上し，当月分の給付
金として帳簿上整理しなければならない。この整理によって毎月事業報告書に
おける給付金額と，出納計算表の給付金額とが一致することとなる。

　物品購入以外の各種未払金とは，損失勘定に属する未払いであり，未払費用
に属さないと考えられる。これらの費用に対する未払いもその発生時点におい
て整理すべきであるが，期間損益把握という年度末決算時のみの計上にとどま
ることも考えられる。例えば，経理単位相互間の借入金に対する支払利息にお
いて，その借入金の残高が計上され，年度内に利息の支払いが完了しない場合
には，当年度分を年度末決算において一括計上して差し支えないものと考えら
れるが，年度内に借入金を完済した場合でその利息の支払いが完了しないとき
には，その実態を把握し，また，決算時における誤謬を防止するため，その時
点で未払金に計上処理した方が最適である。あるいは概算払した旅費を精算追
加払いする時点において支払いが完了しない場合には，年度末まで放置するこ
となく，未払金に計上してその実態を把握すべきである。

例　熱海保養所の敷地として土地3,000㎡（1㎡当たり￥500,000）を購入し所有権の移
　　転登記を完了したが，その代金は30日の後払いとした。

　　　（借方）土　　地　　1,500,000,000　　　（貸方）未　払　金　　1,500,000,000

例　上記土地代金を小切手で支払った。

　　　（借方）未　払　金　　1,500,000,000　　　（貸方）当座預金　　1,500,000,000

例　診療所においてレントゲン機械￥15,000,000を購入し，その代金は後払いとした。

　　　（借方）医療器具機械　　15,000,000　　　（貸方）未　払　金　　　15,000,000

例　3月31日に支払基金より￥55,000,000の診療費の請求を受け，年度内に支払いが完
　　了しなかった。

　　　（借方）保健給付　　　　55,000,000　　　（貸方）未　払　金　　　55,000,000

例　年度末において短期経理の掛金を精査したところ，組合員甲野一郎に対して
　　￥20,000の過徴収であることを発見した。

　　　（借方）掛金収入　　　　　　20,000　　　（貸方）未　払　金　　　　　20,000

例　東京宿泊所において3月分の飲食材料費￥2,000,000の支払いが完了しなかったの
　　で未払金に計上した。

　　　（借方）飲食材料費　　　　2,000,000　　　（貸方）未　払　金　　　2,000,000
　　　　　　　（貯蔵品）

例　A省共済組合の保健経理において，決算時，国庫負担金の精算の結果，連合会に繰
　　り入れる額に￥900,000の未収入が生じた。

　　　（借方）未　収　金　　　　900,000　　　（貸方）負担金収入　　　　900,000

　　　　　　　連合会へ繰入　　　900,000　　　　　　　未　払　金　　　　900,000

52　前　受　金

　物品の売払代金，商品販売代金あるいは宿泊所における宿泊料の利用料金等
を役務等の提供以前に受け取った場合に処理する勘定で将来の役務等の提供を
示すものである。従って，役務等の提供が完了したときは，該当する勘定科目
に振替整理をしなければならない。

　前受金は，一時的な預り金的な性格を有するものであるから，将来の契約変
更等も考慮し役務等の提供が完了するまでには，その見返り資金を留保してお
く必要がある。

　なお，宿泊経理における宿泊料の前納金については相当の件数が発生する可

能性があり，その利用の都度，該当科目に振替整理することは事務負担が増加することとなるため，毎月末日においてその月分を一括して該当科目に振替整理することや，前受金整理簿を設けて整理することで，経理上の誤謬を防止する必要があるものと考えられる。

例　箱根保養所の宿泊申込者より前納金として¥80,000を受け取り，直ちに預入した。
　　　（借方）普通預金　　　　　　80,000　　　（貸方）前 受 金　　　　　80,000
例　上記利用者のうち¥60,000は予定どおり利用し，他は利用の取消しがあったので小
　　　切手で払い戻した。
　　　（借方）前 受 金　　　　　　80,000　　　（貸方）施設収入　　　　　　60,000
　　　　　　　　　　　　　　　　　　　　　　　　　　　当座預金　　　　　　20,000
例　本日，食券600円券300枚を売却した。
　　　（借方）現　　金　　　　　180,000　　　（貸方）前 受 金　　　　　180,000
例　本日の食券の回収高は，600円券100枚であった。
　　　（借方）前 受 金　　　　　　60,000　　　（貸方）施設収入　　　　　　60,000

53　預　り　金

　共済組合等が他人の現金を一時的に預っているものを処理する勘定である。
　預り金勘定で処理するものには，施行規則第54条の規定のほか，源泉徴収義務者である共済組合等が，給与支給の際に源泉徴収した所得税・地方税・雇用保険料・共済組合の掛金等で関係機関に納付するまでの一時的な預り金や，保養所・宿泊所等において利用者より徴収した入湯税で共済組合等が納付するまでの現金等がある。
　施行規則第54条では，隔地者に対する支払いで受取人の住所不明その他の理由により返送されたもの，又は振り出した小切手で振出し日から1年を経過し，なお，取引金融機関に提示のないものを預り金として処理することとされている。これは，これらをそのまま放置することなく別個の負債勘定として整理し，その内容を明確に表示するために規定されたものである。受取人の所在が判明して再度送金し，また，取引金融機関に提示があれば預り金の勘定から払い出すのである。

> **例**　共済組合職員4月分の給料¥150,000を支給の際，源泉所得税¥15,000，共済組合
> 　の掛金¥16,000を控除し，残額を現金で支払った。
> 　　　（借方）職員給与　　　　　150,000　　　　（貸方）現　　金　　　　119,000
> 　　　　　　　　　　　　　　　　　　　　　　　　　　　　預　り　金　　　　 31,000
> **例**　上記控除した預り金を関係機関に小切手で支払った。
> 　　　（借方）預　り　金　　　　 31,000　　　　（貸方）当座預金　　　　 31,000

54　受入保証金

　工事，物品購入の契約をした場合，その請負業者から預った保証金を処理する勘定である。

> **例**　東京病院建設の請負工事契約に際し，契約保証金として¥20,000,000を現金で受け
> 　取り，直ちに預入した。
> 　　　（借方）普通預金　　　20,000,000　　　　（貸方）受入保証金　　　20,000,000
> **例**　東京病院が予定どおりに完成したので，預り保証金¥20,000,000を小切手で返済した。
> 　た。
> 　　　（借方）受入保証金　　　20,000,000　　　　（貸方）当座預金　　　20,000,000

55　前　受　収　益

　前受収益は，「一定の契約に従い，継続して役務の提供を行う場合，いまだ提供していない役務に対し支払いを受けた対価をいう。従って，このような役務に対する対価は，時間の経過とともに次期以降の収益となるものであるから，これを当期の損益計算から除去するとともに貸借対照表の負債の部に計上しなければならない。また，前受収益は，かかる役務提供契約以外の契約等による前受金とは区別しなければならない。」（注解注5）とされている。

　これを行わない場合には，当該年度の収益が過大に表示されてしまい，真実の経営成果が表示されないこととなる。例えば，敷地内店舗用賃貸契約において9月1日から翌年8月末日までの家賃¥1,200,000を9月1日の契約と同時

に受け取った場合，当年度に属する賃貸料収入は9月～3月までの7カ月分の¥700,000であるため，残額の¥500,000は翌年度の収益となることから，前受収益勘定に振替整理して当該年度の収益より控除しなければならない。

　なお，前受収益は決算科目であり，翌年度の期首において再び該当する科目に振り替えるべきである。

例　9月1日にB病院の敷地内店舗用賃貸契約を行い，向こう1カ年分の賃貸料¥1,200,000を小切手で受け取った。

〈9月1日〉

　（借方）現　　金　　　1,200,000　　　（貸方）施設収入　　　1,200,000

〈3月31日〉

　（借方）施設収入　　　　500,000　　　（貸方）前受収益　　　　500,000

例　上記の前受賃貸料を翌年度の期首において振り替えた。

　（借方）前受収益　　　　500,000　　　（貸方）施設収入　　　　500,000

56　仮　受　金

　実際に入金があったが，受入勘定科目が不明又は金額の総額が確定しない場合にその収入金を一時的に処理する勘定である。この勘定を使用した場合には財政状態が不明瞭となり明瞭性の原則に反するため，特に年度末においては，実態を調査して正当科目に決算整理期間中に振替えを行い，極力皆無にするよう努めなければならない。

　この勘定で処理するのは，会計単位間の送金の場合に取引金融機関の預金口座に入金されたが送金先からの通知がないために受入科目が判明しない場合，又は他の経理単位に属する資金が間違って入金され，その実態が不明な場合等が主に考えられる。

　なお，期中においても正当科目が判明した場合には，直ちに振替処理を行い，不明瞭なものがなくなるように努めなければならない。

例　熊本支部の預金口座に内容不明の入金¥500,000があった。

　　（借方）普 通 預 金　　　　500,000　　　（貸方）仮 受 金　　　　500,000

例　上記の入金は，本部から到着した送金通知により本部回送金であることが判明した。

　　（借方）仮 受 金　　　　500,000　　　（貸方）本 部 勘 定　　　　500,000

例　本部の貸付経理の預金口座に内容不明の入金¥400,000があった。

　　（借方）普 通 預 金　　　　400,000　　　（貸方）仮 受 金　　　　400,000

例　上記の入金¥400,000は，支部から到着した送金通知により物資経理の回送金であることが判明したので，物資経理に移換した。

〈貸付経理〉

　　（借方）仮 受 金　　　　400,000　　　（貸方）普 通 預 金　　　　400,000

〈物資経理〉

　　（借方）普 通 預 金　　　　400,000　　　（貸方）支 部 勘 定　　　　400,000

57　福祉財源未整理勘定

　法第98条に規定する福祉事業に要する財源を本部以外の会計単位において，事務処理の都合上，一時的に短期経理に受け入れる場合に処理する勘定であり，昭和34年2月24日付大蔵省主計局長より各共済組合本部長宛通知「国家公務員共済組合法第98条第2項に規定する福祉経理の財源を共済組合に受け入れる場合の事務取扱手続について」に基づいて設定された勘定である。

　福祉財源は，当該財源を現実に受け入れる会計単位の保健経理において，当該経理の利益勘定科目である「負担金収入」及び「掛金収入」の勘定科目で受け入れる事務処理を行うこととなるが，本部以外の会計単位に受け入れる場合は，保健経理の事務の簡素化及び円滑な事務運営を図るため，一時的に短期経理に受け入れて保健経理に払い出す方法の取扱い手続きがなされ，この場合に短期経理において一時的に福祉財源未整理勘定を使用して処理する。

　福祉財源未整理勘定は速やかに保健経理との決済を必要とするものであり，毎月末日までには必ず決済の振替処理を行い，毎月末日の元帳残高には計上されないように注意しなければならない。

　取引の仕訳例により説明すれば，次のとおりである。

(1)　支部の短期経理に受け入れ，本部の短期経理に振替整理後，本部におい
て保健経理へ払い出す場合

〈支部の短期経理〉

（借　方）		（貸　方）		
普通預金	×××	福祉財源未整理勘定	×××	（入金）
福祉財源未整理勘定	×××	本部勘定 （又は普通預金）	×××	（本部振替）

〈本部の短期経理〉

（借　方）		（貸　方）		
支部勘定 （又は普通預金）	×××	福祉財源未整理勘定	×××	（支部振替）
福祉財源未整理勘定	×××	普通預金	×××	（保健経理へ支出）

〈本部の保健経理〉

（借　方）		（貸　方）		
普通預金	×××	掛金収入	×××	（短期経理より受入）
		負担金収入	×××	

(2)　支部の短期経理に受け入れ，支部の保健経理へ払い出す場合

〈支部の短期経理〉

（借　方）		（貸　方）		
普通預金	×××	福祉財源未整理勘定	×××	（入金）
福祉財源未整理勘定	×××	普通預金	×××	（保健経理へ払出）

〈支部の保健経理〉

（借　方）		（貸　方）		
普通預金	×××	掛金収入	×××	（短期経理より受入）
		負担金収入	×××	

　　(注)　短期経理と保健経理が同じ取引金融機関であれば短期経理を経由することなく
　　　　　銀行に内訳を提示して保健経理に直接入金することができるものと思われる。

(3)　毎月末日又は決算時に保健経理との決済が完了しない場合には，短期経
理においては福祉財源未整理勘定を未払金に振り替えると同時に，保健経
理においては当該金額を未収金（相手勘定は負担金収入又は掛金収入）に
計上しなければならない。この整理をしなければ福祉財源未整理勘定の残
高が計上されてしまうからである。

(4)　福祉財源で過年度における収入金が生じた場合には，短期経理において

は，当年度分と同様の処理方法となるが，保健経理における受入れは，負担金収入又は掛金収入の利益勘定科目で受け入れることなく，前期損益修正益の勘定科目で処理しなければならない。従って，この場合は，その内容を保健経理に対して表示する必要がある。

(5) 年度末決算において福祉財源に未収金が生じた場合においては，前記との整理方法の統一を図るため次のような処理が必要となる。

〈支部の短期経理〉

（借　方）		（貸　方）		
未収金	×××	福祉財源未整理勘定	×××	（未収金計上）
福祉財源未整理勘定	×××	本部勘定	×××	（本部振替）

〈本部の短期経理〉

（借　方）		（貸　方）		
支部勘定	×××	福祉財源未整理勘定	×××	（支部より振替）
福祉財源未整理勘定	×××	未払金	×××	（保健経理に対する未払金計上）

〈本部の保健経理〉

（借　方）		（貸　方）		
未収金	×××	掛金収入	×××	（短期経理に対する未収金計上）
		負担金収入	×××	

例　大阪支部において短期掛金￥500,000を給与支給機関より受け入れ，そのうち￥100,000が福祉財源の掛金であった。

〈支部の短期経理〉

(1)（借方）普通預金　　　　　500,000　　　　（貸方）掛金収入　　　　　400,000
　　　　　　　　　　　　　　　　　　　　　　　　　　福祉財源未整理勘定　100,000

(2)（借方）福祉財源未整理勘定　100,000　　　　（貸方）本部勘定　　　　　100,000
　　　　　　　　　　　　　　　　　　　　　　　　　　（普通預金）

〈本部の短期経理〉

(1)（借方）支部勘定　　　　　100,000　　　　（貸方）福祉財源未整理勘定　100,000
　　　　　　（普通預金）

(2)（借方）福祉財源未整理勘定　100,000　　　　（貸方）普通預金　　　　　100,000

〈本部の保健経理〉

　　（借方）普通預金　　　　　100,000　　　　（貸方）掛金収入　　　　　100,000

例　本省支部において年度末決算に短期掛金を精算したところ，精算分として収入すべ
き金額は¥600,000であり，このうち¥30,000は福祉財源の掛金であった。
〈支部の福祉経理〉
(1)（借方）未 収 金　　　　600,000　　　（貸方）掛金収入　　　　　570,000
　　　　　　　　　　　　　　　　　　　　　　　福祉財源未整理勘定　30,000
(2)（借方）福祉財源未整理勘定　30,000　　（貸方）本部勘定　　　　　30,000
〈本部の短期経理〉
(1)（借方）支部勘定　　　　　30,000　　　（貸方）福祉財源未整理勘定　30,000
(2)（借方）福祉財源未整理勘定　30,000　　（貸方）未 払 金　　　　　30,000
〈本部の保健経理〉
　　（借方）未 収 金　　　　　30,000　　　（貸方）掛金収入　　　　　30,000

§.5 ── 固定負債に属する勘定

58　長期借入金

借入期間が1年以上の借入金を処理する勘定である。

通常は福祉経理の設備資金あるいは貸付経理の貸付資金を連合会（保健経理
貸付勘定）から借り入れる場合に処理する勘定である。

例　A省共済組合においては，組合員貸付金の貸付資金として連合会（保健経理貸付勘
定）より，¥500,000,000を借り入れた。
　　（借方）普通預金　　500,000,000　　　（貸方）長期借入金　　500,000,000
例　上記借入金に対する利息¥7,500,000を連合会に対し小切手で支払った。
　　（借方）支払利息　　　7,500,000　　　（貸方）当座預金　　　　7,500,000
例　借入金¥500,000,000のうち，¥125,000,000を連合会に対して小切手で返済した。
　　（借方）長期借入金　125,000,000　　　（貸方）当座預金　　　125,000,000

59　受寄託投資不動産負債・受寄託貸付金負債・受寄託その他の負債

退職等年金経理における運用資産等の管理を同経理以外で行うためにこれら
の資産の寄託を受けた経理において，実際の資産そのものは退職等年金経理の
所有であることから，備忘的に同経理以外で対照勘定として受寄託投資不動

産，受寄託貸付金及び現金・預金といった科目を計上することにより，貸借を均衡させるための固定負債勘定である。従って，これらの勘定が使用されるのは連合会の保健経理貸付勘定に限定されることとなる。

例　退職等年金経理が保有している投資不動産￥2,00,000,000と組合貸付金￥500,000,000を保健経理貸付勘定へ寄託を行った。

〈退職等年金経理〉

| （借方）寄託投資不動産 | 2,000,000,000 | （貸方）投資不動産 | 2,000,000,000 |
| 寄託貸付金 | 500,000,000 | 長期貸付金 | 500,000,000 |

〈保健経理貸付勘定〉

| （借方）受寄託投資不動産 | 2,000,000,000 | （貸方）受寄託投資不動産負債 | 2,000,000,000 |
| 受寄託貸付金 | 500,000,000 | 受寄託貸付金負債 | 500,000,000 |

例　共済組合から貸付金元本￥10,000,000の償還と支払利息￥100,000が行われたので，退職等年金経理に同額を振り込んだ。

〈保健経理貸付勘定〉

（借方）現金・預金	10,100,000	（貸方）受寄託貸付金	10,000,000
受寄託貸付金負債	10,000,000	貸付金利息	100,000
納付金	100,000	現金・預金	10,100,000

〈退職等年金経理〉

| （借方）現金・預金 | 10,100,000 | （貸方）寄託貸付金 | 10,000,000 |
| | | 納付金収入 | 100,000 |

例　不要となった投資不動産（簿価￥1,000,000）が￥50,000,000で売却できたため，簿価相当額を退職等年金経理に振り込んだ。

〈保健経理貸付勘定〉

（借方）現金・預金	50,000,000	（貸方）受寄託投資不動産	1,000,000
		固定資産売却益	49,000,000
受寄託投資不動産負債	1,000,000	現金・預金	1,000,000

〈退職等年金経理〉

| （借方）現金・預金 | 1,000,000 | （貸方）寄託投資不動産 | 1,000,000 |

例　退職等年金経理の資産流動化を図るため，保健経理貸付勘定で寄託を受けている投資不動産のうち￥40,000,000を同勘定にて買い取った。

〈保健経理貸付勘定〉

| （借方）受寄託投資不動産負債 | 40,000,000 | （貸方）現金・預金 | 40,000,000 |
| 投資不動産 | 40,000,000 | 受寄託投資不動産 | 40,000,000 |

〈退職等年金経理〉

（借方）現金・預金　　40,000,000　　　（貸方）寄託投資不動産 40,000,000

60　支払準備金（支払準備金繰入・戻入）

短期経理における給付金のうち，当年度に属する潜在債務を毎事業年度末日に見越負債として処理するための勘定である（施行規則第78条）。

給付金の年度区分は，給付金の給付が組合員等からの請求に基づいて共済組合が決定するため，請求書を受理した日の属する年度，すなわち請求書の到着主義によって年度区分をすることとなっている（運用方針施行規則第52条関係）。

従って，給付すべき事実が年度内に発生しているが請求書を受理しないものについては，共済組合には当該年度を過ぎてから当然支払義務が生じてくるため，決算時において見越負債として計上しなければ真実の財政状態を表示しているとはいえない。

この見越負債の金額を確定することができれば，未払金として損失に算入し確定負債として計上しなければならないのは当然であるが，その給付金を明確に確定することができないので，損益計算上の確定損失として計上せず，貸借対照表において自己の計算によりその見越額を不確定な負債として計上することとしている。

支払準備金は，金額の確定はできないが，共済組合の債務であることは間違いない。従って，剰余金処分として取り扱うべきものではなく，むしろ将来必ず支払わなければならない支払準備的な引当金と同様な性格を有するものであるといえる。また，剰余金の有無にかかわらず積み立てなければならない性格のものである。

支払準備金の計上額は，当該事業年度における短期給付の支払基金の診療報酬の請求額の12分の2に相当する金額，すなわち2カ月分である。これは支払基金等の請求が給付事実発生より概ね2カ月の遅れがあるといった実績に基づくものである。

　支払準備金の取崩しは，積み立てるべき金額の基準となるべき給付金の請求額に変動がない限り行うべきではなく，共済組合が存続する限り永久に積み立てておく必要がある。なお，積立方法は洗替法による。

例　本年度決算時において，本年度の給付金の請求総額に対する支払準備金¥700,000,000を積み立てた。なお，前年度積み立てた支払準備金残高は¥550,000,000であった。

　　（借方）支払準備金　　550,000,000　　　（貸方）支払準備金戻入　550,000,000
　　　　　　支払準備金繰入 700,000,000　　　（貸方）支払準備金　　　700,000,000

61　資産見返補助金等（資産見返補助金等戻入）

　補助金，寄附金又は施行規則第7条第2項に規定する繰入金（いわゆる相互繰入）をもって固定資産を取得した場合において，その固定資産が共済組合等の財産的基礎を構成しない償却資産である場合に処理する勘定である（施行規則第81条第3項　令和4年4月1日改正）。なお，財産的基礎を構成する場合においては，資本剰余金の勘定科目である別途積立金にて処理する（同条第1項）。

例　オンライン資格確認関係補助金の交付決定を受け，顔認証付カードリーダー設置のために必要となるパソコン等を¥1,000,000で年度末に購入し，預金口座から振り替えた。

　　（借方）器具・備品　　1,000,000　　　（貸方）普通預金　　　　1,000,000
　　　　　　未 収 金　　　1,000,000　　　　　　　資産見返補助金等 1,000,000

例　前年度に取得した上記の器具・備品について，年度末日に減価償却を行った。償却期間は5年とした。

　　（借方）減価償却費　　200,000　　　（貸方）器具・備品　　　200,000
　　　　　　資産見返補助金等 200,000　　　　　　資産見返補助金等戻入 200,000

---

§.6 —— 引当金に属する勘定

62　退職給与引当金（退職給与引当金繰入・戻入益）

　共済組合等が雇用している職員に対し退職給与を支払う規定がある場合に，その規定に基づき毎年度決算において所要の金額を引き当て，職員が退職した場合に退職金の支払いを処理する勘定である（施行規則第73条）。従って，退職給与を支払う規定がない場合には，共済組合等は支払債務を負わないことから引き当てる必要はない。

　退職金は，実際に支払う年度の損失として処理する方法も考えられるが，通常，複数年の勤務を経たことに対する支出であるため，退職年度の対価として支払うべき性質のものではなく，退職までの全期間の対価とすべきものであるから，正確な期間損益を把握するために一定の基準に従い各年度分の費用を割り当て毎年度積み立てなければならない。なお，積立方法は差額補充法とする。

　この引当金に対する見返資産は，退職者に対して常時支払い可能とさせるため，直ちに換金性がある資産でなければならず，これを固定資産取得に使用するなどしてしまって，退職金の支払いに支障を来たすことがないよう注意しなければならない。

　共済組合等内部の経理単位相互間において職員を雇用替えした場合には，当該職員に係る退職給与引当金は，雇用替え先の経理単位に振り替えなければならない。なお，退職金を支払うときは，退職給与引当金を取り崩して支払うこととするが，万一不足分が発生した場合には，「退職給与引当金繰入不足金」という損失勘定科目を設けて処理する。

例　年度末決算において，¥27,000,000の退職給与引当金を引き当てた。
　　（借方）退職給与引当金繰入　27,000,000　　　（貸方）退職給与引当金 27,000,000

例　甲野一郎氏の退職につき，退職金¥9,000,000を預金口座から振り替えた。
　　（借方）退職給与引当金　9,000,000　　　（貸方）普通預金　　　　　9,000,000

例　業務経理で雇用していた職員大阪次郎を担当変更により貸付経理に雇用替えするこ

とにしたので，当該職員分として業務経理で引き当てていた退職給与引当金
¥3,000,000を貸付経理に移換した。

〈業務経理〉

　　（借方）退職給与引当金　3,000,000　　　　　（貸方）普通預金　　　　　3,000,000

〈貸付経理〉

　　（借方）普通預金　　　　　3,000,000　　　　　（貸方）退職給与引当金　3,000,000

例　退職給与規定の改正により，退職給与引当金が¥1,000,000不要となった。

　　（借方）退職給与引当金　1,000,000　　　　　（貸方）退職給与引当金戻入益　1,000,000

例　次期において職員大阪次郎が退職した際，退職金¥3,200,000を現金で支払った。
ただし，この職員に対する退職給与引当金は¥3,000,000しか設定されておらず，不
足分が発生した。

　　（借方）退職給与引当金　3,000,000　　　　　（貸方）現　　　金　　　　3,200,000

　　　　　　退職給与引当金繰入不足金　200,000

63　災害補てん引当金（災害補てん引当金繰入・戻入）

　共済組合等の有形固定資産に対する損害保険を保険会社と契約せず，共済組
合等が自家保険によって将来の損害に対する準備を行う場合に，毎事業年度末
日においてその所要の金額，すなわち，保険料に相当する金額を見積り，その
資金を損害に対する引当金として処理する勘定である（施行規則第74条）。な
お，積立方法は差額補充法とする。

　自家保険は，保険業者に保険を付ける代わりに支払保険料相当額が内部留保
され，事業の運転資金として利用できるので，共済組合等にとって利便性がよ
いといえる。

例　年度末決算において¥20,000,000を災害補てん引当金として見積った。前年度積立
残額は¥25,000,000である。

　　（借方）災害補てん引当金　5,000,000　　　　　（貸方）災害補てん引当金戻入　5,000,000

例　上記において，前年度積立残額が¥15,000,000の場合

　　（借方）災害補てん引当金繰入　5,000,000　　　　　（貸方）災害補てん引当金　5,000,000

例　建物が焼失したので災害補てん引当金¥12,000,000を取り崩した。当該建物の取得
価額は¥35,000,000，これに対する減価償却累計額は¥15,000,000であった。

> （借方）災害補てん引当金 12,000,000　　（貸方）建　　物　　20,000,000
> 　　　　固定資産除却損　8,000,000

64　特別修繕引当金（特別修繕引当金繰入・戻入）

福祉経理において，その事業に使用されている施設について，将来大規模の修繕が予定される場合に，毎事業年度末においてその所要額を特別修繕引当金として計上する場合に処理する勘定である（施行規則第77条）。

大規模な修繕は，複数年使用した結果として実施する必要が生じるものであることから，修繕を行う年度のみで費用計上すべきではなく，使用している各年度において費用を平等に負担させておく必要がある。

この引当金は任意の引当金であり，毎事業年度引き当てるべき金額は，過去の実績及び施設の現状等を勘案し，将来の大規模修繕を推定して修繕を行う年度までの年数により算出する。なお，積立方法は差額補充法とする。

> **例**　年度末決算に際し，将来行われるべき大規模修繕のため，本年度分として¥5,000,000を見積って引当金に計上した。
> 　　　（借方）特別修繕引当金繰入　5,000,000　　（貸方）特別修繕引当金　5,000,000
> **例**　本年度において大規模修繕を行い，その工事費¥15,000,000を小切手で支払った（特別修繕引当金の計上額は¥15,000,000であった）。
> 　　　（借方）特別修繕引当金 15,000,000　　（貸方）当座預金　　15,000,000
> 　　　（注）　この場合，特別修繕引当金の計上額が¥10,000,000であったとすれば，修繕費¥15,000,000との差額¥5,000,000は当年度の修繕費として計上される。

§.7 ── 基本金に属する勘定

65　基　本　金

共済組合等においては，その特殊な性格から，一般企業のように事業の開始にあたり出資されるいわゆる資本金というものは存在しないが，現在の連合会の前身である財団法人政府職員共済組合連合会の結成時に加入共済組合から共

済組合員1人当たり3円の割合で計算した基金の拠出を受け入れたことがあり，基本金は，このようないわば内部からの出捐等によるものを資本金に代わる科目として処理するための勘定である。

§.8 ── 剰余金に属する勘定

66　資本剰余金

(1)　再評価積立金

共済組合等は，福祉経理の資産について，時価と帳簿価額とに著しい差異がある場合において，当該事業年度末又は財務大臣の指定する時には，予め財務大臣の承認を受けて再評価して帳簿価額を修正することができることとされている（施行規則第67条第2項）。

この評価によって生じた評価益は，貨幣価値等の変動に対応して資本価値が修正されたものである。すなわち資本財自体の変化であって，何ら経営の成果を意味するものではなく，処分可能な財源は全然実現していない。仮に利益という言葉を用いるにしても未実現の利益であり，また，実際上所得は発生していない。このような未実現の利益であり処分不可能なものは，利益剰余金でなく，資本剰余金の性格を有するものとされ，共済組合等においては，経営の成果計算をより明確に区分するため，この評価によって生じた利益金は全額，再評価積立金として積み立てなければならない（施行規則第79条）。

投下資本価値を維持しなければならないとする資本充実の原則に従って，資本剰余金という別個の積立金として積み立てるが，その金額は再評価によって生じた利益金の全額であり，当該年度の経営の成果計算において不足金を生じたことをもってその不足金を控除した残額を積み立てることは許されない。この積立金は資本剰余金に属するものであるから，勝手に処分することはその積立の目的に反するため取崩しには一定の制限がある。すなわち，翌事業年度以降において再評価により損失を生じた場合及び財務大臣の承認を受けた場合を除き取り崩すことができない。財務大臣の承認を受けた場合とは，再評価資産を譲渡するにあたりその譲渡価額が再評価額に満たないときにその損失額を補

てんする場合，又は特別の事情により欠損の補てんに充当する場合等が考えられる。

例　本年度末日において東京宿泊所の建物を評価した。取得価額￥10,000,000，減価償却累計額￥2,000,000，現在価額￥8,000,000，再評価額￥15,000,000であった。

〈評価益の計上〉

　　（借方）建　　　物　　　7,000,000　　　（貸方）固定資産評価益　7,000,000

（注1）　固定資産評価益は，損益勘定に集合された当期損益金に含まれる。

〈積立金の計上〉

　　（借方）積　立　金　　　7,000,000　　　（貸方）再評価積立金　7,000,000
　　　　　　（繰越欠損金）

（注2）　通常評価益は資本取引であるから損益計算に含めず，その評価額を直接積み立てる方法もあるが，共済組合等の場合は，固定資産評価益の利益勘定で一応計上し，損益に集合した後に積み立てる方法をとっている。

例　本年度末において大阪宿泊所の建物を再評価した。取得価額￥5,000,000，減価償却累計額￥1,000,000，現在価額￥4,000,000，再評価額￥2,000,000であった。

〈評価損の計上〉

　　（借方）固定資産評価損　2,000,000　　　（貸方）建　　　物　　　2,000,000

（注3）　固定資産評価損は，損益勘定に集合された当期損益金に含まれる。

〈積立金の取崩し〉

　　（借方）再評価積立金　　2,000,000　　　（貸方）繰越欠損金　　　2,000,000
　　　　　　　　　　　　　　　　　　　　　　　　　　（積立金）

（注4）　上記（注2）と同様である。

例　東京宿泊所の建物を売却し，財務大臣の承認を受けて再評価積立金を取り崩し，損失額を補てんした。取得価額￥15,000,000，減価償却累計額￥2,000,000，現在価額￥13,000,000，売却価格￥10,000,000であった。

〈売却取引〉

　　（借方）普通預金　　　10,000,000　　　（貸方）建　　　物　　13,000,000
　　　　　　固定資産売却損　3,000,000

（注5）　固定資産売却損は，損益勘定に集合された当期損益金に含まれる。

〈積立金の取崩し〉

　　（借方）再評価積立金　　3,000,000　　　（貸方）繰越欠損金　　　3,000,000
　　　　　　　　　　　　　　　　　　　　　　　　　　（積立金）

（注6）　上記（注2）と同様である。

(2)　別途積立金

　共済組合等は，他からの補助金，寄附金又は施行規則第7条に規定する福祉財源（以下「補助金等」という。）をもって固定資産を取得した場合には，当該事業年度末日において，当該固定資産の価額に相当する金額を別途積立金として積み立てなければならない（施行規則第81条）。

　これらは，共済組合等が何の対価もなく無償で取得するのでいわば贈与剰余金に相当するもので，再評価積立金と同様に資本剰余金の一種とされる。従って，経営の成果計算とは別に別途積立金として処理する必要がある。また，当期剰余金の如何にかかわらず，当該金額は積み立てなければならない。

　再評価積立金と同様に資本剰余金の概念に含まれるものであるから，この取崩しも一定の制限があり，財務大臣の承認を受けなければ取り崩すことができない。取り崩しが生じるのは当該固定資産を売却した場合等が考えられる。

　なお，補助金等により取得した固定資産が，共済組合等の財産的基礎を構成しない償却資産であって，その減価償却に対応すべき収益の獲得が予定されていない場合は，財務大臣の承認を受けて，当該補助金等に相当する額を負債勘定に計上し，毎事業年度末日において減価償却相当額を取り崩し，収益として処理をすることとなる。（固定負債勘定の資産見返補助金等の記述を参照。）

　例　福祉財源￥50,000,000をもって熱海保養所を建設した。
　　〈建物の取得〉
　　　　（借方）建　　物　　　50,000,000　　　　（貸方）当座預金　　　50,000,000
　　〈積立金の積立〉
　　　　（借方）積　立　金　　　50,000,000　　　　（貸方）別途積立金　　　50,000,000
　　　　　　　　（繰越欠損金）
　　（注）　贈与資金を損益勘定に計上せず，直接積立金として計上する方法もあるが，共済組合等の場合は，損益勘定に計上し，後に積み立てる方法をとっている。
　例　別途積立金として計上してある箱根保養所を売却し，財務大臣の承認を受けて積立金を取り崩した。取得価額￥50,000,000，減価償却累計額￥5,000,000，現在価額￥45,000,000，売却価額￥60,000,000であった。
　　〈売却〉
　　　　（借方）現　　金　　　60,000,000　　　　（貸方）建　　物　　　45,000,000
　　　　　　　　　　　　　　　　　　　　　　　　　　　固定資産売却益　15,000,000

〈積立金の取崩し〉

　　（借方）別途積立金　　50,000,000　　　（貸方）積　立　金　　50,000,000
　　　　　　　　　　　　　　　　　　　　　　　　　　　（繰越欠損金）

（注）　売却して積立金額以上のものを再取得する場合は，再び積立ての必要が生じる
　　　ので取り崩す必要はない。従って，再取得しない場合又は積立金の額以下のもの
　　　を再取得する場合には，全額又はその差額が取り崩される。

例　前年度の福祉財源￥30,000,000が前年度繰越利益金として計上され，当該預金を
もって宿泊所を建設した。

〈建物の取得〉

　　（借方）建　　　物　　30,000,000　　　（貸方）当座預金　　30,000,000

〈積立金の積立〉

　　（借方）積　立　金　　30,000,000　　　（貸方）別途積立金　　30,000,000
　　　　　　（繰越欠損金）

（注）　福祉財源をもって取得した結果となるので積み立てる必要がある。

例　連合会の保健経理貸付勘定からの借入資金によって建設した宿泊所の借入金に対す
る償還金￥10,000,000が福祉財源をもって返済された。

〈借入金の返済〉

　　（借方）長期借入金　　10,000,000　　　（貸方）普通預金　　10,000,000

〈積立金の積立〉

　　（借方）積　立　金　　10,000,000　　　（貸方）別途積立金　　10,000,000
　　　　　　（繰越欠損金）

（注）　福祉財源をもって取得した結果となるので積み立てる必要がある。

67　厚生年金保険給付積立金・退職等年金給付積立金

　連合会の厚生年金保険経理又は退職等年金経理において将来の予想される給
付費用のために所要の財源を積み立てることを目的として処理する勘定である。
　これらの積立金は，施行令第9条に基づき，毎事業年度損益計算書上，利益
を生じたときにはその額を長期給付に充てるべき積立金として整理し，また，
損益計算書上損失を生じたときには積立金を減額して整理することとなる。

例　厚生年金保健経理における本年度当期利益金￥120,000,000,000を厚生年金保険給
付積立金へ計上した。

　　（借方）当期利益金　120,000,000,000　（貸方）厚生年金保険給付積立金　120,000,000,000

68　利益剰余金（欠損金）

(1)　建設積立金

　福祉経理において，一定の金額を積み立てて施設の新設，増築を行う場合には，毎事業年度末日において，当該金額を建設積立金として積み立てることができる。保養所，宿泊所又は病院等を新設又は増築を行う場合には多額の資金が必要となる。これらの目的を達成するために必要な資金は，毎事業年度末日において一定の金額を逐次積み立てることができる。この積立金は任意積立金であり，資本剰余金ではなく利益剰余金の処分項目に属する。従って，経営の成果計算による利益金（積立金及び当期利益金）の範囲内において積み立てるべき性格のものであり，利益金の計上がなければ積み立てることは許されない。

　また任意積立金であるが故に，その目的を達成した場合又はその目的を中止した場合等においては，積立金の必要性がなくなることから取り崩さなければならない。目的を達成して取り崩すにあたり積立金の源泉が施行規則第7条に規定する福祉財源をもって積み立てられている場合は，別途積立金に振り替えなければならない。

例　本年度末において，当期利益金¥2,000,000を建設積立金に¥1,500,000，改良積立金に¥500,000を積み立てた。

（借方）当期利益金	2,000,000	（貸方）建設積立金	1,500,000
		（貸方）改良積立金	500,000

例　建設積立金¥300,000,000を活用して，東京宿泊所に入浴施設を¥300,000,000で増設した。なお，この建設積立金の源泉は他経理からの相互繰入（福祉財源）であった。

（借方）建　　物	300,000,000	（貸方）当座預金	300,000,000
建設積立金	300,000,000		別途積立金	300,000,000

---

(2)　改良積立金

　福祉経理において，一定の金額を積み立てて施設の改良を行う場合には，毎事業年度末日において，当該金額を改良積立金として積み立てることができ

る。

　積立てにあたっては，建設積立金と同様に取扱う。

　例　改良積立金¥5,000,000を活用して，大阪宿泊所を改築した。
　　（借方）建　　　物　　　5,000,000　　　（貸方）当座預金　　　5,000,000
　　　　　　改良積立金　　　5,000,000　　　（貸方）積　立　金　　　5,000,000

⑶　貸付資金積立金

　貸付経理及び連合会の保健経理貸付勘定特有の積立金であり，貸付事業の資金に充てるため，当該事業年度の利益金（積立金及び当期利益金）を，当該事業年度以前3事業年度末日における平均貸付残高の100分の10に相当する金額に達するまで積み立てなければならない（施行規則第81条の2）。

　例　本年度末において，当期利益金¥15,000,000を貸付資金積立金に積み立てた。
　　（借方）当期利益金　　　15,000,000　　　（貸方）貸付資金積立金　15,000,000

　なお，連合会の保健経理貸付勘定においてこの積立金を算定する場合には，受寄託貸付金と受寄託投資不動産（建物に限る）の残高も考慮することとされている（指定経理通達第10条）。

⑷　欠損金補てん積立金

　短期経理及び福祉経理（貸付経理及び連合会の保健経理貸付勘定を除く。）においては，毎事業年度末日において，将来の欠損金の補てんに充てるため，当該事業年度の利益金を，一定の金額に達するまで欠損金補てん積立金として積み立てなければならない（施行規則第82条，指定経理通達第11条）。この積立金は共済組合等の円滑な事業運営を行うために積み立てるものであり，厚生年金保険経理，退職等年金経理及び業務経理においては，その事業の性格上積立金の必要はない。この積立金は利益剰余金の処分項目であり，常に利益金の範囲内でなければならない。積立金の限度額は，短期経理については1年間における短期給付の請求額の総額の1割に相当する金額であり，当該事業年度を含む過去3年間の平均額である。貯金経理については組合員の貯金額，その他の福祉経理については，借入金の額及び固定資産の価額（借入資金によって取

得した固定資産の価額を除く。）のそれぞれ100分の5以上に相当する金額の範囲内において共済組合等の代表者が定める額である。従って，100分の5が積み立てるべき最低限度額となり，それ以上の積立額については共済組合等の代表者が共済組合等の実情に応じて決定する。この積立金は将来の欠損金の補てんを目的として積み立てるものであるから，将来欠損金が生じた場合に，前年度積立金により補てんしてもなお欠損金がある場合には，直ちに取り崩し補てんしなければならない。

例　本年度末における欠損金補てん積立金を積み立てるべき金額は¥15,000,000であるが，利益金は¥5,000,000であったので，利益金の限度で積み立てた。

　　　（借方）当期利益金　　　5,000,000　　　（貸方）欠損金補てん積立金　5,000,000

例　本年度末における欠損金補てん積立金を積み立てるべき金額は¥20,000,000であり，前年度末において¥12,000,000の欠損金補てん積立金があったので，その差額を積み立てた。

　　　（借方）当期利益金　　　8,000,000　　　（貸方）欠損金補てん積立金　8,000,000

例　本年度において欠損金補てん積立金を積み立てるべき金額は¥8,000,000であったが，当期利益は¥5,000,000であったので，前年度末積立金¥3,000,000も活用して積み立てた。

　　　（借方）積　立　金　　　3,000,000　　　（貸方）欠損金補てん積立金　8,000,000
　　　　　　　当期利益金　　　5,000,000

例　過去3年間における短期給付の請求額が減少したので，欠損金補てん積立金の超過計上額¥2,000,000を取り崩した。

　　　（借方）欠損金補てん積立金　2,000,000　　　（貸方）積　立　金　　　　2,000,000

例　本年度において欠損金が生じ前年度積立金を取り崩し補てんしたが，なお¥3,000,000の欠損金が生じたので欠損金補てん積立金を取り崩し補てんした。

　　　（借方）欠損金補てん積立金　3,000,000　　　（貸方）当期損失金　　　3,000,000

---

(5)　積立金又は繰越欠損金

　利益処分の結果として翌期首に前期利益金が姿を変えたものである。なお，積立金又は繰越欠損金は「利益剰余金又は欠損金計算書」によって算定される。

<u>利益剰余金又は欠損金計算書</u>

自令和〇年〇月〇日　至令和×年×月×日

1. 積立金又は繰越欠損金（△）　　　　　　　　　×××
2. 当期利益金又は当期損失金（△）　　　　　　　×××
3. 当期処分額　　　　　　　　　　　　　　　　　×××

　　　　××積立金へ積立　　　　　　×××
　　　　××積立金へ積立　　　　　　×××　_____

　　　積立金又は繰越欠損金（△）　　　　　　×××

(6) 当期利益金又は当期損失金

ア　決算整理における利益処理　　毎事業年度決算において損益計算書上発生する収支の差額で，収入が支出よりも多額の場合に処理する勘定が当期利益金であり，その逆の場合が当期損失金である。

　　損益計算書上で計算された当期利益金（当期損失金）の額と貸借対照表上で計算された当期利益金（当期損失金）の額は必ず一致する。

イ　各種積立金の整理　　貸借対照表における当期利益金は，利益剰余金の処分項目に属するものであり，各種積立金を整理する勘定である。

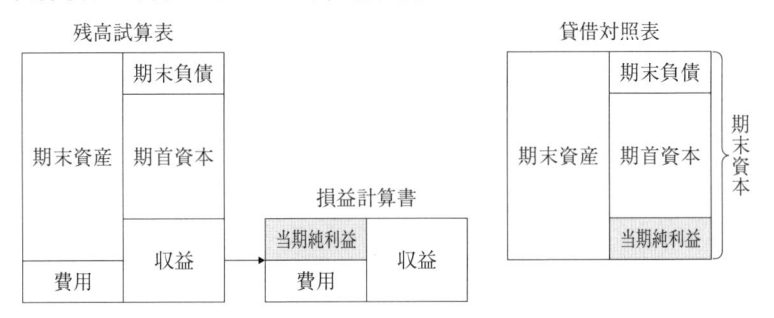

例　宿泊経理の決算において，次のような利益処分を行った。前年度末積立金￥400,000，当期利益金￥2,500,000，建設積立金へ積立￥1,500,000，別途積立金へ積立￥800,000，欠損金補てん積立金へ積立￥500,000とした。

(1) 当期利益金を計上する。

　　（借方）当期利益金　　　　2,500,000　　　（貸方）当期利益金　　　　2,500,000
　　　　　　（損益計算書）　　　　　　　　　　　　　　（貸借対照表）

(2)　各種積立金を積み立てる。

　（借方）当期利益金　　2,500,000　　　（貸方）別途積立金　　　800,000
　　　　　積 立 金　　　 300,000　　　　　　建設積立金　　1,500,000
　　　　　　　　　　　　　　　　　　　　　　欠損金補てん積立金　500,000

前記例を「利益剰余金計算書」で示せば，次のとおりである。

利益剰余金計算書

自令和○年○月○日　至令和×年×月×日

　1.　積立金　　　　　　　　　　　　　　　　　　400,000
　2.　当期利益金　　　　　　　　　　　　　　　2,500,000
　3.　当期処分額　　　　　　　　　　　　　　　2,800,000
　　　　別途積立金へ積立　　　　　800,000
　　　　建設積立金へ積立　　　　1,500,000
　　　　欠損金補てん積立金へ積立　 500,000
　　　積立金　　　　　　　　　　　　　　　　　100,000

損益計算書勘定

§.1—— 経常費用に属する勘定

1 保健給付

　法第50条第1項第1号から第7号までに規定する，療養の給付，入院時食事療養費，入院時生活療養費，保険外併用療養費，療養費，訪問看護療養費，移送費，家族療養費，家族訪問看護療養費，家族移送費，高額療養費，高額介護合算療養費，出産費，家族出産費，埋葬料及び家族埋葬料を包含して処理する勘定である。

(1) 医 療 費

　療養の給付，入院時食事療養費，入院時生活療養費，保険外併用療養費，訪問看護療養費，家族療養費，家族訪問看護療養費，高額療養費及び高額介護合算療養費については，①組合又は連合会が経営する医療機関又は薬局，②組合が契約している医療機関又は薬局，③保険医療機関又は保険薬局（以下，①から③を「保険医療機関等」と総称する。）より療養等を受けた場合の給付を指す。

　これらの各給付の概要は，以下のとおりである。

　療養の給付とは，組合員が，保険医療機関等より療養等の現物給付を受けることを法律上は指すが，経理処理上ではこの現物給付に係る対価として当該保険医療機関等に対し共済組合が支払う費用を示す。また，被扶養者が同様に保険医療機関等から療養の給付を受けた場合における対価に対するものが，家族療養費となる。

　入院時食事療養費とは，組合員が，保険医療機関等から療養の給付と併せて食事療養を受けた場合に支払う現物給付に対する費用である。

　入院時生活療養費とは，65歳以上の組合員が，保健医療機関等から療養の給付と併せて生活療養を受けた場合に支払う現物給付に対する費用である。

　保険外併用療養費とは，組合員が，保険医療機関等から評価医療等（先進医療など）を受けた場合に支払う現物給付に対する費用である。

　療養費とは，共済組合が療養の給付等をすることが困難であると認めたとき，組合員が保険医療機関等以外の療養機関から診療等を受けた場合，又は緊急やむを得ない事情により保険医療機関等で本人確認を行わずに療養費用の全額を支払った場合において，共済組合がやむを得ないと認めたときに，療養の給付に代えて組合員へ支払う費用である。

　訪問看護療養費とは，組合員が指定訪問看護事業者から指定訪問看護を受けた場合に支払う現物給付に対する費用である。また被扶養者が同様に訪問介護を受けた場合の費用が，家族訪問看護療養費である。

　移送費とは，組合員が療養の給付を受けるため病院等に移送された費用について，共済組合が組合員に支払う費用である。また被扶養者が同様に病院等に移送された際の費用が，家族移送費である。

　高額療養費とは，組合員又はその被扶養者が，同一の月にそれぞれ一つの病院，診療所，薬局その他の療養機関から療養等を受けた場合に，組合員が負担すべき一部負担金の額のうちの一定額を超える部分に相当する額を共済組合が補てんするものである。

　高額介護合算療養費とは，1年間において，組合員又はその被扶養者が療養（食事療養及び生活療養を除く。）のために支払った自己負担額並びに介護サービス利用者負担額及び介護予防サービス利用負担額の合計額が一定額を超えた場合に，共済組合がその一部を補てんするものである。

　なお，これらの法定給付を経理処理する際には，細かい種目を用いて，共済組合が直営する医療機関とそれ以外での療養等に対する支払いに大別して管理されるほか，更にこれを本人への療養等に対する現物給付と現金給付，家族への療養等に対する現物給付と現金給付に区分され，これを整理すると次のようになる。

	保健医療機関等		直営医療機関等	
	現物給付	現金給付	現物給付	現金給付
本人	○本人の療養の給付 ○訪問看護療養の給付 ○本人の入院時食事・生活療養の給付 ○本人の薬剤支給 ○移送費	○本人の療養費 ○本人の入院時食事・生活療養費	○直営本人の療養の給付 ○直営訪問看護療養の給付 ○直営本人の入院時食事・生活療養の給付	―
家族	○家族療養の給付 ○家族訪問看護療養の給付 ○家族の入院時食事・生活療養の給付 ○家族の薬剤支給 ○家族移送費	○家族療養費 ○家族の入院時食事・生活療養費	○直営家族療養の給付 ○直営家族訪問看護療養の給付 ○直営家族の入院時食事・生活療養の給付	―
本人＋家族	○高額療養の給付	○高額療養費 ○高額介護合算療養費	○直営高額療養の給付	○直営高額療養費 ○直営高額介護合算療養費

(2) その他の給付

　出産費とは，組合員が出産したときにその費用に充てるために支給する給付金である。

　家族出産費とは，組合員の被扶養者が出産したときにその費用に充てるために支給する給付金である。

　埋葬料とは，組合員が公務によらないで死亡したときに，その死亡当時被扶養者であった者で埋葬を行うもの等に対して支給する給付金である。

　家族埋葬料とは，組合員の被扶養者が死亡したときの埋葬に要する費用に関して支給する給付金である。

(3) 経理処理等

給付金の年度区分については，給付事由の発生年度に計上（発生主義）することが考えられるが，給付自体は（療養の給付及び現物給付としての家族療養費を除いて）組合員等からの請求に基づいて共済組合が決定するため，共済組合に当該請求書が到着した日の属する年度を基準として年度区分を行うこととされている。

従って，決算に際しては，決算日の3月31日までに請求書が共済組合に到着したものは決算整理期間中に速やかに当該請求書の内容を審査確定し，年度末までに支払いを完了しないものは未払金に計上し，当年度の損失勘定として処理しなければならない。

決算に際しては，損失の年度区分を明確にして各年度の損益を把握しているが，給付金については各種の統計上の必要等があるので，各月毎の給付金の損失区分も明確に把握しなければならないことから，運用方針において，各月末日までに請求書が共済組合に到着したものについては，当該請求書の内容について速やかに審査確定し，当月内に支払いを完了しないものについては，毎月末日現在において未払金に計上して当月の損失として処理し，毎月の出納計算表上表示することが求められている。このことから，事業報告書の給付金額と出納計算表上の給付金額が必ず一致する。

また決算に際し，当年度において既に支払った給付金の誤払いを発見した場合には，当年度の給付金を明確に把握するために未払金又は未収金を計上して当該年度の損益計算を確定しなければならない。

また，前年度以前の支払い済みの給付金に誤りがあって，遡及して給付金の差額支給が生じた場合には，本来は前年度以前の事業年度に帰属させる必要があるため，当年度の給付金として処理することなく前期損益修正損の勘定科目で処理され，当年度決算において前年度以前の損益の修正を実施する必要がある。

例 支払基金に対し，1月分の療養の給付¥20,000,000を小切手で支払った。

（借方）保健給付　　　　20,000,000　　　（貸方）当座預金　　　　20,000,000

> **例** 支払基金からの３月分の療養の給付￥25,000,000は，３月末日までに支払未済と
> なったので未払金に計上した。
>
> 　　（借方）保健給付　　　25,000,000　　　（貸方）未 払 金　　　25,000,000
>
> **例** 組合員甲野一郎に対する家族埋葬料￥200,000を本人の預金口座に振り込んだ。
>
> 　　（借方）保健給付　　　　200,000　　　（貸方）普通預金　　　　200,000

2　直営保健給付

　共済組合が直営する診療所等の医療機関や薬局に対する組合員又はその被扶養者の療養に要した費用を短期経理より医療経理に支払う場合にその費用を処理する勘定である。なお，この直営の医療機関や薬局には，連合会の経営する病院等は含まれない。直営保健給付の科目は，内部診療機関に支払った費用を明確に把握するために保健給付と区別されているものであり，種目は，保健給付にて整理している通りである。

　年度末決算の処理方法等については，保健給付において述べた処理方法と同様であるが，直営保健給付の金額は，医療経理と相対するものであり，短期経理の支払金額とこれに相当する医療経理の収入金額は必ず一致しなければならない。しかしながら，短期経理の給付金は請求書の到着主義で処理され，医療経理は診療事実の発生主義で処理されるため，年度末において医療経理は未収金に計上したが，短期経理は請求書未着のために医療経理のそれに相当する未払金が計上されない不突合が生ずる場合がある。これへの対処であるが，お互いに共済組合内部の経理であり，医療経理の未収金に計上した相当額は，短期経理で未払金に計上するように決算整理期間中に処理し，経理内容の完全な一致を図ることが最も望ましい経理方法である。

> **例** 医療経理より５月分の直営保健給付￥60,000,000請求があったので，預金口座から
> 振り替えた。
>
> 　　（借方）直営保健給付　　60,000,000　　　（貸方）普通預金　　　　60,000,000

3　休 業 給 付

　法第50条第1項第8号から第10号の3までに規定する，傷病手当金，出産手当金，休業手当金，育児休業手当金及び介護休業手当金を処理する勘定である。

　傷病手当金とは，組合員が公務によらない病気等のために勤務できないことにより給与が支給されない場合に，生活保障のために支給される給付金である。

　出産手当金とは，組合員が出産のため，出産の日前42日以内，出産の日以後56日以内において勤務に服することができなかった期間に係る生活保障として支給する給付金である。

　休業手当金とは，組合員が傷病又は出産以外の事由で休業した場合に，その休業が社会通念上やむを得ないと認められる場合にその休業期間の生活保障として支給する給付金である。

　育児休業手当金とは，組合員が育児休業等を取得した場合に，その期間の生活保障として支給する給付金である。

　介護休業手当金とは，組合員が介護休暇等を取得した場合に，その期間の生活保障として支給する給付金である。

　これらの休業給付の決算時における処理方法等については，保健給付に述べた処理と全く同様の取扱いとなる。

　例　組合員甲野共子に対し出産手当金¥200,000を本人の預金口座に振り込んだ。
　　　（借方）休業給付　　　　　200,000　　　（貸方）普通預金　　　　　200,000

4　災 害 給 付

　法第50条第1項第11号から第13号までに規定する，弔慰金，家族弔慰金及び災害見舞金を処理する勘定である。

　弔慰金とは，組合員が水震火災その他の非常災害により死亡したときに組合員の遺族に対して支給される給付金である。

　家族弔慰金とは，組合員の被扶養者が水震火災その他の非常災害により死亡したときに組合員に支給する給付金である。

　災害見舞金とは，組合員が非常災害によりその住居又は家財に損害を受けた場合に組合員に支給する給付金である。

　これら災害給付の決算時における処理方法等については，保健給付に述べた処理と全く同様の取扱いとなる。

　災害見舞金の支給時における処理方法については，災害を受けた組合員の福祉に寄与する目的を踏まえ早急な支払いが要求されるので，概算払が認められている（施行規則第50条第6号）。概算払を実施する場合は，支払いの都度，仮払金の勘定科目で一旦処理し，審査して金額が確定して初めて正当科目である災害給付に振り替えられるが，当年度において概算払を実施したものについては速やかに整理する必要がある。また，そのまま次年度に繰り越すことなく，決算時においてはすべて審査確定のうえ災害給付に振替え処理して当年度の損失に計上するとともに，審査確定の結果，概算払の金額より超過していた場合は，その不足額を未払金に計上して当年度における災害給付の所要額を把握しなければならない。

例　組合員甲野一郎に対し災害見舞金¥180,000を概算払として現金で支払った。

　　（借方）仮 払 金　　　　180,000　　　（貸方）現　　金　　　　180,000

例　上記精算の結果，災害見舞金の支給額は¥200,000となったので差額¥20,000を追加払として本人の預金口座へ振り込んだ。

　　（借方）災害給付　　　　200,000　　　（貸方）仮 払 金　　　　180,000

　　　　　　　　　　　　　　　　　　　　　　　　普通預金　　　　 20,000

5　附 加 給 付

　法第51条及び施行令第11条の3の規定に基づき，各共済組合の定款において定めるところにより，法第50条の各号に掲げる給付に併せて，これらに準ずる短期給付としての附加給付を処理する勘定である。附加給付は，各共済組合の定款に定められるものであるから，その給付の種目も一様ではないが，定めら

れている種目としては，家族療養費附加金，家族訪問看護療養費附加金，出産費附加金，家族出産費附加金，埋葬料附加金，家族埋葬料附加金及び傷病手当金附加金等がある。

　附加給付の事業年度区分は，当該給付の基礎となる法定給付の事業年度区分に一致させる必要があるが，この事業年度区分により難い場合には，共済組合ごとに定めるところによることができるとされている（運用方針施行規則第52条関係）。

例　1月分の家族療養費附加金￥80,000請求があったので，本人の預金口座に振り込んだ。

　　　（借方）附加給付　　　　80,000　　　　（貸方）普通預金　　　　80,000

6　船員給付

　民間の船員の場合は，長期に亘って船内という閉鎖的な場所で職務を行うことが多い等の特殊性から，船員保険法により健康保険法制度より高水準の給付が保証されている。船員である組合員も，船員保険法の被保険者とされているが，同法による給付は行われず，保険料も徴収されていない。このようなことから，国共法において，組合員であって船員保険の被保険者であるものについて短期給付の特例を定め，船員保険法による給付水準を保障することとしている。

(1)　資格の得喪の特例（法第119条）

　　　資格の得喪については船員保険法の定めるところによる。

(2)　療養の特例（法第120条）

　　　船員組合員の公務又は通勤によらない傷病については，国共法による療養の給付の取扱いによらず船員保険法の規定の例により行う。

(3)　療養以外の短期給付の特例（法第121条）

　　　療養に関する給付以外の短期給付については，国共法としての給付と船員保険としての給付とのいずれか有利な給付を受給権者の選択により支給する。

(4) 負担金の特例（法第122条）

　船員組合員に対する短期給付の特例に対応して，その費用についても，国が船員保険法の規定による船舶所有者としての負担割合に相当する割合を負担する。

例　船員組合員甲野一郎に対し，療養の給付として¥50,000を現金で支給した。

　　　（借方）船員給付　　　　　　50,000　　　（貸方）現　　金　　　　　　50,000

7　前期高齢者納付金等

　高齢者の医療の確保に関する法律第36条の規定に基づき，被用者医療保険制度から定年退職等により離脱した65歳以上75歳未満の前期高齢者（国民健康保険加入が中心）に係る医療費についての保険者間の負担の不均衡を解消するため，各保険者の前期高齢者加入率及び一人当たりの総報酬に応じて負担する前期高齢者納付金とこれに関する事務費に充てるための前期高齢者関係事務費拠出金を社会保険診療報酬支払基金へ支出するときに処理する勘定である。

例　納付金と事務費拠出金の合計¥5,100,000を支払基金に振り込んだ。

　　　（借方）前期高齢者納　　　5,100,000　　　（貸方）普通預金　　　　5,100,000
　　　　　　　付金等

8　後期高齢者支援金等

　高齢者の医療の確保に関する法律第118条の規定に基づき，75歳以上の後期高齢者の医療給付費の一部を負担するために各保険者の総報酬額に応じて負担する後期高齢者支援金とこれに関する事務費に充てるための後期高齢者関係事務費拠出金，同法第124条の5の規定に基づく出産育児関係事務費拠出金を社会保険診療報酬支払基金へ支出するときに処理する勘定である。

例　支援金と事務費拠出金の合計¥5,100,000を支払基金に振り込んだ。

> （借方）後期高齢者支　　5,100,000　　　　（貸方）普通預金　　　　5,100,000
> 　　　　援金等

9　病床転換支援金等

　高齢者の医療の確保に関する法律附則第7条の規定に基づき，都道府県が当該都道府県における医療費の適正化を推進するために保険医療機関の病床の転換を図る助成事業を行うにあたり，保険者においてもその負担を求める病床転換支援金とこれに関する事務費に充てるための病床転換助成関係事務費拠出金を社会保険診療報酬支払基金へ支出するときに処理する勘定である。

> **例**　支援金と事務費拠出金の合計¥5,100,000を支払基金に振り込んだ。
> 　　（借方）病床転換支援　　5,100,000　　　　（貸方）普通預金　　　　5,100,000
> 　　　　　　金等

10　流行初期医療確保拠出金等

　感染症の予防及び感染症の患者に対する医療に関する法律第36条の14の規定に基づき，新型インフルエンザ等感染症等に係る流行初期医療確保措置に要する費用に充てるための流行初期医療確保拠出金とこれに関する事務費に充てるための流行初期医療確保関係事務費拠出金を社会保険診療報酬支払基金へ支出するときに処理する勘定である。

11　調整拠出金・特別拠出金

　調整拠出金は，法附則第14条の3第3項第1号の規定に基づき，連合会が共済組合の短期給付（附加給付を除く。）の掛金（介護納付金に係るものを含む。）に係る不均衡を調整するための交付金の交付の事業その他共済組合の短期給付に係る事業として政令で定める事業に要する費用に充てるために共済組合から連合会に支払う調整拠出金の支出を処理する勘定である。

　特別拠出金は，法附則第14条の3第2項の規定に基づき，短期給付の掛金に係る不均衡を調整するための交付金の交付事業に要する費用のうち，財務大臣

が定める基準を超える著しい掛金に係る不均衡を調整するための交付金の交付に要する費用に充てるために共済組合が連合会に支払う特別拠出金の支出を処理する勘定である。

例 短期財調事業に係る調整拠出金¥5,100,000を連合会に振り込んだ。
（借方）調整拠出金 5,100,000 （貸方）普通預金 5,100,000

---

12 介護納付金

法第100条の規定に基づき共済組合が40歳以上65歳未満の組合員から徴収した介護掛金及び法第102条の規定に基づき国等から払い込まれた負担金を，介護保険法第150条の規定に基づき社会保険診療報酬支払基金に介護給付費・地域支援事業支援納付金として納付するときに処理する勘定である。

例 介護給付に係る支援納付金¥5,100,000を支払基金に振り込んだ。
（借方）介護納付金 5,100,000 （貸方）普通預金 5,100,000

---

13 一部負担金返還金

船舶所有者については，船員が職務上負傷し又は疾病に罹ったときはその負傷又は疾病が治るまで，船員が職務外で負傷し又は疾病に罹ったときは三カ月の範囲内において，その費用で療養を施し，又は療養に必要な費用を負担しなければならないこととされている（船員法第89条）。

船員組合員が，療養の給付等を受けるにあたり一部負担金を支払った場合は，この規定に基づき国等が船舶所有者として船員組合員の一部負担金も含めて費用を負担することとなるため，その費用の支払事務を共済組合が行うこととされている（法第120条の規定によりその例によることとされている船員保険法第66条）。

一部負担金返還金は，この一部負担金を船員組合員へ返還する際の支出を処理するための勘定である。

> **例**　船員甲野一郎ほか5名より一部負担金返還金¥60,000の請求があったので，本人の預金口座に振り込んだ。
>
> 　　　（借方）一部負担金返還金　　60,000　　　　（貸方）普通預金　　　　　　60,000

14　一部負担金払戻金

法附則第8条の規定により，共済組合が組合員による一部負担金の負担により生じた余裕財源の範囲内で行う一部負担金の払戻しについて処理する勘定である。

> **例**　組合員甲野一郎に対し，一部負担金払戻金として¥50,000を本人の預金口座に振り込んだ。
>
> 　　　（借方）一部負担金払戻金　　50,000　　　　（貸方）普通預金　　　　　　50,000

15　業務経理へ繰入

施行規則第7条第1項の規定に基づく短期経理から業務経理への繰入れについて，又は，施行規則第85条第2項により読み替えられた第7条第1項の規定に基づく厚生年金保険経理及び退職等年金経理から業務経理への繰入れについて処理する勘定である。

なお，平成27年10月に行われた被用者年金制度の一元化（以下「一元化」という。）に伴い経過措置として給付される旧職域加算額等を経理する経過的長期経理においても同様である（平成27年財務省令第74号第2条第1項）。

16　退　職　給　付

厚生年金保険法による老齢厚生年金，国共法による退職共済年金（昭和61年3月31日以前の退職年金及び減額退職年金を含む。以下同じ。）及び退職等年金給付における退職年金並びに経過的長期給付における退職共済年金の旧職域加算額相当額等を処理する勘定である。

老齢厚生年金とは，組合員が支給開始年齢に達したことにより支給される給

付金である。

退職等年金給付における退職年金とは，１年以上引き続く組合員期間を有する組合員が退職して65歳以上となった場合に支給される給付で，本人が生存する間支給される終身退職年金のほか，本人の選択により支給期間が20年又は10年となる有期退職年金（一時金も選択可）がある。

経過的長期給付においてこの勘定で整理される給付には，一元化前の国共法による退職共済年金のほか，平成24年法律第63号附則第36条の規定により平成27年９月以前の期間を有する者に対して老齢厚生年金と合わせて支給される旧職域加算額相当額，同法附則第41条の規定により一元化後に昭和34年10月１日前の組合員期間等（追加費用対象期間）を有する者に対して支給される退職共済年金がある。

上記の各給付は，この科目で処理されるが，経理単位としては，その給付額の財源なども考慮された整理が行われており，厚生年金保険経理にて老齢厚生年金及び退職共済年金のいわゆる１・２階部分相当額を，退職等年金経理にて退職等年金給付の退職年金を，経過的長期経理にて旧職域加算額相当額及び一元化以後に決定された追加費用対象期間を有する年金を，それぞれ整理することとなる。

例 ８月支給期分退職等年金給付の退職年金¥280,000,000を普通預金から振り込んだ。
〈退職等年金経理〉
　　（借方）退職給付　　　280,000,000　　　　（貸方）普通預金　　　280,000,000

17　障 害 給 付

厚生年金保険法による障害厚生年金及び障害手当金，一元化前の国共法による障害共済年金（昭和61年３月31日以前に決定された障害年金を含む。以下同じ。）及び退職等年金給付における公務障害年金並びに経過的長期給付における障害共済年金の経過的職域加算額相当額等を処理する勘定である。

障害厚生年金及び障害手当金とは，組合員である間に初診日のある傷病により一定の障害の状態にあるときなどに支給される給付金である。

　障害共済年金とは，国共法における上記の障害厚生年金に相当するもので，原則として一元化前に決定されたものである。

　退職等年金給付における公務障害年金とは，組合員である間に初診日のある公務に由来する傷病に基づき，一定の障害が残ったときに支給される給付金である。

　経過的長期給付における障害共済年金の経過的職域加算額相当額とは，平成24年法律第63号附則第36条の規定により，平成27年9月以前の組合員期間中に初診日がある障害により障害厚生年金を受けることができるときに，障害厚生年金と合わせて支給される給付金である。

　なお，各給付の経理区分については，退職給付と同様である。

例　6月支給期分障害厚生年金¥1,000,000,000を普通預金から振り込んだ郵便振替で送金した。
　　　（借方）障害給付　　1,000,000,000　　　（貸方）普通預金　　1,000,000,000

18　遺族給付

　厚生年金保険給付における遺族厚生年金，国共法による遺族共済年金（昭和61年3月31日以前に決定された遺族年金及び通算遺族年金を含む。以下同じ。）及び退職等年金給付における公務遺族年金並びに経過的長期給付における遺族共済年金の経過的職域加算額を処理する勘定である。

　遺族厚生年金とは，組合員又は老齢厚生年金・退職共済年金の受給権者が死亡した場合に，遺族に対して支給される給付金である。

　遺族共済年金とは，組合員の死亡を事由として一元化前に決定され，その遺族に対して年金として支給する給付金である。

　退職等年金給付における公務遺族年金とは，組合員が公務を事由とした傷病等により死亡したときに，その遺族に対して支給する給付金である。

　経過的長期給付における遺族共済年金の経過的職域加算額とは，平成24年法律第63号法附則第36条の規定により，平成27年9月以前の組合員期間を有する者が死亡したときに，その遺族に遺族厚生年金と合わせて支給される給付金で

ある。

> **例**　遺族厚生年金¥2,000,000を甲野一郎の遺族である甲野二郎に普通預金から振り込
> んだ。
>
> 　　（借方）遺族給付　　　　2,000,000　　　（貸方）普通預金　　　　2,000,000

19　公務災害給付

昭和23年6月旧法の施行以前に勅令により設定された共済組合の組合員が旧法施行前に公務のために負傷し，疾病にかかり，また死亡した場合に，旧法施行日以前に給付事由が発生している給付及び旧法施行日以後に給付事由が発生した給付について，新共済組合がその債務を引き継いで従前の規定による給付を行うため，当該給付金を処理する勘定である。この給付の内容は，公務傷病年金，殉職年金，遺族年金に区分され，既得権を保護するために特例として認められたものであり，新規の発生はなく漸次減少していくものである。

> **例**　乙野一郎に対する6月支給期分公務傷病年金¥200,000を銀行送金した。
>
> 　　（借方）公務災害給付　　　 200,000　　　（貸方）普通預金　　　　 200,000
> 　　　　　（公務傷病年金）

20　通算退職年金

昭和60年改正前の法第79条の2の規定による通算退職年金を支給する場合に処理する勘定である。

通算退職年金は，組合員期間1年以上20年未満の者が退職し，次の一つに該当するときは，その者が死亡するまで通算退職年金を支給するのであるが，昭和60年の制度改正により，経過的に残されているものである。

(1)　旧通算年金通則法（昭和36年法往第181号）第4条に規定する通算対象期間を合算した期間又は通算対象期間と国民年金の保険料免除期間とを合算した期間が，25年以上あるとき

(2)　国民年金以外の公的年金制度にかかる通算対象期間を合算した期間が20

年以上であるとき

　(3)　他の公的年金制度にかかる通算対象期間が，当該制度において定める老齢，退職年金給付の受給資格要件たる期間に相当する期間以上であるとき

　(4)　他の制度に基づき老齢，退職年金給付を受けることができるとき

21　返還一時金

　昭和54年改正前の法第80条の2及び第80条の3に規定する返還一時金を支給する場合に処理する勘定である。

　返還一時金は，通算退職年金の原資として控除した後の額（以下「控除後額」という。）の退職年金又は障害年金を受ける権利を有することになったとき，又は当該退職一時金の支給を受けた者が，退職して60歳に達した場合又は60歳に達した後に退職した場合（退職年金，通算退職年金又は障害年金を受ける権利を有する者となった場合を除く。）において，60歳に達した日（60歳に達した後に退職した者については当該退職の日）から60日以内に控除後額の支給を受けることを希望する旨を組合に申し出たときに支給するものである。

22　脱退一時金

　昭和60年改正前の法第80条に規定する脱退一時金を支給する場合に処理する勘定である。

　脱退一時金は，組合員期間（過去に障害年金の計算の基礎となった組合員期間を除く。）が1年以上20年未満である者が，退職して60歳に達した場合，又は60歳に達した後に退職した場合において，その者が退職年金，障害年金又は遺族年金を受ける権利を取得できなかったときにその者の請求により支給するものである。

23　死亡一時金

　昭和54年改正前の法第93条に規定する死亡一時金を支給する場合に処理する勘定である。

　死亡一時金は，退職一時金の支給を受ける際，通算退職年金の原資にあてる

ため一定額を控除された組合員又は組合員であった者が，通算退職年金又は返還一時金の支給を受けることなく死亡した場合に，当該控除された金額を死亡一時金として遺族に支給するものである。

24　短期在留脱退一時金

厚生年金保険法附則第29条により組合員期間が6月以上である日本国籍を有しない者であって，保険料納付済期間が10年未満である者に支給する脱退一時金のほか，法附則第13条の2により組合員期間が1年以上である日本国籍を有しない者で，退職している者であって厚生年金の脱退一時金の支給を請求したものに支給する退職等年金給付の一時金を処理する勘定科目である。

25　職　員　給　与

共済組合で雇用する職員に対し，支給する基本給，諸手当，非常勤職員手当を処理する勘定である。

基本給とはいわゆる本俸のことを，諸手当とは扶養手当，宿日直手当，通勤手当，勤勉手当，期末手当及び超過勤務手当等の諸々の手当のことを，非常勤職員手当とは常時勤務の形態として雇用せず，いわゆる非常勤として雇用する共済組合の職員に対する給料のことをいう。

決算に際しては，諸手当のうち通勤手当，宿日直手当，超過勤務手当等のようにその実績によって翌月の給与支給日に支給するもの，すなわち当年度の3月分に属するもので4月の支給日に支払われるものについては，その実績によって計算された金額を当年度末において未払費用として計上し，当年度の損失を明確に表示する必要がある。

また職員給与は，法第15条の事業計画及び予算の総則事項であり，財務大臣の認可を受けた事業計画及び予算に定めた金額を超過することはできない。もし超過するような場合は，その金額の支出について事前に必ず財務大臣の事業計画及び予算の変更の認可を受けなければならない。

例　組合職員3名に対する本月分の職員給与（基本給￥750,000, 諸手当￥150,000）￥900,000を普通預金から支払った。なお, 源泉徴収所得税等が￥30,000あった。

（借方）職員給与	900,000	（貸方）普通預金	870,000
（基 本 給	750,000)	預 り 金	30,000
（諸 手 当	150,000)		

26　厚　生　費

　組合員又は組合の職員の福利厚生に必要な費用を処理する勘定である。

　この勘定の内容としては, 旅費, 事務費, 諸謝金, 賃借料, 健康診断費, 負担金, 助成金, 雑費等に区分される。

　旅費とは, 各種競技大会等に出場する旅費や施設従業員等の慰安旅費等, 福利厚生事業を実施するために直接的に必要な旅費である。従って, 施設運営上必要な旅費は厚生費で処理することなく, 中項目の勘定科目の「旅費」で処理することとなる。

　事務費とは, 各種競技大会等の開催案内書の印刷及び郵送, 賞状の作成等の事務に係る費用がこれに当たる。

　諸謝金とは, 各種競技大会等の審判員への謝金, 各種講師等に対する謝礼金等がこれに当たる。

　賃借料とは, 運動場・講堂等の借上料, その他福利厚生事業を実施するために必要な物品の借上料がこれに当たる。

　健康診断費とは, 組合員及び組合職員並びにこれらの被扶養者の健康診断に必要な費用がこれに当たり, 共済組合職員に対する定期的な健康診断については, その雇用される経理単位で負担すべきである。なお, 組合職員以外の共済組合に雇用される者の健康診断費はこの勘定科目で処理することなく, 各々の雇用される経理単位で負担すべきである。

　負担金とは, 競技大会等を他の団体と共同主催により開催した場合に共済組合等が負担すべき費用がこれに当たる。

　助成金とは, 他の団体の主催により開催される競技大会等への参加に対する

助成費などを示す。また，特約施設を組合員が利用した場合のその利用料金の一部補助あるいは職場における各サークルに対する補助も助成金で処理すべきである。なお，連合会が実施する健康増進支援事業における参加者への還元費用についても，この助成金として処理すべきである。

　雑費とは，以上のいずれにも属さない福利厚生事業に直接必要な費用を処理する勘定科目である。

　海の家・山の家等の期間的な借上運営において，その運営はすべて貸主負担とした場合の経費，例えば，電気・ガス代等を賃借料のなかに含めて借用期間中貸主がその実際の運営を行って組合員の利用に供する場合と，建物のみを借り上げてその借用期間中の運営を共済組合等の管理で実施する場合とがあるものと考えられる。後者の場合は，その運営に必要な人件費あるいは電気・ガス・水道代等は，厚生費として処理するか又は当該科目に相当する各々の中項目の勘定科目で処理するかについては判断が分かれると思われる。運営の実態が組合にあるとすれば一時的な期間にせよ，保養所・宿泊所と同様に直営の形式で経理すべきものとも考えられるが，電気・ガス・水道代等の契約者名義が共済組合等でなく貸主名義であるようなことを踏まえれば，これらの料金も含めて契約した方が問題は生じないものと考えられる。

例　A省共済組合においては，連合会主催の野球大会に対する選手派遣旅費として
　　¥150,000を小切手で支払った。

| | （借方）厚 生 費
（旅費） | 150,000 | （貸方）当座預金 | 150,000 |

例　僻地の所属所50カ所に対し救急薬品¥1,500,000を購入して送付した。

| | （借方）厚 生 費
（雑費） | 1,500,000 | （貸方）普通預金 | 1,500,000 |

例　組合員の福利厚生用具として野球用具一式¥300,000を購入した。

| | （借方）厚 生 費
（雑費） | 300,000 | （貸方）普通預金 | 300,000 |

例　他団体と共同主催により組合の競技大会を開催し，組合はその費用として¥200,000
　　を支払った。

| | （借方）厚 生 費
（負担金） | 200,000 | （貸方）普通預金 | 200,000 |

例　組合職員の健康診断費¥80,000を医療経理に対し支払った。

| （借方）厚　生　費
（健康診断費） | 80,000 | （貸方）普通預金 | 80,000 |

例　組合員の被扶養者に対する健康診断を実施し，その費用￥500,000を医療経理に対し支払った。

| （借方）厚　生　費
（健康診断費） | 500,000 | （貸方）普通預金 | 500,000 |

27　旅　　　費

　共済組合等の業務執行のため出張する職員に支給する旅費を処理する勘定である。

　旅費は，業務内容に応じて監査旅費，事務連絡旅費，会議旅費，調査旅費，講習会旅費等のように種々区分される。これらの旅費のなかには各経理単位において共通する旅費があり，いずれの経理単位が負担すべきか明確に区分できないものもあると考えられるが，この場合は各経理単位の事務量に応じ合理的に配分し，各経理単位の独立性を乱すことがないよう注意しなければならない。

　旅費の支給にあたっては概算払の制度が設けられており，概算払をする場合は旅費支給額の最終決定額が不明のため，原則として仮払金の勘定科目で処理し，精算による正式決定後において，正当科目に振替整理する。しかしながら，行程上変更等が見込まれないなど精算額とほとんど異なることが想定されない場合であれば，概算払であっても旅費の勘定科目で支出しても差し支えない。しかし，いずれにせよ概算払を実施した旅費については，精算して正式に旅費額を決定する形式をとらなければならない。

　仮払金で整理した旅費については，年度末までには必ず精算して旅費の正当科目に振替整理をしなければならない。

　また，年度をまたぐ出張に対する旅費は，その費用は両年度に所属するものであるから，国の旅費に関する法令に準じてその経費を区分し，年度別の損失を明確にしなければならない。

　なお，旅費は，事業計画及び予算の総則事項であり，財務大臣の認可を受けた事業計画及び予算に定めた金額を超過することはできない。もし超過するよ

うな場合は，その金額の支出について事前に財務大臣の事業計画及び予算の変更の認可を受けなければならない。

例　職員甲野一郎の出張につき，旅費¥80,000を概算払した。

　　（借方）仮 払 金　　　　　80,000　　　（貸方）普通預金　　　　　80,000
　　　　　　（旅費）

例　上記概算払した旅費の精算の結果¥83,000となり，差額¥3,000を支払った。

　　〈上記の仕訳を旅費として処理した場合〉

　　（借方）旅　　費　　　　　3,000　　　（貸方）普通預金　　　　　3,000

　　〈上記の仕訳を仮払金として処理した場合〉

　　（借方）旅　　費　　　　83,000　　　（貸方）仮 払 金　　　　　80,000

　　　　　　　　　　　　　　　　　　　　　　　　普通預金　　　　　 3,000

28　事　務　費

　共済組合等の事業を運営するために必要な事務費を処理する勘定である。

　事務費の内容は，事務用消耗品費，図書印刷費，送金料，通信運搬費，会議費，雑費等がある。

　事務用消耗品費とは，用紙・文房具等の事務に必要な消耗品を購入するために必要な費用である。

　図書印刷費とは，新聞・月刊雑誌・参考図書等の事務に必要な図書又は事務に要する印刷費である。

　送金料とは，振込等に要する費用である。

　通信運搬費とは，郵送料・電話料等又は交通費・その他事務諸品の運搬に必要な費用である。

　会議費とは，運営審議会・事務打合会等の会議に必要な費用である。

　雑費とは，以上の項目に該当しない事務に必要な費用である。

　事務費のなかには，その内容によっては各経理単位に共通する経費もあり，いずれの経理単位に属するかを明確に区分することができない経費については，その各経理単位の事務量に応じて合理的に負担させ，経理単位の独立性を乱さないように注意しなければならない。

　事務費は，事業計画及び予算の総則事項であり，財務大臣の認可を受けた事業計画及び予算に定めた金額を超過することはできない。もし超過する場合は，その金額の支出について事前に財務大臣の事業計画及び予算の変更の認可を受けなければならない。

29　商 品 仕 入

　物資経理・宿泊経理等における売店等で，組合員等に販売する商品の購入に必要な費用を処理する勘定である。決算に当たっては在庫品について実地たな卸を行い，当該年度の損益を明確に把握しなければならない。

　なお，商品仕入の勘定科目は三分法による処理方法となる。

例　売店において靴10足を仕入れ，その代金¥50,000は掛払いとした。
　　（借方）商品仕入　　　　　50,000　　　　（貸方）買 掛 金　　　　　50,000
例　A商店より2カ月後払いの契約で買い入れた靴のうち，1足@¥5,000を品質不良のためA商店に返戻した。
　　（借方）買 掛 金　　　　　5,000　　　　（貸方）商品仕入　　　　　5,000

30　事業用消耗品費

　病院・保養所・宿泊所等において事業を行うため必要な事業用の物品を購入するための費用を処理する勘定である。事業用の物品でも消耗品的な物品で購入価額が10万円未満のものであることは，貯蔵品勘定と同様である。

　事業用消耗品費の内容としては，例えば，保養所・宿泊所においては調理用具，寝具，装飾用具，アメニティ用品，清掃用具及びその他の物品（割箸，スリッパ，洋服掛，消毒用薬品，新聞，雑誌等）が該当する。

　新聞・雑誌等については事務用に使用するものと利用者に提供するものとに区分され，専ら事務用に使用するものは事務費の勘定科目で処理し，利用者に提供するものは事業用消耗品費の勘定科目で処理する必要がある。

　決算に当たっては，在庫品について実地たな卸を行い，その在庫品は貯蔵品に振り替える必要がある。

31　薬　品　費

医療経理における病院又は診療所において，診療及び検査に必要な薬品，生血保存用フラスコ及び麻酔用ガス類等の購入に必要な費用を処理する勘定である。

決算に当たっては，在庫品について実地たな卸を行い，その在庫品は貯蔵品に振り替える必要がある。

32　医療材料費

医療経理の病院又は診療所において，直接診療に使用する一般衛生材料・注射器・注射針・体温計・試験管・フラスコ・シャーレ・その他の硝子器具・歯科関係材料（純金を含む）等の費用を処理する勘定である。

決算に当たっては，在庫品について実地たな卸を行い，その在庫品は貯蔵品に振り替える必要がある。

33　飲食材料費

保養所・宿泊所・病院・食堂等において利用者又は入院患者等に提供する飲食材料の購入に要する費用を処理する勘定である。飲食材料とは，米等の主食，味噌・醤油その他の調味料，酒・ビール・ジュース・牛乳等の飲料，野菜・鮮魚等の調理材料あるいは料理を他より取り寄せて利用者に提供するものをいう。

決算に当たっては，在庫品について実地たな卸を行い，その在庫品は貯蔵品に振り替える必要がある。

34　販　売　費

物資経理において物品を販売するために必要な費用を処理する勘定である。売店で必要な包装紙や紐などの消耗品はこの勘定で処理する。

35　加　工　費

購入した原材料を加工して販売等をする場合の加工費を処理する勘定である。例えば，病院・診療所の歯科において技工師が雇用されていない場合に，歯形等の加工を外部に依頼する場合の加工費を処理する勘定である。

> **例**　A省診療所において歯形の加工を技工師東京一郎に依頼し，本日完成納入があったので，その加工費￥20,000を小切手で支払った。
>
> 　　（借方）加 工 費　　　　　20,000　　　　　（貸方）当座預金　　　　　20,000

36　賃　　　金

常勤職員として勤務する職員以外の非常勤職員等に対して支払う賃金を処理する勘定である。いわゆるパートタイム勤務の職員に対して支払う賃金も含まれる。

> **例**　熱海保養所において庭木の手入れ等のため庭師を雇い，賃金￥30,000を現金で支払った。
>
> 　　（借方）賃　　金　　　　　30,000　　　　　（貸方）現　　金　　　　　30,000
>
> **例**　東京宿泊所において利用者が増加したためパートタイマーを雇い，賃金￥50,000を現金で支払った。
>
> 　　（借方）賃　　金　　　　　50,000　　　　　（貸方）現　　金　　　　　50,000

37　委　託　費

共済組合等の業務の一部を他に委託することにより支払う費用を処理する勘定である。例えば，現在利用している標準共済システムについては外部業者に管理・運用業務を委託しており，関係する共済組合の負担割合に応じて定められた額を支出するときに委託費の勘定科目で支払う。

例 本年度の標準共済システムの管理・運用業務に係る請求書￥2,000,000の通知が業者からあり，小切手で支払った。

(借方) 委 託 費 　　　2,000,000 　　　(貸方) 当座預金 　　　2,000,000

38 光 熱 水 料

　保養所・宿泊所・病院・物資販売所等の施設で使用する電気料・ガス料・水道料等を処理する勘定である。

　電気・ガス・水道の使用料については，月の中途において使用料を調査するのが普通であるので，決算時においては，3月の検針日から月末までの使用料は未払費用として処理すべきであるが，共済組合等の経理処理においては，その計算の確認が困難であると思われるので省略しても差し支えない。

例 10月分の電気料￥50,000，ガス料￥60,000，水道料￥40,000を小切手で支払った。

(借方) 光熱水料 　　　150,000 　　　(貸方) 当座預金 　　　150,000
　　　　電 気 料 　　　50,000
　　　　ガ ス 料 　　　60,000
　　　　水 道 料 　　　40,000

39 燃 料 費

　施設のボイラー設備・暖房設備等の灯油・重油や自動車のガソリン等を処理する勘定である。

例 暖房用灯油￥100,000を購入し，その代金は小切手で支払った。

(借方) 燃 料 費 　　　100,000 　　　(貸方) 当座預金 　　　100,000

例 年度末決算に際し実地たな卸の結果￥30,000の貯蔵があったので，貯蔵品勘定に振り替えた。

(借方) 貯 蔵 品 　　　30,000 　　　(貸方) 燃 料 費 　　　30,000

40　被　服　費

　共済組合等の業務に従事する職員に対して支給する被服を購入するために必要な費用を処理する勘定である。

　被服は，職員に支給する場合と貸与する場合とがあるが，いずれにせよ被服費の勘定で処理して差し支えない。被服費の処理方法には，購入の都度被服費として処理する方法と，購入の都度貯蔵品勘定に計上したうえで払出し毎に被服費に振替整理する方法とがあるが，いずれによる方法でも差し支えない。

例　施設の従業員の制服20着を購入し，その代金¥200,000を小切手で支払った。

　　（借方）被　服　費　　　　　200,000　　　（貸方）当座預金　　　　　　200,000

例　決算に際し実地たな卸の結果5着の在庫品があったので，その金額¥50,000を貯蔵品勘定に振り替えた。

　　（借方）貯　蔵　品　　　　　 50,000　　　（貸方）被　服　費　　　　　　 50,000

41　修　繕　費

　固定資産が破損又は故障した場合に，その原状を維持するために支出する費用を処理する勘定である。

　修繕費とは，固定資産の修繕に必要な費用であることはもちろんであるが，実際問題としては修繕費と資本的支出との境界が常に問題になる。運用方針施行規則第52条関係によれば「修繕費とは，固定資産の原状を維持管理するために必要な費用であり，資本的支出とは，固定資産に支出した金額のうち，当該固定資産の使用可能期間を延長させる部分に対する金額又は当該固定資産の価額を増加させる部分に対応する金額をいう。ただし，事業開始前に設備に投入した費用は，全額資本的支出として処理するものとする。例えば，修繕費として処理する事項は，(1)家屋又は壁の塗替(2)家屋の床の毀損部分の取替(3)家屋の畳の表替(4)瓦の取替(5)ガラスの取替又は障子，襖の張替(6)ベルトの取替(7)自動車のタイヤの取替等であり，また資本的支出として処理する事項は，(1)工場用建物を宿泊所に変更する等の特殊な用途の変更を行う改造(2)ビルディング等に

おける避難施設等の取付，等である。」と規定されている。

　原状を維持管理するために必要な費用とは，固定資産の一部分が損傷して，使用に支障を来たした場合に，これを復旧するために原形を回復し，それによって原能力を維持するために支出した費用である。

　使用可能期間を延長させる部分に相当する金額とは，固定資産の保全のために支出した金額に，支出後の見積使用可能年数から支出前に予想される使用可能年数（残存使用年数）を控除した年数（延長使用年数）に対する割合を乗じて計算した金額である。例えば，残存使用年数を20年，支出後の見積使用可能年数を25年とすれば，その延長使用年数は5年となる。この場合の支出金額を¥5,000,000とすれば，資本的支出額は¥5,000,000に25分の5を乗じた¥1,000,000となり，残額は修繕費として支出される。

　価額を増加させる部分に対応する金額とは，固定資産の取得以後通常管理又は修繕させている場合における支出直前の予想される価額と支出直後の価額との差額に相当する金額をいう。例えば，支出直前の予想される価額を¥10,000,000，支出直後の価額¥12,000,000とすれば，差額の¥2,000,000が資本的支出となるのである。

　資本的支出には，改良や増設が挙げられる。

　改良とは，(1)当該資産の能率又は能力を高めるもの，(2)当該資産の耐用年数を増加させるものといわれているが，その判断は相当困難であると考えられる。(1)は，旧原形を保全するかこれを改めるかによる判断と考えられ，例えば，木貼りの風呂場をタイル貼りに貼替え又は浴槽を大きくする等は改良に属するものと思われる。(2)は，改良による耐用年数の増加と，修繕による耐用年数の延長があることに留意する必要がある。このことを踏まえると，①修繕の必要が生じないにもかかわらず原形を変更する施工，②修繕によって当該資産の価値が増加したような施工，が改良に該当すると考えられる。

　増設とは，平屋を二階建にする等の資産の獲得を生じさせる施工である。

　なお，改良・増設の施工に当たっては旧設備の一部分を取り除く場合があるが，それによって生じた減価を除去することは困難となる。例えば，建物についてトタン葺の屋根をスレート葺に変更した場合において，費用の過大評価を

避けるためにトタン葺の当初の原価を償却することが考えられるが，過去において トタン葺の原価が償却されていた場合はその原価全部を除くことは適当ではなく，除却すべき金額の算定は非常に困難となる。従って，一般的には，理論的ではないが改良費及び増設費は全部資本的支出として取り扱われている。

　このように修繕費と資本的支出の境界については種々の不明確な点が散在するのであるが，組合の経理においては，運用方針に則り具体的な事例が生じた場合に，その都度，合理的な判断によって処理し解決せざるを得ないのが実情である。

　以下の設例で修繕費と資本的支出との区別について考察する。

例　A省共済組合の医療経理の損益計算書に計上してある修繕費¥14,500,000（(1)～(4)の支出合計額）の内容を分析すると次のとおりである。これを修繕費（収益的支出）として処理するのが妥当であるか否かについて検討する。

(1)　当期間中にA病棟（木造モルタル造）1棟を修理し，この費用¥2,500,000を全額修繕費として処理した。この病棟は，15年前に新築し，当時においては，通常の維持，管理を続けていれば，当年度末現在には，残存使用期間が12年，時価が¥5,000,000であろうと予測されていた。しかし，管理状態が悪かったので，修理直前において現実に予測される残存使用可能期間は8年，時価は¥3,800,000であった。修理の結果，これから後の使用可能期間は20年，修理直後の時価は，¥6,300,000となっている。

(2)　看護師の寄宿舎新築に伴い，従来寮として使用していた建物を病棟として使用するため内部の改造を行い，この改造費を¥5,000,000支出した。

(3)　B病棟のうち，壊れた屋根瓦及び窓ガラスの取替費用¥500,000を支出した。

(4)　病院内部でボヤが発生し，建物の一部分と医療用の器具器械レントゲン装置の一部が壊れたことにより，次の金額合計¥6,500,000を支出した。

　①　焼失したレントゲン装置の一部の取替費¥5,000,000（旧レントゲンは，使用不能となったので，その購入費を費用として計上したのである。なお，焼失した旧レントゲン装置の一部の焼失直前の帳簿価額は，¥1,000,000であり，スクラップとしての処分可能価額は¥200,000である。）

　②　建物の塗装費¥200,000，ガラス挿入費¥50,000，修理材料及び運搬費¥250,000であった。

　③　資本的支出とすべきか修理費とすべきか，その区分が不明な金額¥1,000,000である。

解 説

(1) 病棟修築費については，組合が，修理，改良その他名称の如何を問わず，その所有する固定資産について支出した金額で，次の①②いずれかに該当する金額（そのどちらにも該当する場合は，その多い方）は資本的支出とし，その支出した年度の費用とはしない。

① その支出金額のうち，その支出により，その固定資産の取得時において，これに通常の管理又は修理をする場合に予測されるその固定資産の使用可能期間を延長させる部分に対応する金額

② その支出金額のうち，その支出により，その固定資産の取得時において，これに通常の管理又は修理をする場合に予測されるその固定資産の価額を増加させる部分に対応する金額

　使用可能期間を延長させる部分に対応する金額とは，その資産について修理，改良等の名称で支出した金額に，その支出後の使用可能年数に対するその使用可能年数から支出しなかった場合のその支出の時期以後における使用可能年数を控除した年数の割合を乗じて計算した金額をいう。

(イ) 取得時に予測される使用可能期間……………………………………27年

(ロ) 経過年数……………………………………………………………………15年

(ハ) 残存年数……………………………………………………………………12年

(ニ) 支出後に予測される使用可能期間……………………………………20年

(ホ) 延長使用期間……………………………………………………………… 8 年

　よって，使用延長期間に対応する金額，すなわち，資本的支出として処理すべき金額は

$$\yen 2,500,000 \times \frac{20-12}{20} = \yen 1,000,000 である。$$

　支出時直前の固定資産の価額を増加させる部分に対応する金額とは，固定資産を取得したときからそれ以後通常の管理又は修理をする場合におけるその支出時直前において予測される価額と支出直後の価額との差額に相当する金額をいうので，次の計算になる。

(イ) 通常の管理又は修理をしている場合に

　予測される支出時直前の価額………………………………… ￥5,000,000

(ロ) 支出時直前の現実の価額………………………………………… ￥3,800,000

(ハ) 支出直後の現実の価額…………………………………………… ￥6,300,000

　よって，資本的支出になる分は，￥6,300,000 − ￥5,000,000 = ￥1,300,000

従って，支出金額￥2,500,000のうち，￥1,000,000と￥1,300,000とのどちらか多

い方，すなわち¥1,300,000が資本的支出として，¥1,200,000は費用として処理するのである。

(2)　旧寄宿舎を病棟に使用するために内部改造に支出した金額は，その全額を資本的支出として処理する。従って，内部改造費の¥5,000,000は修繕費として処理するのでなく，建物勘定に加算する。全額資本的支出として処理されるのは，次の場合が該当する。①工場用建物をアパート等に変更する等の特殊な用途の変更を来すような改造，②ビルディング等における避難施設等の取付け，など。

(3)　通常の管理・修理と考えられる場合，例えば，家屋又は壁の塗替，家屋の床の毀損部分の取替え，家屋の畳の表替え，瓦の取替え，ガラスの取替え又は障子・襖の取替え等は全額修繕費として処理する。ただし，自己の使用に供する等のため他から購入した固定資産について修繕に支出した金額，又は現に使用されていなかった資産について新たに使用するために修繕に支出した金額は，修繕費とはしない。固定資産が本来の活動を開始するまでに支出した金額又は現に使用されなかった資産について，新たに使用するために支出した金額は資本的支出とすべきである。壊れた屋根瓦及び窓ガラスの取替え費¥500,000は修繕費である。

(4)　①　焼失したレントゲンの取替費は，資本的支出，すなわち器具・備品勘定として処理すべきであって，修繕費ではない。

　　　　焼失したレントゲンの滅失損失は，固定資産除却損として損失に算入される。仕訳で示すと次のとおりである。

　　　（借方）貯　蔵　品　　　　200,000　　　　（貸方）器具・備品　　1,000,000
　　　　　　　固定資産除却損　　800,000

　　　（借方）器具・備品　5,000,000　　　　（貸方）普通預金　　5,000,000

　　　法人税法基本通達7-8-6において，「法人が，被災資産の復旧に代えて資産の取得をし，又は特別の施設（被災資産の被災前の効用を維持するためのものを除く。）を設置する場合の当該資産又は特別の施設は新たな資産の取得に該当し，その取得のために支出した金額は，これらの資産の取得価額に含めることに留意する。」とされている。

　　②　建物が災害等によって毀損した場合に建物の塗装費，ガラス挿入費，修理材料及び運搬費等のために支出した金額は費用として処理する。

　　③　法人税法基本通達7-8-6において，被災資産について支出した費用の額のうち資本的支出であるか修繕費であるかの区分の不明な金額については，その30％相当額を修繕費とすることができる。すなわち¥300,000を修繕費として費用に計上することができる。残額¥700,000については適正な基準で建物，器具・備品の取得金額として配分しなければならない。災害等により建物，機械及び設備等が毀損した

場合において当該資産について支出した費用については，その支出した額を修繕費と資本的支出とに区分し，区分が不明なものについては，その金額の3割に相当する金額を修繕費とする。

　従って，医療経理の損益計算書に計上してある修繕費￥14,500,000のうち，資本的支出として固定資産に加算される金額は，次のとおりである。

(1)　￥1,300,000

(2)　￥5,000,000

(4)　①　￥5,000,000

　　　③　￥　700,000

42　洗　濯　費

　共済組合等が事業を行うために必要な業務用の被服類等の洗濯に必要な費用を処理する勘定である。

例　施設の従業員の制服のほか10点の洗濯代金￥40,000を虎の門クリーニング商会に対し小切手で支払った。

　　（借方）洗　濯　費　　　　　40,000　　　（貸方）当座預金　　　　　40,000

43　賃　借　料

　共済組合等が事業を行うために他人の土地，建物，構造物等の不動産及びその他の物品を借り上げる場合における賃借料を処理する勘定である。しかし，厚生費の科目に属するもの（海の家の借上料，講演会場の借上料等）については，この勘定科目ではなく厚生費の科目で処理する。

　賃借料は，相手方からの履行期の到来前であっても，一般の商習慣に従って前金払をすることができる。前金払をした場合には，前渡金で処理することなく賃借料の勘定で処理するのが通常である。

　従って，決算に際しては，既に支払った費用の未経過分があれば，その相当する金額は前払費用勘定に振り替え，当該年度の損益を明確に表示しなければならない。

例　東京宿泊所の土地の本年10月以降 1 年間の賃借料￥2,400,000を小切手で支払った。
　　（借方）賃 借 料　　　　2,400,000　　　　（貸方）当座預金　　　　2,400,000
例　年度末決算に際し前記賃借料から未経過分を振り替えた。
　　（借方）前払費用　　　　1,200,000　　　　（貸方）賃 借 料　　　　1,200,000
例　年度末決算に際し 3 月分の建物の賃借料￥200,000を未払費用に計上した。
　　（借方）賃 借 料　　　　　200,000　　　　（貸方）未払費用　　　　　200,000

44 　保　険　料

　共済組合等の不動産及び福祉経理に属する動産を損害保険に付した場合の保
険料を処理する勘定である。

　保険料は前金払ができるので，決算に際して未経過分があればその金額を前
払費用に振替整理しなければならない。

　また損害保険に付する価額は，これが損害を受けた場合に再取得するために
必要な金額の準備をするものであるから，時価とすべきである。

例　大阪宿泊所の本年10月以降 1 年間の火災保険料￥600,000を小切手で支払った。
　　（借方）保 険 料　　　　　600,000　　　　（貸方）当座預金　　　　　600,000
例　年度末決算に際し前記保険料の未経過分を前払費用に振り替えた。
　　（借方）前払費用　　　　　300,000　　　　（貸方）保 険 料　　　　　300,000
例　熱海保養所（建物価額￥99,400,000，器具・備品￥14,600,000，契約保険金額
　　￥110,000,000）に火災が発生し，全焼した。
　　（借方）火災未決算　　114,000,000　　　　（貸方）建　　　物　　99,400,000
　　　　　　　　　　　　　　　　　　　　　　　　　　器具・備品　　14,600,000
例　保険金110,000,000の支払いが決定した。
　　（借方）未収入金　　　110,000,000　　　　（貸方）火災未決算　　114,000,000
　　　　　　火災損失　　　　4,000,000
例　前記の保険金￥110,000,000の支払いを受け，預入した。
　　（借方）普通預金　　　110,000,000　　　　（貸方）未収入金　　　110,000,000
例　熱海保養所を￥150,000,000をもって新築し，その代金を小切手で支払った。
　　（借方）建　　　物　　150,000,000　　　　（貸方）当座預金　　　150,000,000

45 保険負担還付金

貸付経理等における借受人が償還期間の途中で貸付金の残額を全部償還した場合に，貸付保険の未経過保険期間の保険料が還付されるため，これを借受人に支払った場合に処理する勘定である。

> **例** 借受人に対し，未経過保険期間の保険料¥35,000を還付した。
> 　　（借方）保険負担還付金　　35,000　　　　（貸方）当座預金　　　　　35,000

46 調査研究費

共済組合等の事業遂行上必要な調査研究を行うため，所要の費用を処理する勘定である。調査研究費とは，例えば，医学上の研究をするための文献，研究資料の購入費，病院において大学等の研究機関に研究を委託する場合に委託調査費として支払う費用である。

研究又は調査の受託者に支払う経費は前金払ができるが，前渡金で処理することなく調査研究費で処理する。

> **例** 共済組合医学会において発表するための調査研究費用として，¥1,000,000を職員である医師に支給した。
> 　　（借方）調査研究費　　1,000,000　　　　（貸方）当座預金　　　1,000,000
> **例** 東大病院に対し，血液癌の委託調査費として¥2,500,000を支払った。
> 　　（借方）調査研究費　　2,500,000　　　　（貸方）当座預金　　　2,500,000

47 普 及 費

共済組合等の事業内容の周知を図るため発行する新聞・雑誌・福利厚生施設紹介等の印刷物等で普及宣伝に必要な費用を処理する勘定である。

> **例** 共済組合事業の普及を図るためのパンフレット（共済組合のしおり）2,000部（@¥300）を作成し，組合員に配布した。

　　　（借方）普　及　費　　　　　600,000　　　　（貸方）当座預金　　　　　600,000

48　広　告　費

　法第6条第4項の規定等により，共済組合等が官報に公告する費用，及び業務の必要から新聞等に広告する費用を処理する勘定である。

例　定款の一部変更を官報に公告し，代金¥100,000を小切手で支払った。
　　（借方）広　告　費　　　　　100,000　　　　（貸方）当座預金　　　　　100,000

49　患　者　費

　病院の入院患者のための新聞・雑誌等の娯楽用品，生花・花壇用花の苗及び種子代等の費用を処理する勘定である。

　入院患者の娯楽用品であっても器具・備品に属するものであればもちろん器具・備品の勘定で処理される。また，病院経営上必要な事業用消耗品費との境界が問題になると思われるが，要は患者に対する娯楽という面より考慮し，その範囲に属するものに限定すべきである。

例　患者用新聞代¥15,000を小切手で支払った。
　　（借方）患　者　費　　　　　15,000　　　　（貸方）当座預金　　　　　15,000

50　諸　謝　金

　訴訟事件の弁護料，講習会等における講師謝礼金，病院の手術等で病院外の医師の応援を求めた際に当該医師に支払う謝礼金，組合員等の健康診断で外部のX線技師又は看護師等の応援を求めた際にそれらの者に支払う謝礼金等を処理する勘定である。

　諸謝金はその性格上前金払ができる。この場合は前渡金ではなく諸謝金の勘定で処理する。

例　講習会の講師謝礼金￥50,000を，源泉徴収所得税5,000円を控除して現金で支払った。

（借方）諸　謝　金　　　50,000　　（貸方）現　　金　　　45,000
　　　　　　　　　　　　　　　　　　　　　　　預 り 金　　　 5,000

51　食　糧　費

事務多忙時期に時間外勤務を行う職員に対する食事代等の実費又は来客の接待のために支出した飲食材料費等を処理する勘定である。

会議における茶菓子類等に必要な経費は，この勘定ではなく，事務費の勘定で処理する。

例　決算整理のため係員5名が残業したため夕食を支給し，代金￥5,000を小切手で支払った。

（借方）食 糧 費　　　 5,000　　（貸方）当座預金　　　 5,000

52　負　担　金

共済組合職員に対する事業主としての共済組合の負担金，厚生年金等の社会保険料事業主負担分，固定資産税等（消費税を除く。）の公租公課，温泉組合費，町会費等を処理する勘定である。

入湯税等については，共済組合等は源泉徴収義務者であり，利用者負担が原則である。従って，この勘定で処理することなく，共済組合等が利用者より徴収する都度預り金の勘定で処理し，支払いの都度預り金の勘定より払い出す必要がある。

例　物資経理の前年度分法人税￥1,000,000を小切手で支払った。
　　（借方）未 払 金　　 1,000,000　　（貸方）当座預金　　 1,000,000
例　宿泊経理の共済組合職員の共済組合負担金￥30,000を小切手で支払った。
　　（借方）負 担 金　　　30,000　　（貸方）当座預金　　　30,000

53　消　費　税

　課税事業者である共済組合等が消費税を納付するときに処理する勘定である。消費税の経理処理としては税抜経理方式と税込経理方式があり，どちらの方式を選択してもよいこととなっているが，選択した方式は，共済組合等のすべての経理に適用される。また，共済組合等が免税事業者である場合は，税込経理方式を適用する。

　例　〈税込経理方式の例〉物資経理の前年度分の消費税額￥500,000（中間納付
　￥250,000）を本年度の期限内に納付した。
　〈中間納付時〉
　　　（借方）仮 払 金　　　　　250,000　　　（貸方）普通預金　　　　　250,000
　〈決算時〉
　　　（借方）消 費 税　　　　　500,000　　　（貸方）仮 払 金　　　　　250,000
　　　　　　　　　　　　　　　　　　　　　　　　　　未払消費税　　　　　250,000
　〈納付時〉
　　　（借方）未払消費税　　　　250,000　　　（貸方）普通預金　　　　　250,000

54　移換金（移換金収入）

　昭和61年3月31日以前の船員保険法の被保険者又は被保険者であった者が共済組合に加入した場合には，船員保険加入期間中の積立金相当額を移換することとされている。

　また，共済組合の再編や新設等により，共済組合間で積立金や剰余金を移換することがある。

　この場合に積立金を受けた際は移換金収入，積立金を支払った際は移換金の勘定で処理する。

55　基礎年金拠出金（基礎年金交付金収入）

　基礎年金制度に係るもので，国民年金法第94条の2の規定に基づき，年金特別会計（基礎年金勘定）に対して基礎年金の給付に要する費用を納付するとき

に処理する勘定である。なお，連合会が支給する給付においても昭和61年3月
31日以前に決定されている共済年金等に係る基礎年金に相当する金額について
年金特別会計からその財源を受ける場合は，基礎年金交付金収入の勘定で処理
する。

56　厚生年金拠出金（厚生年金交付金収入）

平成27年10月に被用者年金制度が一元化されたことにより，厚生年金保険法
第84条の5の規定に基づき，年金特別会計（厚生年金勘定）に対して厚生年金
保険給付に要する費用を納付するときに処理する勘定である。また，組合員期
間を算定基礎とする厚生年金保険給付の支給は連合会が行うことから，その支
給に要する費用については年金特別会計から交付を受けるため，支給に必要と
なる財源を受け入れる際には厚生年金交付金収入の勘定で処理する。

57　財政調整拠出金（財政調整拠出金収入）

平成16年に国家公務員共済組合制度と地方公務員共済組合制度の年金財政単
位が一元化されたことにより，費用負担平準化等のために連合会から地方公務
員共済組合連合会へ拠出する拠出金を処理する勘定である。反対に地方公務員
共済組合連合会から拠出を受ける場合は，財政調整交付金収入の勘定で処理す
る。

58　助成金・交付金

組合が，共済組合等に関係のある事業を実施する団体等に助成するための交
付金を処理する勘定である。

福利厚生事業に対する助成金は厚生費により支出されるので，この勘定は福
利厚生事業以外の事業に支出する助成金が該当する。そのため，厚生費と明確
に区分する必要がある。

また，連合会が行う短期給付財政調整事業に係る交付金は，この勘定で処理
する。

> **例**　連合会は，A省共済組合に第1四半期の共同事業にかかる健康管理推進事業費とし
> て¥1,400,000を交付した。
>
> 　　　（借方）助成金・交付金　1,400,000　　　　　（貸方）当座預金　　　　　1,400,000

59　支払利息

　借入金に対する支払利息，貯金経理における組合員の貯金に対する支払利息を処理する勘定である。

　借入金に対する支払利息とは，共済組合等内の各経理単位間及び連合会からの借入金の利息，あるいは特殊な場合における第三者からの借入金に対する利息の支払いである。

　組合員の貯金に対する支払利息とは，貯金契約に基づく利息の支払いである。

　支払利息は，決算に際し，当該年度に属するもので支払いが完了していないものは未払金に計上し，また，組合員貯金の定期貯金等において翌年度に利払期が到来するもののうち当該年度に属する支払利息は未払費用に計上し，当該年度の期間損益を明確に表示しなければならない。

> **例**　貸付経理で連合会からの借入金¥24,000,000年利4.0%に係る10月分の利息
> ¥80,000を小切手で支払った。
>
> 　　　（借方）支払利息　　　　　　80,000　　　　（貸方）当座預金　　　　　80,000
>
> **例**　物資経理で連合会からの借入金¥24,000,000年利4.0%に係る1年分の利息が決算
> 時未払いであったので未払金に計上した。
>
> 　　　（借方）支払利息　　　　　960,000　　　　（貸方）未　払　金　　　　960,000

60　現金過不足

　施設における収入金の誤謬額あるいは商品の販売における売上金の誤謬額を一時的に処理する勘定である。

　損失勘定の現金過不足は収入の不足誤謬額を処理する勘定であり，利益勘定

の現金過不足は収入の超過誤謬額を処理する勘定である。この勘定は，収入金の適正額を表示させるための一時的な処理であるため，その原因を速やかに究明して正当科目に振替整理しなければならない。もし決算に際し，その原因が不明であり正当科目への振替えが不可能な場合は，損失勘定の現金過不足は雑損の勘定へ，利益勘定の現金過不足は雑益の勘定へ各々振替整理し，損益計算書に表示しないよう適切に処理しなければならない。

例　本日の食堂収入において¥500の現金不足額が生じた。
（借方）現金過不足　　　　500　　　（貸方）施設収入　　　　500
例　年度末決算に際し，上記金額は内容不明につき雑損に振り替えた。
（借方）雑　　損　　　　500　　　（貸方）現金過不足　　　500
例　本日，売店において，売上金額のうち¥1,000の現金超過額が生じた。
（借方）現　　金　　　1,000　　　（貸方）現金過不足　　1,000
例　上記金額を調査したところ，商品の価額を間違って売却したことが判明し，購入者に返済した。
（借方）商品売上　　　1,000　　　（貸方）現　　金　　　1,000

61　有価証券売却損（益）

　共済組合等が所有する有価証券を売却するときに発生する損益を処理する勘定であり，その売却価額が帳簿価額より低いときは有価証券売却損の勘定で，反対に処分価額が帳簿価額より高いときは有価証券売却益の勘定で処理する。

例　帳簿価額¥10,000,000の有価証券（国債）を¥10,100,000で売却し，代金を預入した。
（借方）普通預金　　　10,100,000　　　（貸方）有価証券　　　10,000,000
　　　　　　　　　　　　　　　　　　　　　　　有価証券売却益　100,000

62　有価証券評価損（益）

　施行規則第67条の規定により，当座資産として所有する有価証券，その他の有価証券について，時価と帳簿価額とに著しい差異がある場合，事業年度末日

において有価証券の再評価を実施するが，再評価に伴い帳簿価額を適正に修正する際に，その価額を減額した損失を有価証券評価損の勘定で，反対に組織の変更に伴う有価証券の評価換により生じた再評価益を有価証券評価益の勘定で処理する。

例　帳簿価額¥1,000,000の債券を再評価したところ¥500,000であるので，帳簿価額を修正した。
　　　　（借方）有価証券評価損　　500,000　　　　（貸方）有価証券　　　　　500,000

63　償還差損（益）

証券投資信託の償還にあたり，償還額が帳簿価額より少ないときの差額分の損失を償還差損の勘定で，反対に償還額が帳簿価額より多い時の利益を償還差益の勘定で処理する。

この証券投資信託とは，投資信託及び投資法人に関する法律に規定する証券投資信託のうち，その信託財産を公社債に対する投資として運用する公社債投資信託であり，株式又は出資に対する投資として運用しないものをいう。

例　東京証券第2回証券投資信託¥5,000,000の信託期間が満了して¥6,000,000の償還金を預け入れた。
　　　　（借方）普通預金　　　　6,000,000　　　（貸方）証券投資信託　　5,000,000
　　　　　　　　　　　　　　　　　　　　　　　　　　　償還差益　　　　1,000,000

64　雑　　　費

事業費用において稀にしか発生せず，かつ，金額的に重要でない費用や，他のいずれの勘定にも含めて記載することが適当でないと認められる費用を処理する勘定である。

本来，どのような目的で支出されたのかが明らかでない費用を雑費で処理することは適当でないが，すべての費用をその発生形態に従って勘定処理しようとすれば，残高の些少な科目が無数に生じ，かえって勘定組織に混乱を引き起

こす恐れがある。

　従って，雑費勘定は設定せざるを得ない場合もあるが，いわゆる粉飾的な目的や安直な考えによって徒に増大させてはならない。

65　減価償却費

　資産の減価償却を実施する場合に処理する勘定である。

　永久資産と称される土地のような特殊なものを除き，共済組合等の固定資産は，時の経過や使用によってその価値を減じる。減価償却とは，耐用期間又は生産量等を基準として固定資産の減損度を見積もり，使用する期間毎に費用として割り当てる会計手続きである。

　減価償却は，共済組合等の内部において使用消耗される性格の資産に適用されるものであるから，その対象となる資産は有形固定資産（土地を除く。），無形固定資産，借入不動産附帯施設，創業費及び開発費となり，現金・債権・その他の流動資産とは区別される。

　例えば，耐用年数10年の機械を￥500,000で買い入れた場合，備忘価格￥1を除いた￥499,999は10年間で消費されるものであるとみなし，毎年度￥50,000（最終年度のみ￥49,999）を費用に振り替えて固定資産としての繰越額を減少させるのである（施行規則第68条。定額法）。

　減価償却の目的はこのように費用配分の理念に基づくものであるから，その第一要件は，これを各年度に公平に配分することである。すなわち，年度の損益を正確にすることが第一の目的である。第二の要件は，償却計算は計画的でなければならないことである。費用の総額（取得価額−￥1）は確定しており，使用し得る期間（年限）が定まった場合には，その期間内に全額を均等配分して償却計算を行わなければならず，原則として，恣意的にその期間を短縮・延長・中断することは認められない。

　減価償却の財政上の効果は，固定資産に投下した資本を回収することであり，しかもそれは流動資産をもって回収されるのが普通である。それ故に，減価償却は固定資産の流動化の手段であるといわれている。固定資産はその使用によって価値の一部分を生産物又は用役の価値に移行する。生産物に転化した

固定資産の消耗価値はやがて生産物の売却によって貨幣に変わることとなることから，固定資産に投下した資本は徐々に貨幣の形で回収される。固定資産の全部を償却したときは，当該資産に投ぜられた資本は回収され流動資産として存在する。この流動資産は，そのまま蓄積されて同一の固定資産の再造に利用されることもあるが，たな卸資産又はその他の固定資産に再投下されることが普通である。しかしこれは二次的な効果であり，償却自体からみればあくまでも資本回収が主体であって，自己金融の一部分をなしている。

　減価償却の償却期間の開始は，原則的には固定資産の使用が開始され収益を生む時点と捉えるのが妥当と考えられるが，その取扱いについて種々の問題が生ずる恐れがあるので，次のように定められている（運用方針施行規則第68条・第69条・第70条関係）。

　(1)　新規に施設の営業を開始するために取得したものについては，営業を開始した日

　(2)　施設の増改築により取得したものについては，当該施設の使用を開始した日

　(3)　(1)及び(2)に掲げるもののうちに含まれない減価償却の対象となる物品の購入については，組合が検査納入した日

　各資産の具体的な償却方法については以下のとおりである。

(1)　有形固定資産の減価償却

　減価償却の対象となる有形固定資産とは，土地以外の建物，構造物，機械・装置及び備品等で組合の事業のため使用する目的をもって所有する資産である。ただし，耐用年数1年未満の固定資産又は取得価額若しくは製作価額10万円未満の固定資産（共済組合等の業務の性質上基本的に重要な資産を除く。）を取得した場合には，固定資産に計上しないことができる（運用方針施行規則第68条関係）。

　有形固定資産の減価償却は，施行規則第68条の規定により次の方法で処理される。

　　①　減価償却資産の耐用年数等に関する省令（昭和40年大蔵省令第15号）の別表の耐用年数を適用して，定額法によって償却額を算定する。な

お，償却の最終年度においては，備忘価格として１円を残した金額を償却額とする。（以下②〜④において同じ。）

$$\frac{取得価額}{耐用年数} = 減価償却費$$

② 　法定耐用年数の全部又は一部を経過した有形固定資産を取得し，その将来の残存耐用年数を見積る場合において，その残存耐用年数の見積りが困難なときは，法定耐用年数の全部を経過したものについては，当該法定耐用年数の10分の２に相当する年数を耐用年数とみなし，また，一部を経過したものについては，当該法定耐用年数から経過年数を控除した年数に，経過年数の10分の２に相当する年数を加算した年数を法定耐用年数とみなして償却額を次の算式で算定する。

　　a　法定耐用年数の全部を経過したもの

$$\frac{取得価額}{法定耐用年数×0.2} = 減価償却費$$

　　b　法定耐用年数の一部を経過したもの

$$\frac{取得価額}{法定耐用年数 - 経過年数 + 経過年数×0.2} = 減価償却費$$

　（注）　経過年数は何年何カ月と経過月数をもって計算し，１年未満の端数が生じた場合にはこれを切り捨て計算する。

③ 　年度中途において取得した有形固定資産の減価償却費は月割計算とし，取得した日の属する月は切り上げて１月とする。

$$\frac{取得価額}{耐用年数 - \dfrac{経過月数}{12}} = 減価償却費$$

④ 　有形固定資産を再評価（施行規則第67条第２項）した場合は，その再評価後の価額を取得価額とし，残存耐用年数を法定耐用年数とみなして償却計算をする。

$$\frac{取得価額}{耐用年数 - 経過月数} = 減価償却費$$

⑤　帳簿記帳の方法は直接法とし，減価償却累計額を脚注表示しなければ
ならない。直接法とは，償却額を直接資産額より控除することにより処
理する方法である。

（借方）　減価償却費　　○○○　　（貸方）　建　　　物　　○○○

⑥　その他の問題点

建設仮勘定に属するものは償却の対象から除外されるが，完成部分の
うち事業の用に供されている部分については，償却の対象とすべきであ
る。共済組合等が遊休資産を所有することはないものと考えるが，遊休
してもその資産は減損するものであるから償却の対象とすべきである。
また，代替し得ない書画及び骨董は，時の経過とともに価値の減少があ
るとは考えられないので，償却の対象とはしないが，その複製のような
単に装飾備品的なものは償却の対象とする。

(2)　無形固定資産の償却

無形固定資産とは，営業権，特許権，借地権，地上権，商標権，実用新案
権，意匠権，鉱業権，漁業権，入漁権，ソフトウェア，電話加入権，温泉の引
湯権及びその他これらに準ずる資産をいうが，共済組合等で取得するものは，
地上権，借地権，ソフトウェア，引湯権及び電話加入権等が挙げられるものと
考えられる。これらの資産は，その取得価額を基礎とし，期間の定めのあるも
のはその期間，期間の定めがないものは10年以内で共済組合等の代表者が定め
る期間により均等償却し，直接法によって処理する（施行規則第69条）。

(3)　借入不動産附帯施設の償却

借入不動産附帯施設とは，共済組合等が事業の用に供する目的をもって他人
から土地又は建物を借り入れ，これにその目的を達成するために，増改築及び
模様替え等（資本的支出）をしたものである。借入不動産附帯施設の減価償却
は，無形固定資産の場合と同様な処理方法となる（施行規則第70条）。

(4)　特別償却

特別償却とは，前述の経常償却に対する例外である。固定資産が陳腐化，不
適応化その他災害等の理由により著しくその価値を減じた場合において，共済
組合等の代表者が必要があると認めるときは，(1)から(3)までによる償却の基礎

となる価額の全部又は一部を減額することができる（施行規則第71条）。陳腐化とは，流行の変遷，新発明等によって資産の使用価値が失われることで，例えば，技術の進歩により能率の高い機械が開発されて従来のものの用途廃止が余儀なくされる等である。不適応化とは，その資産自体の理由でなく，他の資産との関係から生ずる減価を示し，例えば，動力を火力から電力に切り換えたことによって煙突が無用となった等である。

　特別償却の取引の処理方法は，全部を減額する場合は固定資産除却損，一部を減額する場合は固定資産評価損の科目で処理する。

例

　医療機械取得価額　　　¥500,000

　減価償却累計額　　　　¥300,000

　〈全額減額する場合〉

　　（借方）固定資産除却損　200,000　　　　（貸方）医療器具機械　　200,000

　〈一部（¥100,000）を減額する場合〉

　　（借方）固定資産評価損　100,000　　　　（貸方）医療器具機械　　100,000

⑸　創業費の償却

　共済組合等の施設を取得する場合において，開業までに要する費用で資産の価額に含めて処理できないものは，繰延べ費用として創業費の勘定科目で処理し繰延資産に計上される。創業費に属する費用は，建設期間中の事務用消耗品，通信交通費，支払利息，使用人の給料，保険料，電気，ガス，水道料及び開初式に要した費用等である。

　測量費及び設計費等は資産の価額に含まれるべきもので創業費とは解されない。創業費の償却は，5年以内で共済組合等の代表者の定める期間により均等額以上に償却され，直接法によって処理される（施行規則第72条）。

⑹　開発費の償却

　新技術又は新経営組織の採用，資源の開発，市場の開拓等のため支出した費用は，繰延べ費用として開発費の勘定で処理し繰延資産に計上される。開発費に属する費用は，電子情報処理プログラム開発に要した費用等である。

開発費の償却は創業費と同様の処理方法となる。

66　連合会へ繰入（単位組合より受入）

　法第102条第４項の規定により，共済組合が，福祉事業の費用に充てるべき国又は職員団体等の負担金に相当する金額を負担金の払込みがある都度，連合会に払い込まなければならないこととされているが，その払込み金額を処理する際に用いられる勘定である。一方，連合会はその受け入れる金額を，単位組合より受入の勘定で処理する。

　この福祉財源の負担金は，施行規則第７条第３項の規定により全額保健経理に受け入れる処理方法となるので，この両勘定は，保健経理のみ（単位組合より受入は，連合会の保健経理保健勘定のみ）において使用する。決算に際し，負担金の未収金が生じ，連合会に払い込むことができないときは，連合会へ繰入に対する未払金に計上されなければならない。

例　支出官より６月分の負担金を受け取ったので，連合会への繰入金¥3,000,000を払い込んだ。

〈組合・保健経理〉

　　（借方）連合会へ繰入　　3,000,000　　　　　（貸方）普通預金　　　　3,000,000

〈連合会・保健経理保健勘定〉

　　（借方）普通預金　　　3,000,000　　　　　（貸方）単位組合より　　3,000,000
　　　　　　　　　　　　　　　　　　　　　　　　　　　受入

例　決算に際し，負担金精算分の連合会への繰入金¥300,000が未払いであることが確認された。

〈組合・保健経理〉

　　（借方）連合会へ繰入　　 300,000　　　　　（貸方）未 払 金　　　　 300,000

〈連合会・保健経理保健勘定〉

　　（借方）未 収 金　　　 300,000　　　　　（貸方）単位組合より　　 300,000
　　　　　　　　　　　　　　　　　　　　　　　　　　　受入

67　何々経理へ繰入（保健経理より受入）

　施行規則第７条第３項の規定により，福祉財源は，一旦保健経理に全額受け

入れた後に，福祉経理に属する他の経理単位に繰り入れることとなるので，その繰入金を処理する勘定である。一方，保健経理より当該繰入金を受け入れる際には，保健経理より受入の勘定で処理される。この繰入金の最高限度額は，事業計画及び予算の総則事項となっており，財務大臣の認可を受けた事業計画及び予算に定めた金額を超過することはできない。

例 保健経理より宿泊経理に対し¥2,000,000を繰り入れた。

〈保健経理〉

　　（借方）宿泊経理へ繰入　2,000,000　　　　（貸方）普通預金　　　　2,000,000

〈宿泊経理〉

　　（借方）普通預金　　　2,000,000　　　　（貸方）保健経理より　2,000,000
　　　　　　　　　　　　　　　　　　　　　　　　　　受入

68　何々経理へ相互繰入（何々経理より相互受入）

施行規則第7条第2項の規定により，福祉経理相互間の資金の繰入金を処理する勘定であり，一方，受け入れる際には，何々経理より受入の勘定で処理される。

この資金の限度額は，福祉事業の経理単位の前事業年度の剰余金の範囲内でなければならない。

なお，国共法を根拠とした福祉経理以外に旧令特別措置法を根拠とした旧令医療経理を有する連合会では，連合会の福祉経理からこの旧令医療経理への繰入れも認められており（施行規則第85条第2項で読み替えられた第7条第2項），支出側の経理では旧令医療経理へ繰入の勘定を用い，受け入れられる旧令医療経理では支出側の経理名を用いた何々経理より受入が用いられることとなり，この資金の限度額は，前事業年度における剰余金に相当する金額又は当該事業年度において明らかに剰余金に相当する金額として見込まれる金額の範囲内でなければならない。

この繰入れについては，事業計画及び予算の総則事項であり，財務大臣の認可を受けた事業計画及び予算に定めた金額を超過して繰り入れることはできない。

例 物資経理の前年度の剰余金のうち¥5,000,000を宿泊経理へ繰り入れた。

〈物資経理〉

（借方）宿泊経理へ相　　5,000,000　　　（貸方）普通預金　　　　5,000,000
　　　　互繰入

〈宿泊経理〉

（借方）普通預金　　　　5,000,000　　　（貸方）物資経理より　　5,000,000
　　　　　　　　　　　　　　　　　　　　　　　相互受入

69　保健勘定へ振替（貸付勘定より振替）

連合会における貸付事業における収益を福祉事業に活用するために，連合会の保健経理貸付勘定から，一旦同経理保健勘定へ資金を振り替える際に用いられる勘定である。

70　看護師養成費

病院が看護学院（看護師養成所）を設置している場合に，それに直接必要である職員給与・生徒手当・旅費・賄費・厚生費・被服費・教材費・諸謝金等を処理する勘定である。

例 看護師養成所の専任職員2名に対する給与¥350,000及び生徒30名に対する手当¥900,000について，源泉徴収所得税等¥100,000を控除して現金で支払った。

（借方）看護師養成費　　1,250,000　　　（貸方）現　　金　　　　1,150,000
　　　　　　　　　　　　　　　　　　　　　　　預　り　金　　　　100,000

71　雑　　　　損

事業とは関係のない取引から生ずる費用で，かつ，金額的に重要でない費用を処理する勘定である。この勘定を使用することは，その経理内容が不明確になる恐れがあるので，徒に使用することのないよう，十分留意する必要がある。

> **例**　決算に際し，現金過不足￥700を雑損勘定に振り替えた。
>
> 　　（借方）雑　　損　　　　　　700　　　　（貸方）現金過不足　　　　　　700

§.2 —— 特別損益に属する勘定

72　前期損益修正損（益）

　前年度以前の収入金又は支払金を処理する勘定であり，事業年度の期間損益の確定に欠くことのできない取引の処理である。

　例えば，組合員掛金の未徴収額を決算時に未収金に計上することなく翌年度になってその誤謬を発見した場合，又は給付金の過払いを翌年度に発見して組合員からその返納を受ける場合は，当該年度の収入に属するものでないから前期損益修正益で処理する。また，組合員への未支給の給付金で決算時に未払金に計上せず，あるいは給付金の誤払いを翌年度に発見し追加払いを必要とする場合，標準報酬の月額が基礎となる定額の給付金で前事業年度以前に遡及して昇給の発令があり給付金の追加払いを必要とする場合は，これらの金額は当該年度の損失に属するものではないから前期損益修正損として処理する。

　この取引は，不当な取引の発見の都度直ちに収納又は支払って前期損益修正益又は前期損益修正損として処理するのが妥当であるが，もし，収納又は支払いまで日時を要するようであれば，相手勘定は未収金又は未払金として処理し，帳簿上債権額又は債務額を明確に表示する必要がある。

> **例**　組合員東京一郎に対する前年分の掛金￥10,000が徴収漏れであることを発見し，給与支給機関に依頼して徴収し，直ちに預入した。
>
> 　　（借方）普通預金　　　　　10,000　　　　（貸方）前期損益修正益　　　10,000
>
> **例**　組合員大阪次郎に対する前年度1月支払済みの災害見舞金￥200,000に対し，前年度の1月に遡及して昇給発令があったので，当該災害見舞金の追加払い￥5,000を本人の預金口座に振り込んだ。
>
> 　　（借方）前期損益修正損　　　5,000　　　　（貸方）普通預金　　　　　　5,000
>
> **例**　組合員甲野太郎に対して前年度に支払った出産手当金について過払い￥2,000を発

見したので，未収金に計上した。

　（借方）未 収 金　　　　　　2,000　　　　（貸方）前期損益修正益　　　2,000

73　固定資産売却損（益）

共済組合等が所有する土地，建物，器具・備品等の固定資産を売却した場合に，売却価額が帳簿価額より低いときに発生した損失は固定資産売却損の勘定で，反対に処分価額が帳簿価額を超過したときに発生した利益は固定資産売却益の勘定で処理する。

例　建物（取得価額￥70,000,000　帳簿価額￥20,000,000）を大阪商会に￥15,000,000
　　で売却した。

　　（借方）普通預金　　　　15,000,000　　　　（貸方）建　　　　物　　　20,000,000
　　　　　　固定資産売却損　5,000,000

74　固定資産除却損

共済組合等が所有する土地，建物，器具・備品等の固定資産の滅失，毀損等により処分する場合の損失を処理する勘定である。

例　低周波治療機（取得価額￥800,000，減価償却累計額￥600,000）が毀損したので，
　　処分した。

　　（借方）固定資産除却損　　200,000　　　　（貸方）医療器具機械　　　200,000

75　固定資産評価損（益）

共済組合等が保有する資産について，時価と帳簿価額とに著しい差異があり資産の再評価を実施した場合，あるいは国共法施行規則第71条の規定により固定資産が陳腐化，不適応化その他災害等の理由により著しくその価値が減じたためその価額を減額した場合に，その損失は固定資産評価損の勘定で，反対に再評価による再評価益は固定資産評価益の勘定で処理する。

例　レントゲン機械（取得価額￥5,000,000，減価償却累計額￥3,000,000）が陳腐化したので，￥1,000,000に価額を減じた。

　　　（借方）固定資産評価損　1,000,000　　　　（貸方）医療器具機械　　1,000,000

---

§.3 ── 経常収益に属する勘定

76　負担金収入

　法第102条等の規定により，各省各庁の長若しくは独立行政法人等又は職員団体が，法第99条及び厚生年金保険法第82条の規定に基づく負担すべき金額を受け入れる場合に処理する勘定である。

　法第99条の規定に基づく負担すべき金額とは，短期給付（介護を含む。）に要する費用，退職等年金給付に要する費用，福祉事業に要する費用及び組合の事務（福祉事業にかかる事務を除く。）に要する費用である。また厚生年金保険法第82条の規定に基づく負担すべき金額とは，厚生年金保険給付に要する費用である。従って，この勘定科目は，短期経理，厚生年金保険経理，退職等年金経理，保健経理（福祉事業に要する費用は，施行規則第7条第3項の規定により，一旦保健経理において全額収納される。）及び業務経理に使用され，その他の経理単位には生じない。

　このほか，任命権者等の要請により，沖縄振興開発金融公庫及び独立行政法人等（以下「公庫等」という。）に転出した者は，転出後5年以内は長期給付が適用されることから，その間における長期給付に要する費用の負担は公庫等が負担する。

　共済組合等の事業に要する費用の国等の負担割合は法第99条に規定されているとおりであるが，長期給付については，施行法の規定により組合員の過去の期間の通算のための追加費用及び各種の年金改定法により既受給年金者の年金額改定のための追加費用等は国が負担することとされているので，これも厚生年金保険経理及び経過的長期経理の負担金に含まれる。また，共済組合等の事務に要する費用に充てるため国が負担すべき金額は，毎年度国の予算をもって

定めることとなっている。

　短期経理については，共済組合毎に短期給付と介護納付金のそれぞれに負担率が定められている。このため，決算において短期と介護の損益が計算され，勘定科目も負担金収入の小項目として短期負担金収入と介護負担金収入を設けて整理している。

　負担金収入の勘定で処理すべき収納金は，あくまでも当年度に属する負担金である。よって，前年度以前に属する負担金を収納する場合においては，前期損益修正益の勘定で処理しなければならない。

　負担金は毎月概算にて受領できることとなっているので，年度末決算に際しては，必ず精算を実施して当年度の負担金を確定し，決算日の3月31日までに収納されないものは未収金に計上して，適正に処理しなければならない。

例　短期経理において10月分の短期給付に係る国庫負担金¥85,000,000の概算交付を受け，預入した。

　　（借方）普通預金　　　　85,000,000　　　（貸方）短期負担金収入　　85,000,000

例　本年度における業務経理の事務費国庫負担金の精算の結果，3月31日時点では¥300,000の精算差額が支出官より未交付となったので，未収金に計上した。

　　（借方）未 収 金　　　　300,000　　　（貸方）負担金収入　　　　300,000

77　掛金収入（組合員保険料収入・短期掛金収入・介護掛金収入）

　法第99条の規定により短期給付，退職等年金給付及び福祉事業に要する費用に充てるため並びに介護納付金を納付するために，組合員から徴収する掛金（法第100条）を処理する勘定である。従って，この勘定科目は短期経理，退職等年金経理及び保健経理に限定される。

　なお，短期経理については，短期給付と介護納付金とのそれぞれに区分された掛金率が定められていることから，負担金収入と同様に短期掛金収入と介護掛金収入の勘定にて区分して整理する。

　また，厚生年金保険法第100条第1項の規定により厚生年金保険給付に係る負担として組合員から徴収する保険料については，組合員保険料収入の勘定を

用いて，厚生年金保険経理にて処理する。

　掛金（含む組合員保険料。以下同じ）は，組合員の資格を取得した日の属する日からその資格を喪失した日の前日の属する月までの各月につき徴収される。また，組合員の標準報酬の月額及び標準期末手当等の額を標準として算定され，掛金とこれらとの割合は，各共済組合の定款（退職等年金給付の掛金は連合会の定款，組合員保険料は厚生年金保険法）で定められている。

　掛金の徴収方法については，組合員の給与支給機関が，毎月俸給その他の給与を支給する際，組合員の給与から掛金に相当する金額を控除して，これを組合員に代わって共済組合に払い込むのであるが，無給休職者等で給与支給機関が控除できないものについては，組合員より直接収納しなければならない。また，共済組合が支給する給付金からも控除することができる（法第45条）。

　掛金の勘定で処理すべき収納金は，あくまでも当年度に属する掛金である。よって，前年度以前に属する掛金を収納する場合には，前期損益修正益の勘定で処理しなければならない。

　また，短期掛金及び福祉掛金を算定する場合には，これらの掛金率を合算して標準報酬の月額及び標準期末手当等の額に乗ずるものとし，その総額を短期及び福祉の掛金率で割り振る場合に円位未満の端数が生じたときは，短期掛金の端数を切捨て処理させたうえで，福祉掛金側で総額と調整させる。

　決算に際し，決算日の3月31日までに当年度に属する掛金が収納されない場合には，未収金に計上し適正に処理しなければならない。

例　短期経理において5月分の掛金として¥1,300,000を給与支給機関より受け取って
　　預入した。

　　（借方）普通預金　　　　1,300,000　　　　（貸方）掛金収入　　　　1,300,000

78　退職一時金等返還金収入

　一時恩給又は旧法等の規定による退職一時金が，施行法第14条の規定により返還された場合に処理する勘定であり，厚生年金保険経理及び経過的長期経理のみで使用される。

> **例**　更新組合員から返還金¥350,000を収納し，預入した。
>
> 　　（借方）普通預金　　　　　350,000　　　（貸方）退職一時金等　　350,000
> 　　　　　　　　　　　　　　　　　　　　　　　　　　　返還金収入

79　内部患者収入

　共済組合等が経営する診療所・病院において，自組合員及びその被扶養者（連合会の病院においてはすべての共済組合員とその被扶養者。以下「組合員等」という。）の診療収入（人間ドックに関する収入を含む。）を処理する勘定である。

　内部患者収入の内容は概ね保険患者収入の場合と同様であるが，特に現金収入の勘定が設けられている。

　現金収入とは，組合員の被扶養者が診療を受けた場合に，自己負担分として窓口にて徴収する診療収入を処理する勘定である。

　この勘定は，短期経理における直営保険給付と内部患者収入を比較検討する際に有益である。

　短期経理の直営保健給付の金額と内部患者収入の現金収入を除いた金額は基本一致するが，短期給付と診療収入の損益の年度区分の処理方法の違い等により一致しない場合も生ずると考えられる。しかし，同じ共済組合内部の経理処理であるため，極力一致させるような処理方法が望ましい。

　その他の点については，保険患者収入の場合と同様の事務処理となる。

> **例**　直営診療所の内部患者の診療費¥5,000,000を短期経理より受け取り，預入した。
>
> 　　（借方）普通預金　　　　5,000,000　　　（貸方）内部患者収入　　5,000,000

80　保険患者収入

　他の共済組合の組合員，健康保険，国民健康保険，船員保険等の社会保険の被保険者及びこれらの被扶養者が本人確認を受けて診療を受けた場合の診療収入を処理する勘定である。

　保険患者収入に限らず患者収入は，その内容として入院収入，外来収入及び雑収入に区分される。

　入院収入とは，入院患者の入院料，手術料，賄料，看護料，薬価料等，入院診療に係る収入金である。

　外来収入とは，外来患者の手術料，薬価料，往診料等の外来診療に係る収入金である。

　入院収入及び外来収入に属さない，例えば，患者に対する文書料等については雑収入の勘定科目で処理した方が妥当と考えられる。

　決算に際し，決算日の3月31日までに属する収入金で収納されないものについては，決算整理期間中に債権額を確定して未収金に計上し適正に処理しなければならない。

例　A省本省診療所において，B省共済組合員の診療費￥100,000を小切手で収納し，預入した。

　　（借方）普通預金　　　　　100,000　　　（貸方）保険患者収入　　　100,000

81　一般患者収入

　内部患者収入及び保険患者収入に該当しない患者の収入金を処理する勘定であり，保険患者収入の場合と同様の取扱いになる。

例　本日，一般患者の診療費￥20,000を収納し，預入した。

　　（借方）普通預金　　　　　20,000　　　（貸方）一般患者収入　　　20,000

82　施 設 収 入

　共済組合等の福祉厚生施設を使用する者から徴収する利用料金を処理する勘定である。

　施設収入は，その内容として宿泊料・休憩料・飲食料・使用料・賃貸料・手数料・奉仕料・雑収入等に区分される。

　宿泊料及び休憩料とは宿泊所等における宿泊料金及び休憩料金を，飲食料と

は宿泊所や食堂等における飲食料金を，使用料とは施設の備品・会議室等の使用料金を，賃貸料とはスキー用具等を貸し付ける場合の料金又は住宅の賃貸料等を，手数料とは施設において委託売店等を設けた場合等における手数料収入を，奉仕料とは施設におけるサービス料を，それぞれ整理する。

施設収入は，決算に際し，決算日の3月31日までに属する収入金で収納されないものについては，未収金に計上し適正に処理しなければならない。

例　熱海保養所における本日の収入は￥455,000（現金収入￥400,000で他は未収金）で，その内訳は次のとおりである。

①	宿　泊　料	￥250,000
②	休　憩　料	￥　4,000
③	飲　食　料	￥150,000
④	備品使用料	￥　5,000
⑤	土産品の売上手数料	￥　6,000
⑥	奉　仕　料	￥ 40,000

（借方）			（貸方）		
現　　金		400,000	施設収入		455,000
未　収　金		55,000	宿　泊　料		250,000
			休　憩　料		4,000
			飲　食　料		150,000
			使　用　料		5,000
			手　数　料		6,000
			奉　仕　料		40,000

83　商品売上

物資経理，宿泊経理等の売店で商品を販売した場合に処理する勘定である。商品売上額の中には商品販売益が含まれることとなるため，決算に当たっては在庫品の実地たな卸を行い，当該年度の損益を明確に把握しなければならない。

なお，商品売上の勘定科目は三分法による。

例　組合員に対し，冷蔵庫（価額￥150,000）を20カ月の分割払いで売却した。

（借方）売 掛 金		150,000	（貸方）商品売上		150,000

例 上記冷蔵庫の第1回月賦代金¥7,500を給与支給機関より受け取った。

（借方）普通預金		7,500	（貸方）売 掛 金		7,500

84 商品販売益

物資経理等の売店で販売した商品の販売益を処理する勘定である。
具体的な処理方法については，商品勘定の記述を参照されたい。

85 受託商品手数料収入

物資経理及び宿泊経理において，共済組合等が商品を受託して販売した際に
業者等から受け取る手数料を処理する勘定である。

例 東京産業㈱より受託商品の販売に係る手数料として¥5,000を受け取り，預入した。

（借方）普通預金		5,000	（貸方）受託商品手数料収入		5,000

86 保険手数料収入

共済組合が団体保険を取り扱う場合に保険会社から受け取る保険手数料を処
理する勘定である。

例 A生命保険会社より団体保険取扱いの手数料として¥1,500,000を受け取り，預入
した。

（借方）普通預金		1,500,000	（貸方）保険手数料収入		1,500,000

87 貸付金利息

共済組合が他経理に貸し付けた貸付金に対する利息収入及び組合員に貸し付
けた貸付金に対する利息収入並びに国家公務員共済組合連合会の保健経理貸付
勘定における貸付金（受寄託貸付金を含む）に対する利息収入を処理する勘定
である。

この勘定については関係する資産勘定の記述を参照されたい。

88　賃　貸　料

連合会の保健経理貸付勘定において資産運用として行っている投資不動産に係る賃貸料収入を処理する勘定である。

89　保険負担金収入

貸付経理及び財形経理において住宅資金貸付保険及び団体信用生命保険の加入者が負担すべき費用を共済組合が受け入れた場合に処理する勘定である。

例　給与支給機関より10月分の貸付保険料￥8,000,000を受け取り，預入した。

（借方）普通預金　　　　8,000,000　　　（貸方）保険負担金収入　8,000,000

90　保険料還付受入金

貸付経理及び財形経理において，借受人が償還期間の中途で貸付金の残額を全部償還した場合に，還付を受けた貸付保険の未経過保険期間に係る保険料を処理する勘定である。

例　A保険会社より未経過保険期間にかかる保険料￥8,500,000を受け取り，預入した。

（借方）普通預金　　　　8,500,000　　　（貸方）保険料還付受　8,500,000
　　　　　　　　　　　　　　　　　　　　　　　　入金

91　雑　収　入

事業収益において，稀にしか発生せず，かつ，金額的に重要性の乏しい収入や，他のいずれの勘定にも含めて記載することが適当でないと認められる収入を処理する勘定である。

　本来，雑収入のようにどのような目的で受け入れられたのかが明らかでない勘定で処理することは適当でないが，すべての収入をその発生形態に従って勘定処理しようとすれば，残高の些少な科目が無数に生じ，却って勘定組織の上

に混乱を引き起こす恐れがある。

従って，雑収入勘定は設定せざるを得ないが，いわゆる粉飾的な目的や安直
な考えによって徒に増大させてはならない。

92 受取利息・有価証券利息・受取配当金・信託収益・生命保険資産収益

預金の利息，有価証券の利息，金銭信託，貸付信託及び生命保険資産の信託
収益等を処理する勘定である。

この勘定については各々関係する資産勘定の記述を参照されたい。

例 年度末決算に際し，定期預金の経過利息¥50,000を計上した。

（借方）未収収益　　　　　50,000　　　（貸方）受取利息　　　　　50,000

---

93 国庫補助金収入

国が共済組合等の事業の育成強化等を図る目的で，その事業に対する補助金
を処理する勘定である。なお，地方公共団体からの同様の規定の補助金につい
ては，雑収入の勘定で処理する必要がある。

また，連合会の短期財調経理から交付される金額のうち，特定健康診査等交
付事業に関する金額については，その財源をこの事業に限定した目的で国から
の補助金（（目）国家公務員共済組合連合会補助金）としており，実質的には
共済組合に直接補助金が交付されているものであることから，同事業について
もこの勘定で処理すべきである。

他には短期経理における厚生労働省からの高齢者医療運営円滑化等補助金が
ある。

高齢者医療運営円滑化等補助金は，高齢者医療制度の運営が健全に行われる
よう，保険者（共済組合）の高齢者の医療の確保に関する法律に規定する前期
高齢者納付金及び後期高齢者支援金等の負担に対する助成である。

補助金によって固定資産を取得した場合においては，施行規則第81条の規定
により，その固定資産が組合の財産的基礎を構成しない償却資産であって，そ
の減価に対応すべき収益の獲得が予定されていない場合は，財務大臣の承認を

受けて負債勘定である資産見返補助金等で処理し（同条第3項），それ以外の
固定資産の取得は資本剰余金に属するため，相当する金額を剰余金勘定である
別途積立金に積み立てなければならない（同条第1項）。

> **例**　厚生労働省の高齢者医療運営円滑化等補助金が交付決定され，¥3,000,000が預金
> 　　　口座に振り込まれた。
> 　　　（借方）普通預金　　　　　3,000,000　　　（貸方）国庫補助金収入　3,000,000

94　交付金収入

　連合会が行う短期給付財政調整事業（共同事業）による交付金等を受け入れ
た場合に処理する勘定である。

> **例**　A省共済組合は，第1四半期の連合会共同事業に係る健康管理推進事業費として
> 　　　¥1,000,000を受け取り，預入した。
> 　　　（借方）普通預金　　　　　1,000,000　　　（貸方）交付金収入　　　1,000,000

95　寄付金収入

　福祉事業の財源として，団体又はその他の者から受けた寄付金を処理する勘
定である。

　寄付金には，現金による寄付と現金以外の資産による寄付とがあるが，物品
の寄付を受けた場合は，当該物品について適正に評価し，その評価額をこの勘
定で処理する必要がある。

　なお，寄付により固定資産を取得した場合には，施行規則第81条の規定によ
り，その固定資産が組合の財産的基礎を構成しない償却資産であって，その減
価に対応すべき収益の獲得が予定されていない場合は，財務大臣の承認を受け
て負債勘定である資産見返補助金等で処理し，それ以外の固定資産の取得は資
本剰余金に属するため，相当する金額を別途積立金に積み立てなければならな
い。

例 大阪宿泊所の開設に当たり，大阪市より美術品１個の寄贈を受けた。評価額
¥2,000,000である。
　　（借方）器具・備品　　2,000,000　　（貸方）寄付金収入　　2,000,000

96　還付金収入

　短期給付財政調整事業の預託金に係る運用収入の還付を受けた場合に処理す
る勘定である。なお，この勘定は，短期経理に計上されている支払準備金（施
行規則第78条）の一部を法附則第14条の４の規定に基づき連合会に対して預託
している金額による運用益の一部の受入れ処理に用いる勘定であることから，
短期経理のみにおいて使用することとなる。

例 Ａ省共済組合は，短期給付財政調整事業における預託金の運用収入の還付金
¥1,500,000を受け取り，預入した。
　　（借方）普通預金　　　　1,500,000　　（貸方）還付金収入　　1,500,000

97　賠償金収入

　保健給付（療養の給付等）等が第三者の行為により生じた場合に，共済組合
は国共法第47条による損害賠償の請求を行うが，その請求に基づく賠償金を受
け入れた場合に処理する勘定である。
　法第47条は，第三者の行為によって給付事由が生じた場合には，その保険事
故に対し行った給付の価額の限度で，当該受給権者がその第三者に対して有す
る損害賠償の請求権を共済組合が取得することを規定している。なお，損害賠
償手続きを行っているものは，確実に督促請求を行い，年度内の収納に努めな
ければならない。

例 Ａ省共済組合は乙産業へ損害賠償の請求を行い，¥4,500,000の賠償金を受け取
り，預入した。
　　（借方）普通預金　　　　4,500,000　　（貸方）賠償金収入　　4,500,000

98　雑　　　　益

　事業とは関係ない取引から生ずる収益で，かつ，金額的に重要でない収益を処理する勘定である。この勘定を使用することは，その経理内容が不明確になる恐れがあるので，徒に使用することのないよう，十分留意する必要がある。

例　決算に際し，現金過不足勘定の超過額￥500を雑益に振り替えた。

　　　（借方）現金過不足　　　　　　500　　　（貸方）雑　　　益　　　　　　500

伝票・日記帳

本章の内容は，あくまで制度的な観点に基づき記述している。実務上は標準共済システムを活用しているものと認識しているので，実際の事務処理に当たっては，システムのマニュアル等を参考とされたい。

§.1 ── 伝票の種類

伝票は，取引の内容を記載した重要書類であり，取引を関連する部署へ伝達させる働きをも持っている。組合の経理については，施行規則第56条において，取引はすべて伝票により処理しなければならないとされ，伝票としては，収入伝票，支払伝票及び振替伝票の3種が規定されている。

収入伝票は，純粋な現金収入の取引に対して作成される。入金取引の仕訳記帳は，借方が常に現金勘定であるから収入伝票には現金勘定の記入は必要なく，ただ貸方科目のみを表示すればよい。

支払伝票は，現金支払の取引のみを記載する。出金取引の仕訳記帳は，貸方が常に現金勘定であるから支払伝票には現金勘定の記入は必要なく，ただ借方科目のみを表示すればよい。

振替伝票は，振替取引を記載する。振替取引には，現金の収支が完全に伴わない完全振替取引と一部現金の収支を伴う一部振替取引とがあり，また，借方もしくは貸方に2科目以上発生する場合がある。以上3種類の伝票を各々必要に応じて使用するものであるが，組合の取引では，現金取引は限定的なものとなる。従って，収入伝票及び支払伝票を使用する場合の借方及び貸方の勘定科目はすべて現金であるとする原則とは異なるが，当座預金又は普通預金勘定科目として処理することが一般的となる。また，3種類の伝票を必ずしも使用し

なくともよく，組合の実情に応じて振替伝票のみによって処理することができるとされており（運用方針施行規則第56条関係），標準共済システムでは，すべての取引を振替伝票で処理している。

§.2 —— 伝票の作成者

伝票の作成者についての規定は特にないが，現金の収支を担当する者とは区別されるのが普通である。できれば伝票を作成する係と現金の出納の係とは各々別個に独立させることが望ましい。更には，同じ係でも必ず別個の担当者によって執行させることが是非必要である。

これは，経理事務を執行するにあたり重視されている内部牽制の観点から要請されるものであり，同一人物が伝票を作成し現金の出納を行うことは，不正，誤謬等の弊害が起こりやすい懸念が生じるからである。

§.3 —— 伝票の効果発生

伝票の効果が発生するのは，出納主任の領収又は支払いの日付及び職名の記載を受けたときとされる。それは伝票の作成日付と異なることもある。更に経理伝票は，現実の受払日をもって日付とする。そのため伝票には作成日付，承認日付及び伝票日付の３種があるが，伝票日付は取引のあった日を意味するので，記帳材料としてはこれが有効な日付となる。

組合の経理においては，伝票は取引決裁の手段であり，また取引を伝達するものである。従って，伝票の効果が発生するのはすべて伝票の決裁が終了した日と考えられ，また，伝票の出納命令に基づいて実際に取引のあった日が記帳材料として最も有効な日付となる。伝票には起票月日の表示があるが，これは決裁を受けるために起こした日付と考えられ，実際の取引月日とは異なる場合がある。そこで，施行規則第42条及び第44条の規定により，出納主任は，実際に取引を執行した日付及び職名を記載するとされており，これが元帳及び補助簿へ転記する日付となる。

　組合の伝票の起票は，1取引1票主義で処理すれば前記のような伝票の処理方法で合理的に処理できるが，多数（例えば，貸付経理における貸付金を2名以上に貸し付ける場合等）の取引に対し数枚の小切手を同一伝票によって処理する場合には，異なった日に借受人が受領することも想定される。この場合は，出納主任の支払日付及び職名の記載が受領回数分発生することとならざるを得ないが，このような処理方法は現実的ではない。従って，当該事例においては，同一伝票の金額は同一日付でまとめて支払いを完了する等，何らかの合理的な方法により処理することとなる。

§.4── 伝票の記載事項

　伝票は，発生した取引の内容をその発生の都度担当係において記録することで，取引発生の事実を組合内部の他の係に伝え，かつ，後日の記帳上の証拠書類として保存される。伝票には通常次の事項が記載される。

(1)　伝票番号

(2)　起票年月日

(3)　勘定科目

(4)　取引発生の事由又は発生原因（摘要欄で示す）

(5)　取引の相手方（摘要欄で示す）

(6)　取引の金額

(7)　証拠書類の番号

(8)　以上のほか小切手番号等の必要な事項（できるだけ詳細に記載する）

§.5── 伝票の記載方法

　各伝票の様式は，かつて施行規則に定めがあり，現在は削除されているものの，実務の参考として掲載している。

1　収入伝票の記載方法

収入伝票の記載方法を取引例題により示せば次のとおりである。

（取引例題）

5月1日，東京宿泊所の本日の収入は，次のとおりである。

宿泊料　￥ 50,000

飲食料　￥100,000

No. 50　　収　入　伝　票				所属長 ㊞
			○年5月1日起票	出納役 ㊞
貸方科目	摘　　要	番　号	金　額	出納主任 ㊞
施設収入	東京太郎ほか20名の利用料金	10	1 5 0 0 0 0 円	係 ㊞
				記帳
				元帳 ㊞
				補助簿 ㊞
合　　計			1 5 0 0 0 0	

伝票にはまず伝票番号（No.＿）を記入する。伝票番号は，収入，支払及び振替等の種類別に付する方法と，これらを区別することなく全体の伝票に一連の通し番号を付する場合とがあるが，伝票の発行枚数が多く，起票する係員が，収入，支払及び振替伝票と別個に分担している場合は前者の処理方法がよく，取引の件数が少ない場合は後者の整理方法が便利である。ただし，いずれの方法にせよ，組合内部で統一を図る必要がある。

起票年月日は，実際に起票した年月日を記入する。次に勘定科目（貸方科目），摘要を記入する。

摘要欄には，伝票によって取引の内容が明瞭に把握できるよう，入金事由を

できるだけ詳細に記入する。

　番号欄には，証拠書類の整理番号を記入する。伝票に対する証拠書類を検索するときに便利である。

　金額欄には，収入金額を記入する。この欄に二つ以上の金額が記入される場合には，これを集計して合計額を記入する。

　決裁欄は，係（起票者）・出納主任・出納役・所属長の順序に認印を受け，元帳・補助簿の記帳担当者が押印する。

2　支払伝票の記載方法

　支払伝票の記載方法を取引例題により示せば次のとおりである。記載要領は収入伝票に準ずる。

（取引例題）

　5月15日，支払基金に対し4月分の診療報酬¥1,350,000を小切手で支払った。また，組合員大阪次郎に対し災害見舞金¥120,000を小切手で支払った。

No. 100 支 払 伝 票 ○年5月15日起票					所 属 長 ㊞
借方科目	摘　　　　要	番　　号	金　　　額		出 納 役 ㊞
保健給付	支払基金4月分診療報酬	15	1 3 5 0 0 0 0 円		出納主任 ㊞
災害給付	大阪次郎に対する災害見舞金	16	1 2 0 0 0 0		係 ㊞
					記　　帳
		印 ○. 5.15 出納主任			元帳 ㊞
合　　　　　計			1 4 7 0 0 0 0		補助簿 ㊞

3　振替伝票の記載方法

振替伝票の記載方法を支払伝票と同様の取引例題により示せば次のとおりである。

No. 100　　振　替　伝　票　　○年5月15日起票						所属長 ㊞
借　方		摘　要	番号	貸　方		出納役 ㊞
金　額	科　目			科　目	金　額	
1;3;5;0;0;0;0 円	保健給付	支払基金4月分診療報酬	15	当座預金	1;4;7;0;0;0;0 円	出納主任 ㊞
1;2;0;0;0;0	災害給付	大阪次郎に対する災害見舞金	16			係 ㊞
						記　帳
		印 ○.5.15 出納主任				元帳 ㊞
1;4;7;0;0;0;0	合　　　計				1;4;7;0;0;0;0	補助簿 ㊞

振替伝票の記載要領は，収入伝票に準じる。振替伝票は現金の収支を伴わない完全な振替取引を記録するために用いるのが原則であるが，一部，現金の収支を伴う振替取引を記録する際にも用いる。この方が取引の内容の説明が便利であり，伝票事務の手数が省けるからである。

§.6 ── 伝票の訂正・訂正伝票

一回起票した伝票は絶対に訂正すべきではない。伝票は，取引の伝達手段であり，担当係が起票し組合の出納機関の決裁を受けなければならない。仮に伝票が訂正されていた場合，後日，それが起票時に訂正したものか，出納機関の決裁後に訂正したものかを判断することは非常に困難であるから，これを許せば不正・誤謬が発生する結果ともなりかねない。従って，伝票の内容訂正は絶

対に行ってはならず，書き損じた場合にはその伝票は廃棄のうえ，新たに起票すべきである。また，帳簿に記帳記録された伝票の勘定科目及び金額等の誤謬が後日発見された場合には，発見した日付をもって，誤処理された取引の修正を行わなければならない。この方法を例示すると以下のとおりである。

(1)　勘定科目を誤った場合

例えば，「器具・備品」の勘定科目で処理すべきところを「事業用消耗品費」の勘定科目で処理した場合には，勘定科目の訂正仕訳が必要である。

　①　当初伝票の仕訳（相手勘定は当座預金とする）
　　　（借方）事業用消耗品費　　×××　　　　（貸方）当座預金　　　　　×××
　②　訂正伝票の仕訳
　　　（借方）器具・備品　　　　×××　　　　（貸方）事業用消耗品費　　×××

(2)　金額を誤った場合

例えば，組合員の掛金¥80,000として処理すべきところを¥50,000として処理した場合は，金額の訂正仕訳が必要である。この場合は全額訂正と差額訂正の二つの方法がある。

　①　当初伝票の仕訳（相手勘定は未収金とする）
　　　（借方）未 収 金　　　　50,000　　　（貸方）掛金収入　　　　50,000
　②　訂正伝票の仕訳
　　(a)　全額訂正の場合
　　　（借方）掛金収入　　　　50,000　　　（貸方）未 収 金　　　　50,000
　　　　　　　未 収 金　　　　80,000　　　　　　　掛金収入　　　　80,000
　　(b)　差額訂正の場合
　　　（借方）未 収 金　　　　30,000　　　（貸方）掛金収入　　　　30,000

(3)　勘定科目と金額の双方を誤った場合

例えば，当初の伝票において，

　　　（借方）商品仕入　　　500,000　　　（貸方）買 掛 金　　　500,000
　　　　　　　事 務 費　　　 50,000　　　　　　　未 払 金　　　 50,000

の仕訳をしたが，正しくは商品仕入及び買掛金の金額は¥400,000であり，更に事務費の勘定科目は正しくは販売費で，その金額は¥150,000の誤謬であることが発見された場合には，金額と勘定科目の訂正仕訳が必要である。この場

合は，全額訂正と差額訂正の二つの方法がある。

〈訂正伝票の仕訳〉

(a)　全額訂正の場合

（借方）買 掛 金	500,000	（貸方）商品仕入	500,000
未 払 金	50,000	事 務 費	50,000
商品仕入	400,000	買 掛 金	400,000
販 売 費	150,000	未 払 金	150,000

(b)　差額及び勘定科目を訂正する場合

（借方）買 掛 金	100,000	商品仕入	100,000
販 売 費	150,000	事 務 費	50,000
		未 払 金	100,000

　なお，訂正伝票の処理にあたっては，訂正の具体的な事情を摘要欄に詳細に記録し，訂正の内容を明らかにしておく必要がある。

§.7 —— 日　記　帳

1　日記帳の記入及び記載例

　日記帳は，施行規則第56条の規定により，単位所属所以外の所属所の取引を伝票に代え記入し処理することができるものである。単位所属所以外の所属所の取引内容は単純なものが多く，簿記の知識が乏しい職員でも処理できるよう，日記帳の整備規定が設けられている。

　日記帳は，仕訳伝票に代わる仕訳帳の一種であるが，金額欄は借方，貸方とせず収入，支出とし，その取引は，貸借の両方の記録を要せず収入又は支出の一方を記録するに足る。

　日記帳の取引を例示すると以下のとおりである。

（取引例題）

　5月1日　施設収入は¥500,000であった。宿泊の利用者は甲野太郎ほか50名であった。

　　　〃　　○○銀行と当座取引を結び現金¥400,000を預入した。

　　3日　施設収入は¥300,000であった。宿泊の利用は，乙野次郎ほか10名及び会議の利用は，○○省会計課30名であった。

〃　　井上商店より次のとおり買い入れ，小切手で支払った。

　　　　ウイスキー　2本　@2,500　¥5,000

　　　　日　本　酒　1本　@2,000　¥2,000

6日　　太田商店より飲食材料¥15,000を買い入れ，現金で支払った。

10日　　施設収入は¥200,000であった。宿泊の利用者は丙野三郎ほか15名であった。

12日　　中野クリーニング商会に対し洗濯代¥10,000を現金で支払った。

16日　　本月分の職員の給料¥450,000を現金で支払った。

20日　　施設収入は¥250,000で，うち¥200,000は現金で受け取り残額は未収であった。

25日　　新宿商店よりコピー用紙¥1,000を買い入れ，現金で支払った。

31日　　本月分の電気及び水道代¥30,000を小切手で支払った。

〃　　本月分の土地の借上料¥50,000を小切手で支払った。

〃　　帳簿月末締切り残業のための夜食代¥10,000を現金で支払った。

〃　　大石商店より次のとおり買い入れ，小切手で支払った。

　　　　スリッパ　30足　@　800　¥24,000

　　　　ほ う き　5本　@1,000　¥ 5,000

2　日記帳の記入方法

　日記帳の様式は，かつて施行規則に定めがあり，現在は削除されているものの，実務の参考として掲載している。

　日記帳の記入は，納品書，請求書，証ひょう書類等の記帳資料として次のような順序で行う。

(1)　日付欄には，取引発生の年月日を記入する。取引発生の都度直ちに記入することは実務上困難な場合が多く，また，記帳体裁も悪くなるので，通常はその日の取引の終了を待って営業時間後に1日の取引を取りまとめて記帳する。このとき同一性質の取引をなるべく適宜に分類集合して記帳すれば，単に記帳体裁がよくなるばかりでなく，仕訳記入だけでなく元帳転記にあたっても非常に手数が省け誤謬も少なくなる。実務上何らかの都合によって記帳が数日遅れるような場合も日付欄には記帳日付でなく，必ず取引発生の日付を記入するように注意しなければならない。

(2)　摘要欄には，取引の事実又は可能であれば仕訳（原則として借方，貸方

の順に記入）を記入する。日記帳に記載すべき取引要領は，記入手数の省略並びに帳簿面を簡潔にするため，なるべく簡単明瞭とすべきものである。ただし，あまりに簡略すぎると，後日何らかの疑義紛争により調査参照の必要が生じた場合，全く要領を得ないで困る事例が起こることも想定されるので，その取引内容がよほど明瞭な場合は別にして，通常の場合には，一見不必要と思われるような事実についてもできるだけ詳細に記入しておいたほうがよいと考えられる。

(3)　元帳番号欄には，元帳の丁数（頁数）を記載する。元帳番号欄の元帳の丁数が記録されたとき，元帳への転記が完了したことを意味する。

(4)　金額欄は，収入又は支出の一方のみの金額を記入する。元来仕訳帳は，取引の元帳転記に主点をおくため，借方貸方の両方の金額を記録するものである。しかし，組合の日記帳は本来の仕訳帳と多少異なり，営業日誌たる日記帳という意味合いもあるので，収入又は支出の一方の金額の記録に留めることは可能と考える。

(5)　一取引ごとに区画線を引く。先に述べた手続順序に従って一取引の記入が終了したならば，次の取引と区画するために横の単線を引いておくのが通常の手法である。

(6)　毎頁の収入支出の金額は，それぞれ合計してその累計（又は当月分）を次頁に順次繰り越す。

(7)　月末締切等に伴い日記帳に生じた余白は，後日の書入れ防止のため赤の斜線で抹消する。

日　　記　　帳

年月日	摘　　　　　要	元帳番号	収　　入		支　　出	
○年 5　1	(現　　　金) 　　　　　　　　(施 設 収 入) 甲野太郎ほか50名宿泊利用料金	1 30	500,000			
〃	(当 座 預 金) 　　　　　　　　(現　　　金) ○○銀行へ預入	2 1			400,000	
3	(現　　　金) 　　　　　　　　(施 設 収 入) 宿泊利用乙野次郎ほか10名 会議利用○○省会計課30名	1 30	300,000			
〃	(飲食材料費) 　　　　　　　　(当 座 預 金) 太田商店, ウイスキー　2本　@2,500 　　　　　　日 本 酒　1本　@2,000	50 2			7,000	
6	(飲食材料費) 　　　　　　　　(現　　　金) 太田商店	50 1			15,000	
10	(現　　　金) 　　　　　　　　(施 設 収 入) 丙野三郎ほか15名宿泊利用料金	1 30	200,000			
12	(洗 濯 費) 　　　　　　　　(現　　　金)	60 1			10,000	
16	(職 員 給 与) 　　　　　　　　(現　　　金) 支配人大阪一郎ほか3名5月分給料	20 1			450,000	
20	(現　　　金) (未 収 金) 　　　　　　　　(施 設 収 入) 東京一郎ほか30名利用料金	1 5	200,000 50,000			
25	(事 務 費) 　　　　　　　　(現　　　金) 新宿商店よりコピー用紙	40 1			1,000	
31	(光 熱 水 料) 　　　　　　　　(当 座 預 金) 本月分電気及び水道代金	43 2			30,000	
〃	(賃 借 料) 　　　　　　　　(当 座 預 金) 本月分土地借上料	45 2			50,000	
〃	(食 糧 費) 　　　　　　　　(現　　　金) 職員夜食代	46 1			10,000	
〃	(事務用消耗品費) 　　　　　　　　(当 座 預 金) 大石商店　スリッパ　30足　@　800 　　　　　　ほ う き　5本　@1,000	41 2			29,000	

帳　　　簿

本章の内容は，あくまで制度的な観点に基づき記述している。実務上は標準共済システムを活用しているものと認識しているので，実際の事務処理に当たっては，システムのマニュアル等を参考とされたい。

§.1 ── 帳　　　簿

事業を行う上で発生する取引や金銭の流れを記録するものを帳簿という。

帳簿とは，通常堅固に綴り合わせたいわゆる綴合帳簿を意味するが，取引の記入及び計算に必ずしも綴合帳簿を要するわけではない。従って，ルーズリーフ式その他の分離した紙葉も帳簿と同一にみなすことができる。

ただし，予め頁数を付して堅く装丁してある綴合帳簿のほうがより信頼度が高い。

帳簿の形式は，装丁された綴合帳簿と装丁されない非綴合帳簿（ルーズリーフ式等）とに大別できる。

装丁帳簿は，厳重に装丁されて紙葉が自由に抜き差しできず，従来から広く使用されてきた帳簿である。帳簿の性質上，紙葉の抜き差し，変造などの不正あるいは紛失散乱のおそれはほとんどない。従って，係争事件に対する証拠力が強い等の長所がある。しかし，例えば元帳に使用する場合は，以下のような短所がある。

① 　口座の増減が困難である。必要な口座を追加し不必要な口座を除去することができない。

② 　口座内容の増減が困難である。紙片に多くの余白を残し不経済となる場合がある。

③　記帳事務を分離する場合にその分担が不便である。

④　会計システム等による記帳整理ができない。

次に，ルーズリーフ式に代表される非綴合の帳簿は，外見上装丁帳簿のように綴り合わせてあり，その内容形式は装丁帳薄と同様であるが，各紙葉が任意に移動可能な仕様となっている。

このため，散逸や不正の抜き差しが可能である等の欠点はあるが，必要に応じて紙葉の移動，取換え又は追加を可能とする利便さはある。ただし，正確かつ信頼し得る記録を保つためには，以下のような注意が必要である。

①　紙葉の散逸又は不正がないようすべてに頁を打っておくこと。

②　事故又は記録上の過誤により紙葉が汚損した場合でも，破棄せず綴込台であるバインダーに確実に保存しておくこと。

③　バインダーに鍵を装置する等の措置を講じて責任者以外の開閉を許さないこと。

帳簿は，職能上主要簿と補助簿に分けられる。主要簿は，全財政に関する帳簿であり，元帳と仕訳帳からなる。なお，組合の経理では取引を伝票により処理することとなるため，この伝票を取引発生順にファイルすれば，仕訳帳と同様になる。補助簿は，一勘定又は特殊の取引に関する詳細な記録であり，局部的な記録である。多数の補助簿には相互の一定の関係はなく，必要に応じて適宜これを設定することができる。また主要簿は，主として金額の計算をなすものであるが，補助簿では数量計算も行う場合がある。

補助簿には二つの機能がある。一つは補足的機能として主要簿の記録の不十分な部分を補うもので，不動産台帳等がその一例である。もう一つは照合的機能である。重要な勘定について特殊の補助簿を設けることにより元帳の正否を検査照合できる。預金勘定で預金台帳を設けて突合を行うのがその一例である。

共済組合等における法定主要簿は元帳であり，元帳は各会計単位の元帳，総勘定元帳及び支部総勘定元帳に分類される。補助簿の主なものとしては，有価証券・投資有価証券台帳，預金台帳，借入金台帳，貸付金台帳，貯金台帳，不動産台帳，器具・備品等台帳，貯蔵品台帳，未収金台帳，未払金台帳，給付金

台帳，予算差引帳等があるが，共済組合等において設定の必要があれば任意に設けることも可能である。

§.2 —— 主　要　簿

各会計単位においては，資産・負債及び純資産並びに損失及び利益の勘定科目別に分類して整理計算する元帳を備え，すべての取引を記入しなければならない。元帳は組合経理の基本となる重要な帳簿であるから，これを主要簿という。

元帳は，総勘定元帳・支部総勘定元帳及び各会計単位元帳（本部元帳・支部元帳及び所属所元帳）に区分される。

1　総勘定元帳・支部総勘定元帳

総勘定元帳は，組合全体の取引を総括記入する帳簿であり，支部総勘定元帳は，支部及び支部に属する単位所属所の取引を総括記入する帳簿である。これらの帳簿に記入された取引は，毎月の出納計算表に基づいてそれぞれの勘定口座に転記され，決算整理に関するものは，決算時の決算精算表に転記される。総勘定元帳への転記例を示せば次のとおりである。

普　通　預　金

年月日		摘　　　要		伝票番号	借　　方	貸　　方	借/貸	残　　高
10	1	本　　部	10月分		円 50,000,000	円 30,000,000	借	円 20,000,000
	〃	本省支部	〃		10,000,000	8,000,000	〃	2,000,000
	〃	東京支部	〃		8,000,000	6,000,000	〃	2,000,000
	〃	大阪支部	〃		12,000,000	8,000,000	〃	4,000,000
	〃	計	〃		80,000,000	52,000,000	〃	28,000,000
	〃	累　　計	〃		600,000,000	500,000,000	〃	100,000,000

2 各会計単位元帳

各会計単位元帳は，本部元帳・支部元帳及び所属所元帳に区分される。本部元帳は，本部自体の取引及び本部に直属する単位所属所以外の所属所の取引を記入し，支部元帳は，支部自体の取引及び支部に直属する単位所属所以外の所属所の取引を記入する。また所属所元帳は，単位所属所自体の取引を記入する。これらの元帳の記入は，伝票又は日記帳より転記される。元帳への転記例を示せば次のとおりである。

当 座 預 金

年月日		摘　　　要	伝票番号	借　方	貸　方	借/貸	残　高
10	1	普通預金 ○○銀行虎ノ門支店	50	円 80,000	円	借	円 80,000
	〃	旅　費　　甲野一郎	54		80,000		0
	2	普通預金 ○○銀行虎ノ門支店	60	100,000		借	100,000
	〃	事　務　費	65		100,000		0
	3	普通預金 ○○銀行虎ノ門支店	70	50,000		借	50,000
	〃	修　繕　費	55		50,000		0

3 元帳の記入方法

元帳は，伝票又は日記帳より転記されるが（施行規則第58条），概ね次のような順序で行われる。

(1) 勘定口座の開設

元帳に勘定口座を開設する順序は，取引の発生順序に応じて順次新口座を設けるような方法をとっても差し支えないのではあるが，会計の実務においては予め開設すべき勘定科目を定めておき，㋑資産勘定，㋺負債勘定，㋩純資産勘定，㋥損失勘定，㋭利益勘定に分類し，また，特に資産及び負債勘定にかかるものについては，流動性あるいは短期性のものを先に，固定性あるいは長期性

のものを後にするように整然と配列する必要がある。

(2) 伝票及び日記帳からの転記

日付欄には，伝票及び日記帳の取引発生日を記入する。

摘要欄には，伝票及び日記帳記載の取引要領を記入するが，通常反対科目を記入し反対科目が二つ以上ある場合は「諸口」と記載する。

伝票番号欄には，転記した伝票の番号を記入する。

金額欄には，伝票及び日記帳記載の金額を正確に記入する。

なお，小項目の勘定科目で伝票を起票し，小項目の分化元帳を設けて経理する場合は，中項目の勘定科目の元帳の記録を分化元帳の日計あるいは月計等に代えることで元帳記録の簡略化を図ることは差し支えない。また，日記帳から元帳へ転記する場合は，日記帳の取引発生の記載の順序に従って転記するのが原則であるが，同一会計単位において二つ以上の日記帳により処理する所属所がある場合は，転記に相当の時間を要し事務処理が煩瑣になるものと思われる。そこで，会計単位の長の定める時期，例えば10日又は月末に仕訳旬計表又は仕訳月計表を作成して元帳に転記するという手法もある。

伝票及び日記帳より元帳へ転記する時期については，伝票に基づく場合は散逸性があるので取引の都度，日記帳に基づく場合は会計単位の長が定める時期に転記しなければならない（施行規則第58条第2項）。

(3) 総勘定元帳及び支部総勘定元帳の記入

総勘定元帳及び支部総勘定元帳の記入は元帳の場合に準ずるが，これらの元帳は各会計単位より提出される出納計算表により記入されるので，その時点は毎月末日であり（施行規則第58条第2項），摘要欄は，各支部名又は単位所属所名を記入する。

4 記帳の注意事項

帳簿は，全会計作業の基礎であると同時に疑義紛争の際における物的証拠となる会計上絶対不可欠なものであるから，平素常にその取扱いを慎重にし，汚損や破損がないよう細心の注意を払う必要がある。また，誰が見ても理解できるよう，整然かつ明瞭に記載すべきである。そのため，帳簿の記載にあたって

は，以下の項目に注意する必要がある。

(1)　帳簿に「頁数」の印刷のない場合は必ず「頁数」を付ける。

(2)　文字はなるべく字体を一定にし，字配りを正しく整然かつ明瞭に記載する。

(3)　文字，数字を問わず記帳上誤記をしたときは，必ず朱の複線で抹消のうえその上部に訂正の記入を行い，記帳担当者又は記帳訂正責任者は押印して責任を明らかにする。決して塗抹改削は行わない。

(4)　金額欄の記入にあたっては3桁ごとにコンマで区切る。

(5)　文字の訂正は，誤記脱漏の部分のみで差し支えないが，数字の訂正は，たとえ1字の誤記脱漏でも，一連の数字全部を訂正する。

　　　　　12,345,678

　　　⑪　21,345,678

(6)　誤記載したときは，科目，摘要，金額等，その全部に朱線を引き，理由と「空行」の2字を朱記する。

　　　⑪　売掛金　佐藤太郎外3名13,567　誤記につき取り消す（空行）

(7)　1頁全部の記帳を取り消す場合は，その頁の右上から左下に朱の斜線を引き，「空頁」又は「全頁抹消」と朱記する。

(8)　一取引の記入が頁を跨がない。その結果，余白が生ずる場合には，最終行で次頁への繰越処理を行い，空白部分を朱の斜線で消す。

(9)　帳簿には次の記号及び略号が用いられることが多いので留意する。

　　　　　a/c（account）…勘定，@（at）…替，¥…円，

　　　　　レ（checkmark）…記帳済み等の印，#（number）…第○号

(10)　計算上の誤謬は訂正に相当の手間を要することから，担当者は十分検算を行い誤算のないようにする。

(11)　元帳転記の際，脱漏した科目を確認したときは，その科目を正確に転記する。記帳の原則に従えば，月日の順となるように既往の転記内容の中に混ぜて記載することが普通と思われるが，この場合は，転記されたものの最後に記載する（摘要欄にその事由を記載する）。特に期末決算で貸借合計又は差引残高を計算した後においては，その合計又は残高を朱線で抹消

し，その次に記入する。かかる誤謬訂正の可能性を考慮し，一切の記録計算の正否が完全に検証されるまでは，合計又は残高を鉛筆で仮に記入しておく方が便利である。

§.3—— 補 助 簿

補助簿の機能は，既に述べたとおり元帳の記録の不十分な部分を補う補足的機能の他に照合的機能がある。照合的機能の補助簿は，元帳の勘定科目を統轄科目とした場合に統轄された各勘定科目の取引を記録する分化元帳となるもので，補助簿というより主要簿のなかの一つと捉えられる。共済組合等で作成する補助簿は，前者の補足的機能を備えており，主として以下の台帳等がある。

1 有価証券・投資有価証券台帳

この台帳は，元帳の有価証券勘定の内訳を記録する帳簿である。口座は，国

（口座）国　　　債

種目	利　付　国庫債券	銘柄別	第000回 利付国債 （10年） 年利0.3%	内容	1億円 発行額面100円に 付き100円60銭	沿革	発行日 償還日 利払日	平成24年12月21日に買入 令和4年12月20日 6月20日及び12月20日

年月日	摘　　　要	増		減		現　　在		受取利息	
		数量	価　額	数量	価　額	数量	価　額	年月日	金　額
24 12 21	○○信託銀行より 買入		円 100,600,000		円		円 100,600,000		円
25 6 20	半年分の利息収入							25. 6.20	150,000
12 20	〃							12.20	150,000
26 6 20	〃							26. 6.20	150,000
12 20	〃							12.20	150,000
4 12 20	満期償還				100,600,000		0		

（注）　買入価額は額面価額によらず買入価額（￥100,600,000）で記入し，満期償還又は売却の場合は，満期償還（売却）価額で買入価額を減額するのではなく，取得価額を減額するのである。満期償還（売却）価額と取得価額との差額は，有価証券売却損（益）として処理する。

債・地方債・社債・諸債券の銘柄別に別葉に記載する。ただし，有価証券信託については，信託先別に別葉とする。

2　預金台帳

この台帳は，人名勘定とし，預金・金銭信託の内訳を記録する帳簿である。

預金は，預金先ごとに別葉とし，定期預金及び各省各庁の長が必要とする預金を記載する。金銭信託は，信託先別かつ口座別に，別葉に記載する。

（口座）　〇〇信託銀行

年月日			摘　　要	番号	増	減	現　　在	受 取 利 息		
								年月日	金　額	
11	7	4	当初預入 期限　6.7.4	LK 4289	円 1,000,000	円	円 1,000,000		円	
	8	13		〃	1,500,000		2,500,000			
	9	20	第75期収益振替	〃	30,500		2,530,500	7.4〜 　9.19	30,500	
	10	20	貸付信託より振替	〃	1,155,500		3,686,000			
12	1	7	預　　　　入	〃	4,000,000		7,686,000			
	〃	27	〃	〃	500,000		8,186,000			
	2	21	〃	〃	1,500,000		9,686,000			
	3	2	〃	〃	700,000		10,386,000			
	〃	26	第76期収益振替	〃	216,600		10,602,600	9.20〜 　3.25	216,600	

（注）　貸付信託の振替は，貸付信託の受益証券¥50,000,000の利息配当金を金銭信託に預け入れた金額である。金銭信託の契約日は11年7月4日，信託の期間は，契約日から5日間である。
　　　　なお，番号欄は，通帳又は証書番号を記載すること。

3　生命保険資産台帳

この台帳は，人名勘定とし，生命保険資産の内訳を記録する帳簿である。

（口座） 〇〇生命相互会社

年月日	摘 要	増			減			現 在			保 険 収 益		
		口数	価 格		口数	価 格		口数	価 格		年月日	金 額	
11. 4. 1	支払生命保険料	1	15,000,000,000	円			円	1	15,000,000,000	円			円
8.30	追加支払生命保険料	1	10,000,000,000					1	25,000,000,000				
12. 3.31	生命保険収益										12. 3.31	1,191,666,666	

（注） この台帳は，契約先ごとに別葉とすること。

右端縦書き：（生命保険資産台帳）

4 借入金台帳

　この台帳は，人名勘定とし，借入金の内訳を記録する帳簿である。短期借入金・長期借入金は別葉に記載し，番号は，整理番号とする。

（口座） 連 合 会

年月日	摘 要	番号	借 入	返 済	現 在	支 払 利 息	
						年月日	金 額
11 4 1	長期借入金期限20.4.1 組合員貸付資金	10	60,000,000 円	円	60,000,000 円		円
5 4	4月分利子支払，年4.0%	30				5. 4	200,000
6 4	5月分利子支払，年4.0%	40				6. 4	200,000
7 4	6月分利子支払，年4.0%	55				7. 4	200,000

右端縦書き：（借入金台帳）

5 貸付金台帳

　この台帳は，人名勘定とし，組合員に対する貸付金及び他の経理単位（連合会においては加入組合）に対する貸付金の内訳を記録する帳簿である。

（口座）甲 野 一 郎

（貸付金台帳）

年月日			摘　　　　要	伝票番号	貸　付	返　済	現　在	日数	受 取 利 息		
									積数	金　額	年月日
11	4	1	普通貸付，貸付期間10カ月間，利率年4.26%	10	円 300,000	円	円 300,000			円	
	4	16	俸　給　よ　り	30		30,000	270,000	16		560	4.16
	5	16	〃	50		30,000	240,000	30		945	5.16
	6	16	〃	60		30,000	210,000	31		868	6.16
	7	16	〃	85		30,000	180,000	30		735	7.16
	8	16	〃	98		30,000	150,000	31		651	8.16
	9	16	〃	110		30,000	120,000	31		542	9.16
	10	16	〃	130		30,000	90,000	30		420	10.16
	11	16	〃	140		30,000	60,000	31		325	11.16
	12	16	〃	158		30,000	30,000	30		210	12.16
12	1	16	〃	170		30,000	0	31		108	1.16

（注）　受取利息を月計算するときは，日数，積数欄は記載しない。

6　貯 金 台 帳

この台帳は，人名勘定とし，組合員貯金の内訳を記録する帳簿である。

（口座）乙 野 一 郎

年月日		摘　　　要	伝票番号	預　入	払　出	残　高	日数	積数及び利　息	日数計算の 説 明	（貯金台帳）
11	12	16	俸 給 よ り		円 50,000	円	円 50,000		円		
12	1	16	〃		50,000		100,000		1 月中利息 200		
	〃	20	現　　　金			20,000	80,000				
	2	16	俸 給 よ り		50,000		130,000		2 月中利息 320		
	3	16	〃		100,000		230,000		3 月中利息 520		
	〃	31	利 息 記 入		1,040		231,040				
	4	16	俸 給 よ り		50,000		281,040		4 月中利息 920		

（注）　上記の貯金は，普通貯金で，貯金又は払出しが自由で年利率は4.8%である。毎月の利息計算は，毎
月15日現在の貯金額に対し算出した。

7　不動産台帳

　この台帳は，組合所有の不動産（土地・建物・構築物・立木竹）の内訳を記
録する帳簿である。不動産台帳は一冊の帳簿でなく，不動産の種類別に設けら
れることから，ルーズリーフ式等の帳簿を用いるのが便利である。各不動産の
単位ごとに口座を設け，取得してから除却するまでの経歴を詳細に記録する。

　建物勘定には建物附属設備も含まれるが，建物附属設備を明らかにするた
め，建物台帳と別個の台帳を作成し，更に，耐用年数表の区分により，電気設
備・ボイラー設備・暖房設備・冷房設備等に区分し，その構造別に別個の台帳
とする方が一般的である（192～194頁を参照）。

（不動産台帳の土地）

（口座）　東　京　病　院

施設名	東 京 病 院
所在地	東京都中野区中野2-3-1
種目	宅地
沿革	平成11年7月買収　前所有者　東京都千代田区霞ヶ関3-1-1　財務一郎

年月日	摘要	増 量（公簿／実測）	増 価格	減 量（公簿／実測）	減 価格	現在 数量（公簿／実測）	現在 価格	備　考
11. 7. 1	中野 2-3-1	㎡ 4,570.00 ／ ㎡ 4,570.00	282,000,000 円	㎡ ／ ㎡	円	㎡ 4,570.00 ／ ㎡ 4,570.00	282,000,000 円	仲介手数料　200万円
								整地費用　400万円
								その他　180万円
								1㎡当たり6万円　27,420万円
								計　28,200万円
								登記年月日　11. 7. 1

（注）
(1) この台帳は施設ごとに口座を設け種目ごとに別葉とすること。
(2) 種目欄には宅地、原野、公衆用道路等の地目を記載すること。
(3) 摘要欄には土地の地番等を記載すること。
(4) 備考欄には、登記年月日、平方メートル当たりの単価及び土地の買入れに要した租税、仲介手数料、整地費等を記載すること。

（口座）東 京 病 院

施設名	東 京 病 院	所在地	東京都中野区中野2-3-1	種目	南一病棟	構造	鉄筋コンクリート	沿革	11．5月着工　　12.12月完成
				番号	10		4階建		施工者　株式会社　○　○

年 月 日	摘　　要	増 数量 建面積	増 数量 延面積	増 価　格	減 数量 建面積	減 数量 延面積	減 価格	現在 数量 建面積	現在 数量 延面積	現在 価　　格	減価償却額 当期	減価償却額 累計	備　　考
12.12.25	償却率　0.022 新築耐用年数46年	㎡ 498:00	㎡ 900:00	円 120,000,000	㎡	㎡	円	㎡ 498:00	㎡ 900:00	円 120,000,000	円	円	保険金額 120,000,000
	〃（渡廊下）	148:00	148:00	8,000,000				646:00	1,048:00	128,000,000	234,666	234,666	登記年月日 13.1.5
	（その他略す）												

（注）　(1)　この台帳は建物1棟ごとに1葉とする。ただし，構造，建築年次が同一程度で棟続きのものは，1葉として記載することができる。

　　　　(2)　種目には本館，病棟，住宅等の種類を，また番号欄に整理番号を記載すること。

　　　　(3)　摘要欄には新築，増築，耐用年数等を記載すること。

　　　　(4)　備考欄には火災保険金額，主たる修繕をなした場合の年月日及び金額，登記年月日を記載すること。

（口座）東 京 病 院

種　目	浄　化　槽		構　造　又 は　細　分	コンクリート造り 150人用浄化槽		沿　革	請　負　者 株式会社　○　○		
年 月 日	摘　　要	増		減		現　　在		減 価 償 却 額	
		数量	価　格	数量	価　格	数量	価　格	当　期	累　計
11. 9.30	新設償却率0.06	1溝	7,140,000			1溝	7,140,000		
12.12.25	〃	3溝	7,500,000			3溝	14,640,000		
13. 1. 1	〃	1溝	2,000,000			1溝	16,640,000	1,098,240	3,294,720
	（その他略す）								

（注）　(1)　この台帳は門，塀等の構築物及び立木竹の種目ごとに１葉とすること。

　　　　(2)　摘要欄には，新設，増設，減価償却等必要事項を記載すること。

（口座）　朝日ヶ丘宿舎

施設名	朝日ヶ丘宿舎	所在地	東京都中野区中野2-3-1	種目	宿舎	構造	鉄筋コンクリート造	沿革	
				番号	10	造	4 階建		

年月日	摘　要	不動産の内容						収納金額		現　在			備　考
		建　物			構築物	土　地							
		建面積	延面積	金　額	金　額	面　積	金　額	元　金	利　息	建物価格	構築物価格	土地価格	
11.10.01	契約年月 　11.10.01	㎡ 792.00	㎡ 1,320.00	円 200,000,000	円 30,000,000	㎡ 1,320.00	円 120,000,000	円	円	円 200,000,000	円 30,000,000	円 120,000,000	割賦年次20年 火災保険金額 は，官で負担。
12. 3.31	割賦収納金額							4,446,120	12,250,000	197,465,430	29,617,590	118,470,360	
13. 3.31	〃							9,204,510	24,188,730	192,218,860	28,826,000	115,304,010	
14. 3.31	〃							9,818,820	23,544,420	136,605,030	27,979,000	111,916,020	

（注）　(1)　この台帳は，施設ごとに口座を設け，施設の異なるごとに1葉とすること。

　　　　(2)　摘要欄には，契約年月日，割賦収納金額等を記載すること。

　　　　(3)　備考欄には，割賦年数，火災保険金額，登記年月日等を記載すること。

8　投資不動産台帳

この台帳は，投資不動産の内訳を記録する帳簿である（前頁参照）。

9　器具・備品，機械・装置，車両・運搬具台帳

この台帳は，器具・備品等の内訳を記録する帳簿である。

（口座）　パーソナルコンピュータ

年月日	摘　　要	受　　入			払　出		現　　在		減価償却額		（器具・備品台帳）
		数量	単　価	金　額	数量	金　額	数量	金　額	当　期	累　計	
11 10 5	購入　東芝商会 デスクトップ型	2	円 1,000,000	円 2,000,000		円	2	円 2,000,000	円	円	
12 3 31	減　価　償　却								200,000	200,000	
13 3 31	〃								400,000	600,000	
14 3 31	〃								400,000	1,000,000	

（注）　減価償却額の計算（定額法）

(1) $\dfrac{\yen 2,000,000}{5} \times \dfrac{6}{12} = \yen 200,000$ （$\dfrac{取得価額}{耐用年数} \times \dfrac{経過月数}{12}$）

$\dfrac{\yen 2,000,000}{5} = \yen 400,000$ （$\dfrac{取得価額}{耐用年数}$）

(2) 口座は品名勘定とし，摘要欄には，買入，補てん，減価償却，廃棄等の必要な事項を記載すること。

(3) 医療器具機械については，この台帳に記載すること。

10　貯蔵品台帳

この台帳は，事務用消耗品・事業用消耗品・薬品・医療材料品・飲食材料品・耐用年数1年未満又は取得価額10万円未満の備品等の内訳を記録する帳簿である。

（口座）　アリナミン錠

年月日		摘　　要	受　　入			払　　出			残　　高			（貯蔵品台帳）
			数　量	単価	金額	数　量	単価	金額	数　量	単価	金額	
11 4	10	松 井 薬 局 納	1,000錠 3	円 3,330	円 9,990		円	円	1,000錠 3	円 3,330	円 9,990	
〃	11	出庫　第一内科		〃		1,000錠 1	3,330	3,330	1,000錠 2	3,330	6,660	
〃	25	〃　　　　〃				1,000錠 1	3,330	3,330	1,000錠 1	3,330	3,330	
〃	26	松 井 薬 局 納	1,000錠 4	3,330	13,320				1,000錠 5	{ 3,330 3,330	16,650	
5	10	出庫　第一内科				1,000錠 1	3,330	3,330	1,000錠 4	3,330	13,320	
〃	25	〃　　　　〃				1,000錠 1	3,330	3,330	1,000錠 3	3,330	9,990	
6	10	〃　　　　〃				1,000錠 1	3,330	3,330	1,000錠 2	3,330	6,660	
〃	25	〃　　　　〃				1,000錠 1	3,330	3,330	1,000錠 1	3,330	3,330	

11　売掛金・未収金台帳

　この台帳は，人名勘定又は品名勘定とし，売掛金又は未収金の増減等内訳を記録し，その残高を明らかにするために設けられた帳簿であり，取引を行う組合員別に取引の年月日・品名・数量・単価及び金額等を記録する。

（口座）　甲 野 一 郎

年月日		摘　　　要	伝票番号	借　　方	貸　　方	借／貸	残　　高	（売掛金台帳）
11 4	1	テレビ1台　三洋商会 15月　月賦	20	円 300,000	円	借	円 300,000	
〃	16	入　金　現　金	40		20,000	〃	280,000	
5	16	〃　　　　〃	50		20,000	〃	260,000	
6	16	〃　　　　〃	65		20,000	〃	240,000	
7	16	〃　　　　〃	78		20,000	〃	220,000	
8	16	〃　　　　〃	85		20,000	〃	200,000	

12　買掛金・未払金台帳

　この台帳は，人名勘定又は品名勘定とし，買掛金又は未払金の増減等内訳を記録し，その残高を明らかにするために設けられた帳簿であり，取引先別に取引の年月日・品名・数量・単価及び金額等を記録する。

（口座）松井商店

年月日		摘　　　　要	伝票番号	借　　方	貸　　方	借／貸	残　　高
11 4	1	電気洗濯機（全自動式）@100,000　10台	30	円	円 1,000,000	貸	円 1,000,000
〃	10	空気清浄機 @30,000　20台	50		600,000	〃	1,600,000
〃	20	冷　　蔵　　庫 @150,000　10台	70		1,500,000	〃	3,100,000
〃	30	支　払（内　金）	85	1,000,000		〃	2,100,000

（買掛金台帳）

13　給付金台帳

　この台帳は，短期給付の給付内訳を記録する帳簿であり，給付金の勘定科目の小項目ごとに口座を設ける。また，毎月提出する財務大臣への事業報告書においては，法令上の給付の区分から更に入院・外来・歯科の別，連合会・自組合の別等に区分されていることから，それごとに口座を設けて管理することが便利である。

（口座）　療養の給付（入院）

年月日		摘　　　要	伝票番号	件　数	日　数	支払金額	戻入額	差引支出額
11 4	15	支払基金（自県）	45	100	600	円 5,000,000	円	円 5,000,000
〃	〃	支払基金（他県）	30	60	400	4,000,000		9,000,000

（給付金台帳）

14　予算差引帳

　この台帳は，事業計画及び予算の重要な事項の勘定科目の一つである職員給与・事務費及び旅費について，予算統制の必要上，その内訳を記録するための

帳簿である。これらの経費は，予算額を超過して支出することがないよう常に予算残高を把握しておく必要がある。

　支部及び単位所属所における予算額は，本部からの予算示達額を記入するものであり，本部及び支部においてその統轄する会計単位がない場合及び単位所属所においては，支部及び所属所示達額の欄は，記載すべき事項がないので省略される。

[本部の例]

| 年月日 | 摘　　　要 | 予算額 | 支　出　額 | | | 科　目更生額（繰入額） | 差引残額 | （予算差引帳） |
			支部及び所属所示達額	支出額	計			
11 4	1	11年度業務経理の事務費	円 8,000,000	円	円	円	円	円 8,000,000	(1)
〃	〃	本省支部示達額		2,000,000		2,000,000		6,000,000	
〃	〃	大阪支部示達額		2,000,000		2,000,000		4,000,000	
〃	〃	仙台支部示達額		1,000,000		1,000,000		3,000,000	
〃	10	諸用紙類印刷			1,000,000	1,000,000		2,000,000	

[支部の例]

| 年月日 | 摘　　　要 | 予算額 | 支　出　額 | | | 科　目更生額（繰入額） | 差引残額 | （予算差引帳） |
			支部及び所属所示達額	支出額	計			
11 4	1	11年度業務経理の事務費として本部より示達額	円 500,000	円	円	円	円	円 500,000	(2)
〃	〃	事務用消耗品費（コピー用紙，紙ファイル）			100,000	100,000		400,000	
4	10	図書印刷費（会議資料）			30,000	30,000		370,000	
〃	15	会議費			50,000	50,000		320,000	
〃	20	事務用消耗品費（ドッジファイル）			40,000	40,000		280,000	

出納計算表

　本章の内容は，あくまで制度的な観点に基づき記述している。実務上は標準共済システムを活用しているものと認識しているので，実際の事務処理に当たってはシステムのマニュアル等によられたい。

　なお，出納計算表の様式はかつて施行規則に定めがあり，現在は削除されているものの，実務の参考として掲載している。

　出納主任は，毎月末日において，元帳（総勘定元帳を除く。）を締め切り，経理単位ごとに出納計算表を作成し，出納役の証明を受けた後，単位所属所にあっては翌月5日までに，支部及び本部にあっては翌月15日までに，これを統轄する会計単位の長に提出しなければならない（施行規則第60条第1項）。

　本部の出納主任は，各会計単位より提出を受けた出納計算表に基づき，毎月末日において総勘定元帳を締め切り，経理単位ごとに組合の出納計算表を作成し，本部の出納役の証明を受けた後，翌月25日までに組合の代表者に提出しなければならない（同条第2項）。

　出納計算表は，複式簿記の貸借平均の原理に基づいて，各取引の元帳転記の正否を検証する機能をもち，そのために作成する数学的検算表であるといえる。

　出納計算表の様式は，次のとおりである。勘定科目には貸借対照表，損益計算書の科目ごとに記載し，貸借対照表，損益計算書の別に科目を集計して小計を付す。

借　　　方			勘　定　科　目	貸　　　方		
残	累　計	本月分		本月分	累　計	残

○○共済組合○○経理出納計算表
令和　　年　　　月分

借　　　方			勘　定　科　目	貸　　　方		
残	累　計	本月分		本月分	累　計	残
円	円	円		円	円	円
			合　　　　　計			

令和　　年　　月　　日　○○共済組合　　本　　　部　　出納主任　　氏名
　　　　　　　　　　　　　　　　　　　　○○支部
　　　　　　　　　　　　　　　　　　　　○○所属所

この出納計算表を審査したところ事実に相違ないことを証明する。
　　　　　　　　　　　　　　　　　　　　本　　　部
　　　　　　　　　　　　　　　　　　　　○○支部　　出　納　役　　氏名
　　　　　　　　　　　　　　　　　　　　○○所属所

1　出納計算表の機能

出納計算表は以下の機能を有する。

(1)　元帳転記の正否検証の手段であり，これは出納計算表作成の重要な目的である。

(2)　一定期間の財政状況を明示する。出納計算表は，元帳の全勘定口座を一表のうちに集約したものであり，一定期間に行われた全経営取引の総量及び一定期間に行われた全経営活動の結果を知ることができる。

(3)　組合の経理は各組合の代表者の委任に基づき，各会計単位において記録計算が行われる。各組合の代表者は，常に一定時点における組合全体としての財政状態及び経営成果を把握しておく必要があるので，各会計単位において記録計算の内容を表示した出納計算表を提出させることが必要となる。

2　貸借不平均の検証

　既に述べたように，出納計算表は貸借平均の原理に基づく。よって，作成時に同表の貸借合計が相平均しない場合は，元帳の貸借の記録計算に何らかの誤謬があると思われることから，その原因を以下のとおり十分に調査し，新取引の転記に先立ってこの誤謬を直ちに訂正しなければならない。

(1)　元帳転記が適正に行われても，出納計算表自体に誤算があり貸借の不平均を来たす場合が少なくないため，まず貸借合計の検算を確実に行う。次に元帳各口座の金額を出納計算表に移記する際に，誤記，脱漏，倒記等がないかを確かめるため，出納計算表と元帳とを厳重に照合する。

(2)　次に元帳の記録計算に誤謬がないかを検証するため，元帳における全口座の貸借合計又は貸借残高の計算に誤算がないかを十分に検査し，元帳における期首繰越高又は次葉繰越高に誤記や脱漏がないかを確認する。即ち，前期末貸借対照表における各項目の金額と，元帳各関係勘定口座における期首繰越高とを厳重に比較照合する。それでも誤謬が発見できない場合は，伝票から元帳への転記に関連する誤謬であるから，伝票の記帳元帳欄に「元帳記帳済の印」の有無を確認し，元帳各勘定口座における一切の記入を伝票の記録と一つ一つ厳重に照合する。

(3)　最後に伝票の記録計算に誤謬がないかどうかを検証する。(1)及び(2)を実施してもなお不平均の原因が不明の場合は，伝票自体の一切の記録事項及び計算について，これを取引の原始記録である各種の書類と一つ一つ厳重に照合調査する。

(4)　なお，誤謬の調査に当たり次のような点に留意するとよい。

　①　貸借不平均の差額が，1位，10位，100位等の数字一つの誤差のときは，合計又は残高の計算に誤算のある場合が多い。

　②　貸借不平均の差額が偶数になるときは，その差額を2で割った金額が貸借を間違って元帳に転記され，又は出納計算表に移記されている場合が多い。

　③　貸借不平均の差額が少額で，一取引の金額程度の場合には，その差額

に相当する取引の有無を調べ，伝票から元帳に転記する際に，貸借いずれかが脱漏したのではないかを調べる。

④　貸借不平均の差額が9で整除できその商が1位となるときは，数字の転置に基づく場合が多い（ただし差額の最後の数字が零のときを除く）。

3　出納計算表の検証能力

出納計算表の貸借合計額が平均一致した場合には，元帳転記が一応正確なものとみなされる。ただし，そこで直ちに勘定口座の記入計算が絶対正確であるものと断定するのは早計である。出納計算表は，貸借平均の原理に基礎を置くものであり，元帳転記に以下の事例が起こったとしても，貸借平均の原理を逸脱しない範囲においては発見することが困難である。

(1)　元帳転記前における誤謬

①　仕訳を全く脱漏した場合

②　ある取引を二重に仕訳した場合

③　貸借ともに誤った同一金額で仕訳した場合

④　貸借を反対に仕訳した場合

⑤　科目を誤って仕訳した場合

⑥　2個の誤謬が相殺補償する場合

(2)　元帳転記に関連する誤謬

①　貸借ともに転記を脱漏した場合

②　貸借双方を二重に転記した場合

③　貸借ともに誤った同一金額を転記した場合

④　貸借を反対に転記した場合

⑤　貸借の側は正しいが，勘定口座を誤って転記した場合

⑥　2個の誤謬が相殺補償する場合

このように出納計算表は，元帳転記に際して貸借平均の原理を逸脱していないかという程度の検証能力しかないので，担当者が会計経理に通熟し，慎重に記帳計算を行うことが重要である。

第8章　決　　　　算

§.1 —— 決算の意義

1　決算の意義と種別

　決算とは，各事業年度において当該期間中の経営成績と期末時点の財政状態を明確にするため実施すべき会計技術上の一連の手続きである。決算当月を決算期，決算当日を決算日という。決算には閉業閉鎖の場合に行う閉鎖決算，不定期に行う臨時決算，毎事業年度末日に行う期末決算があるが，普通，決算というのは期末決算のことを指す。

2　決算の取扱い

　共済組合等は，毎事業年度の決算を翌事業年度の5月31日までに完結し，貸借対照表及び損益計算書を作成し，決算完結後1カ月以内に財務大臣に提出し，その承認を受けなければならない。

　また，承認後，その財務諸表を事務所に備え付け，一般の閲覧に供しなければならない（法第16条及び第36条）。

§.2 —— 決 算 手 続

1　試算表の作成

　試算表の作成とは，記録，計算された各取引の正否の検討を意味する。試算表の種類には，総勘定元帳の各勘定口座の貸借の合計を内容とする合計試算表，貸借の残高を内容とする残高試算表及びその両者を内容とする合計残高試算表があるが，共済組合等においては，毎月作成することとなっている出納計

算表（施行規則第60条）の３月分がこれらの代わりとなっている。出納計算表の貸借は一致するのが簿記の原則であるが，日々の取引件数が増え複雑になってくると，時として間違いが生じ貸借が一致しない事態が起こることもある。これは，取引が正確に記帳されていないことを示唆している。また，貸借が一致していたとしても取引の記録が必ずしも正確であるとは言いきれない。よって，日頃の記帳記録は慎重に行わなければならない。なお，記録計算の誤謬を発見した場合には，当然，適正な振替え処理を行って訂正する必要がある。

2　資産のたな卸

(1)　たな卸資産とは，商品，製品，半製品，原材料，仕掛品等であって，営業の主目的として直接又は加工して売却される資産のほか，売却を予定しない資産でも，販売活動及び一般管理活動において短期間に消費される事務用消耗品等が含まれる。共済組合等においては，商品，半製品，仕掛品，原材料等のほか，貯蔵品である薬品，飲食材料品，医療材料品，事業用消耗品，事務用消耗品等がこれに該当する。また，商品には会計単位間における未達商品あるいは積送品及び共済組合等の所有に属さない受託商品も含まれる。これらのたな卸資産については，毎事業年度末日現在において実地たな卸を行い，たな卸表を作成して在高を確認するとともに，当該期間における期間損益を適正に把握しなければならない。

　たな卸の方法には，帳簿たな卸と実地たな卸の方法があるが，共済組合等においては種々の利点を考慮して実地たな卸を行わなければならない（施行規則第64条）。実地たな卸を行うこととされているのは，現存する個々の物品について実際に現物の確認を行うことにより，記入漏れ，盗難，紛失，破損，変質等をチェックして物品の在高を正確に把握することで，誤謬等の発見に寄与するためである。

　たな卸をした場合には，たな卸表を作成してその資産の在高を確認し，帳簿と不突合を生じた場合には，その原因を究明して実際の在高に一致するよう適正に帳簿を修正しなければならない。

　医薬品あるいは飲食材料品のたな卸をする場合，どこまで詳細に行うか

については議論の余地があるが，治療室に払い出された散薬又は調理場に払い出された飲食材料品等については，現場にて大量の在庫を抱えている状況でなければ，たな卸表への計上は必須ではないと解釈しても特に差し支えない。

(2) たな卸資産の価額評価は，その評価の方法によって当該年度の損益に大きな影響を及ぼすものであり，過大に評価すれば架空の利益を計上することになり，過小に評価すれば過小の利益を計上することになる。評価には原価主義及び時価による低価主義の方法があるが，共済組合等においては価額が明確である買入原価による原価主義を原則として，共済組合等の代表者の承認を受けた場合には他の方法によることができることとされている（施行規則第65条）。共済組合等においては，個別法のほか，先入先出法，移動平均法及び最終仕入原価法を採用している。

① 個別法　同種の商品や貯蔵品であっても仕入原価別に記録し，販売や消費された際には，払い出された口数の仕入原価をもって単位価額を決定する方法である。従って，購入原価ごとに在高が確認され，それに個々の購入原価を乗じたものがたな卸の価額となる。

② 先入先出法　買入順法ともいわれるが，帳簿上で先に仕入れたものから順に払い出されるものと仮定して払出原価を決定する方法である。

1日	仕入れ	600個	@¥100	¥60,000
3日	払出し	300個		
5日	〃	125個		
12日	仕入れ	500個	@¥110	¥55,000
15日	払出し	200個		
18日	払出し	300個		
21日	仕入れ	300個	@¥120	¥36,000

　上記において，仕入れ数量1,400個，払出し数量925個なので残数量は475個となるが，内訳を21日仕入れ300個と，12日仕入れ500個の残数175個であると仮定してたな卸価額を算定する。

175個×110円 = 19,250円

300個×120円 = 36,000円

計　　　　　　55,250円

③　移動平均法　　単価の異なる仕入れをする都度，仕入れと残高の合計額を仕入れと残高の合計数で除して平均価額を算定し，これを払出し価額とする方法である。

12日	175個	@¥100	¥17,500	
	500個	@¥110	¥55,000	
平均	675個	@¥107.41	¥72,500	（銭以下四捨五入）
21日	175個	@¥107.41	¥18,797	
	300個	@¥120	¥36,000	
平均	475個	@¥115.36	¥54,797	

④　最終仕入原価法　　期末に最も近い時点で最後に取得したときの仕入原価をもって，たな卸資産の単位価額とする方法である。

　例外である低価主義については，施行規則第65条第6号において，破損，傷，たなざらし，型崩れ，陳腐化等のため通常の価額で販売できないもの又は通常の方法で使用に耐えないものは，処分のできる価額としている。これは，買入原価で評価することは，将来の損失を見越し不合理であるので，適正に割り引きした価額で評価することとしている。

　また，破損，腐敗，欠減等を調査確認することが困難なものがある。例えば，薬品又は飲食材料品等のたな卸の場合，これら個々の包装を解いて容器の破損，内容の変質，腐敗等を検討することはまず不可能であるため，これらについては，そのままの状態でたな卸をし，その在高を確認せざるを得ない。ところがこれらの物品は，ある程度破損し，腐敗又は欠減しているのが普通と考えられるにもかかわらず，そのまま在庫としてたな卸資産の価額を決定することは，翌年度以降にその損失が繰り越される結果となり不合理である。従って，前述した評価の方法により評価した価額から，薬品，医療原材料及び飲食材料品については10分の3以下，その他の資産については10分の2以下の範囲内において，共

済組合等の代表者が当該たな卸資産の種類ごとに定める割合を乗じて得た金額を減額して評価することができる（施行規則第66条）。

このほか，寄付等によるもので買入原価又は製造原価等が不明な場合には，見積りによって評価する以外ないので見積価額によって評価する。この場合における見積価額とは，取得見積価額である。

3　固定資産等の減価償却の処理

建物，借入不動産附帯施設，器具・備品等の有形固定資産，引湯権，ソフトウェア等の無形固定資産については，当該年度の費用を確定するために，毎事業年度末決算において減価償却額を計算して損失に計上しなければならない。

また，繰延資産である創業費及び開発費についても，毎事業年度末決算において減価償却額を計算して損失に計上しなければならない。減価償却の処理方法については，関連する勘定科目のところで述べたので省略する。

4　損益の繰延べ整理

資産の勘定の残高の一部が損益勘定に振り替えられると同様に，損失・利益の勘定もまたその全部を損益勘定に振り替えず，一部を残高勘定に振り替えて資産又は負債として繰り越す場合がある。出納計算表の残高が必ずしも当該年度における損失又は利益ではない。収入，支出のときに損失・利益の勘定に記入するのは，便宜の手段であるともいえる。そこで，決算時においてはこれらの整理をし，当期に属するものを明らかにしなければならない。損益の繰延べは，損失の繰延べと利益の繰延べに区分される。

(1)　損失の繰延べ　　前払費用に相当するものである。例えば，契約期間11月から翌10月までの１カ年間に係る保険料￥60,000を支払った場合，当年度に負担すべき保険料は￥25,000である。したがって，一度計上された損失から除外し，次期に繰り延べる必要がある。

　　　（借方）前払費用　　　35,000　　　（貸方）保 険 料　　　35,000

(2)　利益の繰延べ　　前受収益に相当するものである。例えば，４月分の家賃100,000円を３月に収納した場合は，当該家賃は次期の利益に属するの

で，当期の利益より控除する必要がある。

　　（借方）施設収入　　　100,000　　（貸方）前受収益　　　100,000

5　損益の見越し計上

　まだ受払いがなくともその期の損益に属すべき金額は，これを計算して損益に加えると同時に資産勘定（負債勘定）として繰り越さなければならない。損益の見越しは，損失の見越しと利益の見越しに区分される。

　(1)　損失の見越し　　未払費用に相当するものである。例えば，1カ月の家賃¥150,000の支払契約において翌月払いとするとき，3月分は次期の4月に支払われることになるが，当期の損失に属するものであることから，当期の費用に計上する必要がある。

　　　（借方）賃　借　料　　　150,000　　（貸方）未払費用　　　150,000

　(2)　利益の見越し　　未収収益に相当するものである。例えば，貸付金の契約において，貸出し当月の利息は翌月分と合わせて翌月に合算して徴収するとき，3月分の貸付金に対する当月分の利息¥3,000は，次期の4月に徴収されることになるが，当期の利益に属するものであることから，当期の収入として計上する必要がある。

　　　（借方）未収収益　　　3,000　　（貸方）貸付金利息　　　3,000

6　各種引当金の処理

　引当金には資産に対する評価性の引当金と，負債性の引当金（未払金的なもの）があり，前者には貸倒引当金，後者には退職給与引当金，災害補てん引当金，特別修繕引当金がある。これらの引当金の処理方法については，各々の勘定科目で述べたので省略する。

7　準備金の処理

　準備金とは，短期経理における支払準備金である。準備金の処理方法については，当該勘定科目において述べたので省略する。

8 会計単位間取引の整理

会計単位間の取引である本部勘定と支部勘定（所属所勘定），支部勘定と所属所勘定は，常に貸借を反対して一致するのであるが，記録計算の誤謬又は時間的なずれにより一致しない場合がある。この場合は，その原因を究明して修正するとともに，時間的なずれによる場合については，その差額を未達回送金及び未達商品勘定に振り替えて適正な決算処理をしなければならない。

この未達取引の処理方法においては，本部勘定・支部勘定・所属所勘定において述べたので省略する。

9 各種積立金の処理

積立金には，資本剰余金の項目に属する積立金と，利益剰余金の項目に属する積立金とがあり，前者に属するのが再評価積立金及び別途積立金，後者に属するのが，建設積立金，改良積立金，欠損金補てん積立金及び貸付資金積立金である。

これら積立金の処理方法については，各々の勘定科目で述べたので省略する。

10 前期損益修正益及び前期損益修正損の整理

組合員掛金の未徴収額を決算時に未収金に計上することなく，翌年度になって発見した場合，又は給付金の誤払いを翌年度になって発見して組合員より返納を受ける場合等は，当年度の収入に属するものではないから前期損益修正益として処理しなければならない。

また，組合員への未支給の給付金で決算時に未払金に計上せず，あるいは給付金の誤払いを翌年度になって発見して追加払いをする場合，標準報酬の月額が基礎となる定額の給付金で前事業年度以前に遡及して昇給の発令があり給付金の追加払いを必要とする場合等は，これらの金額は当年度の損失に属するものではないから前期損益修正損として処理しなければならない。これらの過年度に属する収入金又は支払金は，特別利益，特別損失項目で包括主義により処理する（参照「第4章70.前期損益修正損（益)」）。

〈誤謬を発見した場合の処理例〉

（借方）普通預金　　　　×××　　（貸方）前期損益修正益　×××
　　　（未収金）

　　　前期損益修正損　×××　　　　　　当座預金　　　　×××
　　　　　　　　　　　　　　　　　　　（未払金）

§.3 ── 決算附属明細表・財務諸表附属明細表の作成

　貸借対照表の重要項目については，その計算過程及び信憑性を確認するために，その明細表を作成しなければならない。

　必要とされる明細表は次のとおりである。

1　現金現在高明細表

　出納主任は，収納した現金は速やかにその日に取引金融機関に預入しなければならない（施行規則第41条第2項）ので，原則として現金を保有することはない。しかし，やむを得ない事由により毎日の出納締切時刻後に収納した現金及び施行規則第45条の規定による現金払いをするために保有する現金については，現金を保有せざるを得ない場合がある。このような理由により年度末決算において現金を保有する場合には，現金在高を明細に表示するため，現金現在

現 金 現 在 高 明 細 表

（令和○年3月31日）

区　　　分	摘　　　　　　要			金　　　額
現　　　金	10,000円	2枚	円 20,000	円
	5,000円	3枚	15,000	
	1,000円	106枚	106,000	
	500円	7枚	3,500	
	100円	145枚	14,500	
	50円	44枚	2,200	
	10円	186枚	1,860	
	5円	67枚	335	
	1円	157枚	157	163,552
合　　　計				163,552

高明細表を作成しなければならない。

この明細表には，現金はもちろん，小切手，国庫送金通知書，公債又は社債等の満期利札等の種目をも記載しなければならない。

2 預金明細表

この明細表は，年度末日現在において，取引金融機関より預金残高の証明書を徴して作成する。

当座預金，普通預金，通知預金，定期預金，金銭信託等に区分記載し，取引金融機関ごとに小計を付して整理しなければならない。

預 金 明 細 表

取引金融機関名	区　　　　　分	金　　　　額	摘　　　　要
○　○　銀　行	当　座　預　金	16,355円	
	普　通　預　金	74,291,045	通帳No.356
	通　知　預　金	39,813,157	〃 No.390
	定　期　預　金	1,265,000,000	証書No.120，No.121
	計	1,379,120,557	
△　△　銀　行	普　通　預　金	9,587	通帳No.120
	定　期　預　金	456,000,000	証書No.980
	計	456,009,587	
×　×　銀　行	普　通　預　金	2,149,633	通帳No.150
	定　期　預　金	492,000,000	証書No.630
	計	494,149,633	
	当　座　預　金	16,355	
	普　通　預　金	76,450,265	
	通　知　預　金	39,813,157	
	定　期　預　金	2,213,000,000	

3 未提示小切手明細表

この明細表は，預金の元帳残高の金額と取引金融機関より徴した現在高証明書の金額との不突合額の明細を明らかにするために作成する。両者の不突合は，共済組合等が振り出した小切手を相手方が銀行に提示しないために生ずる。

未 提 示 小 切 手 明 細 表

| 種　　別 | 元帳現在高 | 現金現在高 | 差引過不足額 | 未提示小切手 | | | 備　　　　考 |
				振　出年月日	小切手番　号	金　　額	
○○銀行	円3,200,000	円3,865,000	円665,000	3.29	50	円15,000	東京KK印刷代
				3.30	53	610,000	大阪薬局薬品代
				3.30	54	20,000	名古屋KK文房具代
				3.30	56	16,000	甲野書店雑誌代
				3.31	57	4,000	白洋社洗濯代
計	3,200,000	3,865,000	665,000			665,000	

4　有価証券・投資有価証券明細表

　この明細表は，年度末日現在における有価証券及び投資有価証券の明細を表示するために作成する。

有価証券・投資有価証券明細表

	銘　　柄	券 面 総 額	取 得 価 格	貸借対照表計 上 額	摘　　　要
国債，地方債，社債，その他の債券	○　○　電　気	円80,000,000	円78,000,000	円78,000,000	
	東京電力社債	2,570,000,000	2,555,325,000	2,555,325,000	
	北陸電力社債	250,000,000	245,333,000	245,333,000	
	計	2,900,000,000	2,878,658,000	2,878,658,000	

	銘　　柄	取引金融機関	取 得 価 格	貸借対照表計 上 額	摘　　　要
貸付信託，証券投資信託，有価証券信託	証券投資信託	○○証券	円578,000,000	円578,000,000	
	有価証券信託	△△信託銀行	240,000,000	240,000,000	
	計		818,000,000	818,000,000	

	種　　類	取得価格	貸借対照表計 上 額	摘　　　要
その他の証券		円	円	
	計			

5　生命保険資産明細表

この明細表は，年度末日現在における生命保険資産の明細を表示するために作成する。

生 命 保 険 資 産 明 細 表　　　（令和〇年3月31日）

取引生命保険会社名	金　　　　額	摘　　　　要
〇〇生命保険相互会社	5,416,770,243円	
×× 〃	26,323,152,716	
計	31,739,922,959	

6　貸付金明細表（寄託貸付金明細表・受寄託貸付金明細表）

貸付金明細表は，貸付金の明細を表示するために作成する。貸付経理においては，組合員に対する貸付金の貸付区分は，貸付金の種類ごとに区分して記載するが，支部又は本部において統轄する会計単位のものを取りまとめる場合の明細表には，所属所又は支部名を用い，その所属所又は支部の合計額を記載する。

他の経理単位に対する貸付金については，宿泊経理，物資経理等の経理名にて区分して記載するほか，保健経理貸付勘定においては，共済組合名及び経理名にて区分して記載する。

また，短期貸付金において年度内に償還され期末の残高がないものであっても，その変動を明記しなければならない。

なお，退職等年金経理において連合会の保健経理貸付勘定へ寄託を行っているものについては寄託貸付金明細表と，寄託を受けている同勘定においては受寄託貸付金明細表として記載する。

貸 付 金 明 細 表

貸付区分	貸付先	前期繰越高	当期増加額	当期減少額	期末残高	摘要
		円	円	円	円	
普 通 貸 付	本省支部	64,913,000	62,856,324	44,815,324	82,954,000	
〃	東京支部	271,248,736	246,730,712	179,813,352	338,166,096	
〃	大阪支部	123,223,468	151,954,504	117,673,484	157,504,488	
住 宅 貸 付	本省支部	605,514,460	520,193,561	333,831,697	791,876,324	
〃	東京支部	166,555,295	137,234,228	94,850,020	208,939,503	
〃	大阪支部	224,643,756	199,507,264	118,089,508	306,061,512	
特別住宅貸付	本省支部	97,655,000	76,713,000	51,111,000	123,257,000	
特 別 貸 付	本省支部	38,861,000	39,700,000	29,225,000	49,336,000	
〃	東京支部	29,206,000	21,056,000	13,641,000	36,621,000	
合 計		1,621,820,715	1,455,945,593	983,050,385	2,094,715,923	

貸 付 金 明 細 表

貸付区分	貸付先	前期繰越高	当期増加額	当期減少額	期末残高	摘要
		円	円	円	円	
長 期 貸 付 金	貸付経理	3,391,800,000	995,950,000	87,750,000	4,300,000,000	
〃	物資経理	800,000,000	500,000,000	0	1,300,000,000	
短 期 貸 付 金	保健経理	0	100,000,000	100,000,000	0	
計		4,191,800,000	1,595,950,000	187,750,000	5,600,000,000	

7　借入金明細表

　この明細表は，借入金の明細を表示するために作成する。借入区分は短期借入金，長期借入金に区分し，借入先は，連合会保健経理等に区分し借入条件の異なるごとに細分して記載する。なお，短期借入金において年度内に償還され期末残高のないものであっても，その変動を明記しなければならない。

借 入 金 明 細 表

借入区分	借入先	前期繰越高	当期増加額	当期減少額	期 末 残 高	摘要
		円	円	円	円	
長期借入金	連合会保健経理	3,391,800,000	995,950,000	87,750,000	4,300,000,000	
短期借入金	貯金経理	0	100,000,000	100,000,000	0	
合 計		3,391,800,000	1,095,950,000	187,750,000	4,300,000,000	

8 未収金，前渡金，立替金，仮払金，未収収益，未払金，前受金，仮受金，預り金，未払費用明細表

これらの勘定に関する明細表は，外部との関係において債権，債務を確定するために作成する。

未収金の明細表の種別欄には，未収金の種別，即ち，国庫負担金，掛金，あるいは施設収入等の未収金の内容を記載し，氏名欄には，その相手先の名称（共済組合名等，経理名等）を記載する。前渡金，立替金，仮払金，未収収益，未払金，前受金，仮受金，預り金及び未払費用の明細表の作成も未収金明細表と同様の要領で作成する必要がある。

未 収 金 明 細 表

種　　別	金　　額	氏　　　名	摘　　　　要
	円		
国 庫 負 担 金	42,386,500	大臣官房会計課長	国庫負担金精算分
掛　　　　金	618,563	組　　合　　員	大阪支部13件3月分掛金
〃	425,300	組　　合　　員	神戸支部14件2月～3月分掛金
〃	358,365	組　　合　　員	名古屋支部10件1月～3月分掛金
過 誤 払 給 付 金	245,000	組　　合　　員	広島支部3件療養の給付
〃	111,800	組　　合　　員	京都支部2件災害見舞金
〃	24,000	組　　合　　員	関東支部1件災害見舞金
計	44,169,528		

未 払 金 明 細 表

種　　別	金　　額	氏　　　名	摘　　　　要
	円		
事　　務　　費	25,000	大　阪　商　会	大阪支部事務用消耗品
旅　　　　費	28,500	職　　　　員	東京支部精算追加払
飲 食 材 料 費	1,112,300	東　京　商　店	東京支部3月購入分
薬　　　　品	2,365,000	横　浜　商　店	横浜支部　〃
医 療 材 料 品	138,000	兵　庫　商　会	兵庫支部　〃
器 具 ・ 備 品	500,000	神　戸　商　事	神戸支部3月購入分会議用机
計	4,168,800		

未 払 費 用 明 細 表

種　　別	金　額	氏　　名	摘　　　　　要
	円		
職 員 給 与	238,000	組 合 職 員	東京支部3月分超勤手当
〃	14,500	組 合 職 員	東京支部3月分通勤手当
賃　　　金	200,000	組 合 賃 金 職 員	大阪支部3月分賃金
支 払 利 息	1,115,000	組　合　員	大阪支部定額積立貯金経過利息
〃	1,680,000	組　合　員	東京支部　　〃
計	3,292,500		

仮 受 金 明 細 表

種　　別	金　額	氏　　名	摘　　　　　要
	円		
普 通 預 金	435,000	大 阪 支 部	本　部　令○. 3.25　入金内容不明
〃	186,000	組　合　員	東京支部　令○. 3.20　　〃
計	621,000		

前 受 金 明 細 表

種　　別	金　額	氏　　名	摘　　　　　要
	円		
宿 泊 料	40,000	宿 泊 利 用 者	東京宿泊所　4月5日4名　宿泊料
〃	80,000	組　合　員	四谷宿泊所　4月10日8名　宿泊料
計	120,000		

預 り 金 明 細 表

種　　別	金　額	氏　　名	摘　　　　　要
	円		
源 泉 所 得 税	253,000	組 合 職 員	本部10名　3月分
入 湯 税	78,300	組　合　員	熱海保養所　3月分
計	471,600		

前 渡 金 明 細 表

種　　　別	金　　額	氏　　　名	摘　　　　　要
	円		
器 具・備 品	3,000,000	株式会社東京商会	納入月日　4月20日　図書
医療器具機械	15,000,000	株式会社大阪商会	納入月日　4月15日　レントゲン
計	18,000,000		

9　支払基金委託金明細表

　この明細表は，社会保険診療報酬支払基金に対する委託金の明細を表示するために作成する。同法人本部から委託金の残高証明を徴して確認する。

支払基金委託金明細表

種　　　別	金　　額	氏　　　名	摘　　要
	円		
基 金 委 託 金	65,600,000	基　金　本　部	

10　売掛金・買掛金明細表

　この明細表は，物資経理等において年度末日現在における売掛金及び買掛金の債権，債務を確定するために作成する。作成要領は未収金明細表と同様である。

売 掛 金 明 細 表

種　　　別	金　　額	氏　　　名	摘　　　　要
	円		
売　　掛　　金	30,000	組　　合　　員	化粧品　月￥10,000の月賦　3. 1
〃	360,000	組　　合　　員	テレビ　月￥30,000の月賦　3. 2
〃	40,000	組　　合　　員	洋　品　月￥10,000の月賦　3. 2

買 掛 金 明 細 表

種　　　別	金　　額	氏　　　名	摘　　　　要
	円		
買　　掛　　金	100,000	三 洋 電 気 K	テレビほか　支払日　3. 6.16
〃	300,000	三 菱 電 気 K	冷蔵庫ほか　〃　　3. 8.16
〃	80,000	東 京 商 会 K	洋 品ほか　〃　　3. 9.16

11　前払費用明細表

この明細表は，保険料，賃借料等で既に支払ったが，当年度に属さない費用，いわゆる前払費用の明細を表示するために作成する。

前 払 費 用 明 細 表

科　　目	摘　　要	支　　払			決算書計上金額	備　　　考	
		年月日	伝票番号	金　額			
保険料	未経過保険料	2.11.1	156	円 60,000	円 35,000	本部	契約2.11.1～3.10.30 の分で3.4.1～3.10. 30までの未経過分

12　未達回送金明細表

この明細表は，会計単位相互間における資金の回送の未達関係の明細を表示するために作成する。作成に当たっては，会計単位相互間において未達勘定を調査確認しなければならない。

未 達 回 送 金 明 細 表

科　　目	摘　　要	支　　払			決算書計上金額	備　　　考	
		年月日	伝票番号	金　額			
施 設 収 入	保養所利用料金	3.3.31	第12号	円 87,450	円 87,450	東 京 支 部	
〃	〃	〃	〃	396,450	396,450	名古屋 〃	
〃	〃	〃	〃	526,405	526,405	金 沢 〃	
〃	〃	〃	〃	736,555	736,555	大 阪 〃	
〃	〃	〃	〃	111,155	111,155	松 山 〃	
〃	〃	〃	〃	1,415,080	1,415,080	熊 本 〃	
〃	〃	3.3.30	〃	860,970	860,970	仙 台 〃	
〃	〃	3.3.31	〃	34,505	34,505	仙 台 〃	
合　　　計				4,168,570	4,168,570		

13　前受収益明細表

この明細表は，賃貸料等で既に収納したが，当年度に属さない収益，いわゆる前受収益の明細を表示するために作成する。

前 受 収 益 明 細 表

科　目	摘　要	収　入			決算書計上金額	備　考
		年月日	伝票番号	金　額		
賃　貸　料	東京住宅家賃	2.11.1	350	円 300,000	円 175,000	2.11.1に1年間の家賃￥300,000を収納

14　固定資産明細表

　この明細表は，土地，建物，器具・備品等の各固定資産の明細を表示するために作成する。各固定資産台帳に記帳された物件を集計することで完成する。

固 定 資 産 明 細 表

資産の種類	期首残高	当期増加額	当期減少額	期末残高	当期償却額	差　引期末残高	摘　要
	円	円	円	円	円	円	
建　　　物	16,335,233	0	0	16,335,233	4,752,833	11,582,400	
器具・備品	23,696,100	13,500,780	20,081,800	17,115,080	1,882,710	15,232,370	
車両・運搬具	41,242,000	8,500,000	0	49,742,000	10,612,100	39,129,900	
合　　　計	81,273,333	22,000,780	20,081,800	83,192,313	17,247,643	65,944,670	

15　寄託投資不動産明細表（受寄託投資不動産明細表・投資不動産明細表）

　この明細表は，退職等年金経理又は保健経理貸付勘定における投資不動産関係の明細を表示するために作成するもので，退職等年金経理では寄託投資不動産明細表を，寄託を受けている連合会の保健経理貸付勘定では受寄託投資不動産明細表を作成するほか，同勘定が退職等年金経理から買い取った投資不動産等については投資不動産明細表を作成する。

＜退職等年金経理における作成例＞

寄 託 投 資 不 動 産 明 細 表

区分	施設名	種目	数量	期首現在額	当期増	当期減	当期償還額	期末現在額	摘　要
投資物件	横須賀	建物	㎡ 1,000	円 80,000,000	円 —	円 —	円 1,333,000	円 78,667,000	
		小　計	—	80,000,000			1,333,000	78,667,000	
合　計		建　物	㎡ 1,360	105,368,000	5,600,000	—	2,302,000	108,666,000	
		計	—	185,368,000	5,600,000		3,635,000	187,333,000	

16　資産見返補助金等明細表

　この明細表は，共済組合等が取得した固定資産のうち，施行規則第81条第3
項の規定に該当する固定資産について，固定資産の種類別に減価償却額に相当
する額の明細を表示するために作成する。

資 産 見 返 補 助 金 等 明 細 表

資産の種類	前期繰越額	当　　　　期		貸借対照表計　上　額	摘　　要
		計上額	収益化額		
顔認証付カードリーダー	円0	円1,000,000	円100,000	円900,000	オンライン資格確認関係補助金
計	0	1,000,000	100,000	900,000	

17　減価償却費明細表

　この明細表は，固定資産の種類別，耐用年数別に減価償却費の明細を表示す
るために作成する。

減 価 償 却 費 明 細 表

資産の種類	取得原価	当期償却額	償却累計額	当期末残高	償却累計率	摘　　要
建　　物	円15,530,000	円475,218	円1,425,654	円14,104,346	%9.18	30年 (0.034)
〃	7,570,000	340,650	681,300	6,888,700	9.00	20年 (0.050)
〃	21,560,000	1,610,532	8,052,660	13,507,340	37.35	12年 (0.083)
〃	8,710,000	783,900	783,900	7,926,100	9.00	10年 (0.100)
計	53,370,000	3,210,300	10,943,514	42,426,486	20.50	

（注）（1）　当期償却額は当期に属する償却費のみが計上され，損益計算書の減価償却費と一致し，過年度にお
　　　　　　　ける誤謬修正の過不足額は含まれない（償却累計額には含まれる）。
　　　（2）　固定資産の場合は，取得価額が不明な場合においては，取得価額は残存価額を計上しても止むを得
　　　　　　　ない。従って，償却累計額及び償却累計率も不明となるため記載を省略せざるを得ない。

18　受寄託投資不動産負債明細表・受寄託貸付金負債明細表

　この明細表は，連合会の保健経理貸付勘定において退職等年金経理から投資
不動産又は貸付金の寄託を受けている場合に作成する。

19　引当金及び減価償却累計額明細表

この明細表は，各種引当金，減価償却累計額の明細を表示するために作成する。

引 当 金 明 細 表

区　　　分	前期繰越額	当　　　期		貸借対照表 計 上 額	摘　　　　　要
		増加額	減少額		
	円	円	円	円	
退職給与引当金	980,700	1,506,520	135,750	2,351,470	
貸 倒 引 当 金	2,500,000	3,000,000	2,500,000	3,000,000	
合　　　　　計	3,480,700	4,506,520	2,635,750	5,351,470	

（注）

〈退職給与引当金〉

(1)　当期増加額は退職給与引当金繰入の計上と必ず一致しなければならないが，前年度末までの不足額を計上した楊合は，相手勘定は前期損益修正損となるため一致しない。また，経理単位相互間において移換した場合も一致しない。この場合は摘要欄に明記しておくと便利である。

(2)　当期減少額は退職者に対する退職金の当期における支払額又は経理単位相互間における移換した金額であり，その旨摘要欄に明記しておくと便利である。

〈貸倒引当金〉

(1)　当期増加額は，次期の債権の発生に対する貸倒れの見積り設定額である。

(2)　当期減少額は，実際の貸倒が生じた場合又は過剰計上の修正及び当期末の貸倒引当金残高の取崩しである。債権の放棄は財務大臣の承認が必要な場合があり，過剰計上の取崩しは，貸倒引当金戻入によって整理する。

20　積立金明細表

この明細表は，各積立金の明細を表示するために作成する。

積 立 金 明 細 表

区　　　分	前期繰越額	当　　　期		貸借対照表 計 上 額	摘　　　　　要
		増加額	減少額		
	円	円	円	円	
建 設 積 立 金	1,000,000	1,000,000	0	2,000,000	
別 途 積 立 金	347,869,944	118,744,721	0	466,614,665	
欠損金補てん積立金	68,537,746	0	30,660,566	37,877,180	
合　　　　　計	417,407,690	119,744,721	30,660,566	506,491,845	

21　た な 卸 表

　この表は，たな卸資産の現在高の明細を表示するために作成する。貸借対照表の勘定科目ごとに計を付する必要がある。

た　　な　　卸　　表

貸借対照表科目	品　目	単位	たな卸			減価		貸借対照表計上価額
			数量	単価	金額	割合	金額	
商　品	た　ば　こ	箱	30	円 220	円 6,600	—	円 —	円 6,600
〃	米	kg	20	1,600	32,000	—	—	32,000
〃	缶　　詰	個	150	200	30,000	—	—	30,000
〃	〃	〃	100	150	15,000	—	—	15,000
〃	ワイシャツ	枚	10	6,000	60,000	—	—	60,000
〃	婦　人　靴	足	5	10,000	50,000	—	—	50,000
計					193,600			193,600

たな卸責任者出納主任　　氏　　　　名
同　　立　　合　　人　氏　　　　名

22　支出実績表

　この表は，事業計画及び予算の重要事項である職員給与，旅費及び事務費について，予算額に対する支出の状況を明示するために作成するものであり，支出済額が事業計画額を超過してはならない。また，支出未済額は，現実に支出されていない未払金及び未払費用等に計上し翌年度に支出を必要とする金額を記載する。

支　出　実　績　表

科　目	事業計画額	支出済額	支出未済額	不　用　額
職　員　給　与	円 87,750,000	円 81,114,750	円 0	円 6,635,250
旅　　　費	49,800,000	48,757,290	0	1,042,710
事　務　費	29,210,000	28,530,070	0	679,930
合　　計	166,760,000	158,402,110	0	8,357,890

23　利益剰余金又は欠損金計算書

　損益計算書における当期利益金又は当期損失金は，貸借対照表では利益剰余金又は欠損金に計上される。共済組合制度における経理では，決算に際し，この当期利益金又は当期損失金を積立金等に振り替える，つまり処分をすることとしている（施行規則第84条）ため，この処分の計算経過を明確にするために作成する。

利益剰余金又は欠損金計算書

自令和〇年4月1日　　至令和×年3月31日

1.	積立金又は繰越欠損金（△）	××××
2.	当期利益金又は当期損失金（△）	××××
3.	当期処分額	××××
	〇〇積立金へ積立　　×××	
	××積立金へ積立　　×××	
	積立金又は繰越欠損金（△）	××××

§.4 ── 帳簿の締切り

1　元帳の締切り

　元帳の締切りとは，期末決算整理事項に基づいて元帳各関係口座に適正に修正記入した後，一切の勘定口座を閉鎖する諸手続きを指す。帳簿の締切り方法には英米式と大陸式との二つの方法がある。

(1)　損益勘定の締切り

　当該期間中の損益を算出するために，損益に属する諸勘定の貸借残高をそれぞれ損益勘定に振り替え，その後に損益勘定を締め切る。即ち，利益に属する諸勘定は，残高が貸方に生じているから，それを次の仕訳によって損益勘定の貸方に振り替え，当該口座の貸借合計を整理する。

　　　（借方）利益に属する勘定　×××　　　　（貸方）損　　益　　　×××

　また，損失に属する勘定は，残高が借方に生じているから，これを次の仕訳によって損益勘定の借方に振り替え，当該口座の貸借合計を整理する。

（借方）損　　益　　　　　×××　　　　　（貸方）損失に属する勘定　　×××

　こうして一切の利益及び損失に属する諸勘定が，損益勘定に振り替え集合さ
れれば，借方は当期の総損失になり，貸方は当期の総利益を示すものとなるた
め，両者を比較することによって当期の純損益が算定される。すなわち，同口
座の貸借差額が貸方に生ずればその金額は当期の純利益であり，反対に借方に
生ずればその金額は当期の純損失である。純損益は当期に増減した積立金の額
を示すものであり，直ちに積立金の勘定に振り替えられ，その結果，貸借対照
表に反映されることとなる。

（借方）損　　益　　　　×××　　　　　（貸方）積　立　金　　　　×××
　　　　（当期利益金）

（借方）積　立　金　　　　×××　　　　　（貸方）損　　益　　　　×××
　　　　　　　　　　　　　　　　　　　　　　　（当期損失金）

⑵　残高を有する諸勘定の締切り

　前記の手続きによって損益に属する諸勘定は，すべての貸借が整理されたも
のであるから，貸借いずれかに残高を有し未だ締め切らない口座は，資産，負
債，資本のいずれかに属する勘定となる。しかし，これらの勘定は事業が継続
されるかぎり当然次期に繰り越されるべき性質のものなので，次のように処理
する必要がある。

　まず各口座につき，それぞれ貸借残高を算出して，その金額を反対側に（金
額の小さい方の側に），摘要欄を「次期繰越」と朱記し，貸借を整理して口座
の締切りを行う。次いで，この次期繰越と朱記した金額を貸借反対に次期最初
の日付で摘要欄を「前期繰越」として締切後の新口座（次期帳簿の最初）へ記
入する。帳簿の締切り及び次期繰越しの例を示せば下記のとおりである。

普 通 預 金

月日	摘 要	伝票番号	借 方	貸 方	借/貸	残 高
			円	円		
3. 1	負 担 金 収 入	30	500,000 —	—	借	500,000 —
5	当 座 預 金	40		100,000 —	借	400,000 —
10	掛 金 収 入	45	150,000 —		借	550,000 —
31	受 取 利 息	50	50,000 —		借	600,000 —
〃	次 期 繰 越	✓		600,000 —		0
			700,000 —	700,000 —		
4. 1	前 期 繰 越	✓	600,000 —		借	600,000 —

未 払 金

月日	摘 要	伝票番号	借 方	貸 方	借/貸	残 高
			円	円		
3.15	器 具・備 品	100		50,000 —	貸	50,000 —
20	事 務 費	105		30,000 —	貸	80,000 —
21	飲 食 材 料 費	106		100,000 —	貸	180,000 —
25	器 具・備 品	108	50,000 —		貸	130,000 —
31	飲 食 材 料 費	110		70,000 —	貸	200,000 —
〃	次 期 繰 越	✓	200,000 —			0
			250,000 —	250,000 —		
4. 1	前 期 繰 越	✓	200,000 —		貸	200,000 —

支 払 準 備 金

月日	摘 要	伝票番号	借 方	貸 方	借/貸	残 高
			円	円		
3.31	積 立 金	130		1,500,000 —	貸	1,500,000 —
〃	次 期 繰 越	✓	1,500,000 —			0
			1,500,000 —	1,500,000 —		
4. 1	前 期 繰 越	✓	1,500,000 —		貸	1,500,000 —

掛　金　収　入

月日	摘　　要	伝票番号	借　方	貸　方	借/貸	残　　高	
			円	円			
3.16	普 通 預 金	60		300,000	貸	300,000	
19	普 通 預 金	65		150,000	貸	450,000	
20	普 通 預 金	67		100,000	貸	550,000	
23	普 通 預 金	70		50,000	貸	600,000	
31	未 収 金	75		100,000		700,000	
〃	損 益	80	700,000			0	
			700,000	700,000			

保　健　給　付

月日	摘　　要	伝票番号	借　方	貸　方	借/貸	残　　高	
			円	円			
3.20	当 座 預 金	20	200,000		借	200,000	
25	当 座 預 金	25	30,000		借	230,000	
30	当 座 預 金	35	50,000		借	280,000	
31	未 払 金	75	100,000		借	380,000	
〃	損 益	80		380,000		0	
			380,000	380,000			

2　英米式締切法と大陸式締切法

　前記の元帳締切手続きが現在英米で普通行われている方法であり，これを
「英米式元帳締切法」と呼んでいるが，欧州大陸諸国においては「大陸式元帳
締切法」と呼ばれる方法が広く用いられている。

　大陸式元帳締切法とは，元帳記入は必ず伝票によって行うべきという記帳原
則をどこまでも厳守し，決算の場合もこの仕訳記入法を例外なく実行する方法
である。

　英米式締切法は，残高を有する諸勘定の繰越記入及び開始記入をする場合，
仕訳伝票を省略して元帳関係口座に記入する，「元帳内転記法」あるいは「元

帳振替法」を行うことは前述したとおりである。これに対して大陸式締切法は，決算に際し，集合損益勘定と同時に決算残高勘定なる集合勘定を新たに設け，残高を有する諸勘定の残高を仕訳伝票によって振替え集計し，また，新口座への繰越記入（開始記入）は開始残高勘定なる新口座を設けて仕訳伝票によって処理する方法をとる。

　大陸式は確かに理論的であり，理解が容易であるかもしれないが，実務的見地からすれば記帳に手数がかかり，実務面でのメリットはあまりないと思われる。元帳の締切り及び繰越し方法には以上二つの方法があるが，共済組合等においてはどちらによっても差し支えない。

3　補助簿の締切り

　補助簿の各口座も，元帳の口座と同様に締め切らなければならない。この締切方法も元帳の締切り方法に準ずるが，預金，貸付金，不動産台帳等のように継続して数年間にわたり使用を続けるものを締め切る場合には，単に帳簿の現在高額欄の最後の記入数字の下に横線を一本引く程度でも問題ない。

　例えば，売掛金台帳を締め切る方法の例を示せば次のとおりである。

（口座）甲野一郎

年月日		摘　　要	伝票番号	借　方	貸　方	借/貸	残　高
3 4	1	テレビ1台　三洋商会 20月 月賦	20	円 260,000	円	借	円 260,000
5	16	入　金　現　金	40		13,000	借	247,000
6	16	入　金　現　金	50		13,000	借	234,000
4 3	16	入　金　現　金	600		13,000	借	221,000
〃	31	繰　　　　越	✓		221,000		0
				260,000	260,000		0
4 4	1	前　期　繰　越		221,000		借	221,000

（売掛金台帳）

§.5 —— 決算精算表と財務諸表の作成

1　決算精算表の作成

(1)　決算精算表作成の目的

　共済組合制度における決算は，貸借対照表，損益計算書及び利益剰余金又は欠損金計算書の財務諸表を作成し，これを表示することによって，一応その目的を達成する。ところが，同一の会計資料をもってしても，決算処理の手続き如何によって結果が異なることがある。しかし，一般に公開されるのは財務諸表だけであるので決算の過程を知ることはできない。そこで，責任者をはじめ各種の関係者にとって決算の過程を知ることは極めて重要である。

　決算の過程には，また，種々複雑な手続きがある。いかなる手続きを経て決算が行われたかを明らかにし，また，その手続きの過程において発生する誤謬の発見を容易にし，かつ，その正確を期するために，これを一覧表形式にして示す方法を採ることが望まれる。決算精算表は，このような目的のために必要である（施行規則第61条）。

　決算精算表は，年度末の決算時に作成されるが，その目的から極めて重要なものであり，作成には十分注意して誤謬のないようにしなければならない。なお，出納主任は，毎月末日において経理単位ごとに出納計算表を作成し，組合経理の状況を把握する必要がある（施行規則第60条）。

(2)　決算精算表作成の方法

　決算精算表の作成に当たっては，通常，出納計算表→整理記入→決算精算表の順序により記入・作成を行い，次いで損益計算書及び貸借対照表を作成する。

　決算精算表の記入方法は，既述した決算の手続きによる記録計算の方法に従い，以下のとおり転記するだけである。

①　元帳の各勘定科目について，3月分の出納計算表をそのまま決算精算表の3月分残高欄に記入する。

②　決算整理事項について，仕訳の形式で金額を修正欄に記入し，借方・貸

方の合計を算出して締め切る。

③ 借方と貸方との金額の差引残高を差引残高欄に記入する。

令和○年度分

〇〇共済組合短期決算精算表

勘定科目	借方 差引残高（円）	借方 修正（円）	借方 3月末残高（円）	貸方 3月末残高（円）	貸方 修正（円）	貸方 差引残高（円）
現金	558,495,910		558,495,910			
普通預金	500,000,000		500,000,000			
通知預金	154,000,000		154,000,000			
定期預金	100,000,000		100,000,000			
預託						
有価証券						
立替払	129,344	129,344				
仮払						
未収収益						
短期貸付金	29,513,275	29,513,275				
未収金						
支払基金委託	19,960,000		19,960,000			
加入						
小計	1,362,098,529	29,642,619	1,332,455,910	0	0	0
未払費用						
未払金						
仮受					2,365,770	2,365,770
福祉財源未整理勘定		36,377		19,689,048	36,377	19,689,048
支払準備		308,319,510		308,319,510	320,924,186	320,924,186
欠損金補てん積立金					1,684,916	188,827,790
短期積立金				187,142,874		
介護積立金				840,039,176	29,513,420	869,552,596
介護繰越欠損金	39,260,861	16,047,773	23,213,088			
小計	39,260,861	324,403,660	23,213,088	1,355,190,608	354,524,669	1,401,359,390

勘定						
本部 勘定		15,383,908	15,383,908	15,383,908		
支部へ回送金			326,801,281	326,801,281	326,801,281	
本部へ回送金			288,000,000	288,000,000	288,000,000	
本部より回送金			288,000,000			288,000,000
支部より回送金			326,801,281			326,801,281
介護口へ繰入	90,000,000	90,000,000	90,000,000			90,000,000
短期口より受入	90,000,000	90,000,000				90,000,000
小計	720,185,189	630,185,189	720,185,189	630,185,189		
短期負担金収入			1,909,282,630	24,197,238	1,933,479,868	
介護短期負担金収入			275,194,504	3,601,399	278,795,903	
短期掛金収入	37,975		1,959,667,652	1,439,813	1,961,069,490	
介護掛金収入			283,271,388	237,938	283,509,326	
雑収入						
国庫補助金収入			7,421,000	7,421,000	7,421,000	
交付金返戻金収入						
支払準備金				308,319,510	308,319,510	
短期受取利息			15,680	763	16,443	
介護短期受取利息			556	101	657	
貸付金証券利息						
有価証券付利息						
還付金収入			2,095,330	128,480	2,223,810	
賠償金収入						
雑益						
前期損益修正益			3,449,951	510	3,450,461	
有価証券売却益						
当期短期損失金				16,047,773	16,047,773	
当期介護損失金						
小計	37,975		4,440,398,691	353,973,525	4,794,334,241	
計	0	0				

科目			計
	0	0	0
	6,515,774,488	1,338,683,383	6,285,693,631
保健給付	1,677,937,167		1,677,937,167
直営連合	10,239,005		10,239,005
休業給付　健保	187,507,343		187,507,343
災害給付	26,659,602		26,659,602
附加給付	33,890		33,890
退職者給付拠出金等	857,143,045		857,143,045
前期高齢者納付金等	1,078,058,404		1,078,058,404
後期高齢者支援金等	2,405		2,405
病床転換支援金等	578,323,675		578,323,675
介護納付金	23,202,000		23,202,000
一部負担金返還金	449,960		449,960
一部負担金払戻金		2,291,418	2,291,418
委託		320,924,186	320,924,186
雑費			
業務経理へ繰入			
支払準備金繰入			
雑損	363,805		363,805
前期損益修正損		31,198,336	31,198,336
当期短期利益金			
当期介護利益金			
小計	4,439,920,301	354,413,940	4,794,334,241
合計	6,515,774,488	1,338,683,383	6,285,693,631

2　財務諸表の作成

⑴　貸借対照表及び損益計算書の作成

　財務諸表における貸借対照表は共済組合等における事業の一定時点における財政状態を示すもので，損益計算書は一定期間における取引の経過を示すことによって損益が生じた原因を明確にするものである。この両資料をもって共済組合等の経営成果を明らかにする。

　決算精算表の差引残高における資産・負債及び資本に属する諸勘定の一覧表が貸借対照表となり，損益に属する諸勘定の一覧表が損益計算書となる。

　前記の決算精算表の例に沿って示せば，次のとおりである。

短 期 経 理 貸 借 対 照 表
令和〇年3月31日現在

借	方	金　額	貸	方	金　額
	円	円		円	円
流 動 資 産		1,362,098,529	流 動 負 債		22,054,818
現 金・預 金	1,212,495,910		未　払　金	2,365,770	
有 価 証 券	100,000,000		預　り　金	19,689,048	
未 収 収 益	129,344		固 定 負 債		320,924,186
未　収　金	29,513,275		支 払 準 備 金	320,924,186	
支払基金委託金	19,960,000		負 債 合 計		342,979,004
			剰　余　金		1,019,119,525
			利 益 剰 余 金	1,019,119,525	
			欠損金補てん積立金	188,827,790	
			短 期 積 立 金	869,552,596	
			介護繰越欠損金	△39,260,861	
			純 資 産 合 計		1,019,119,525
資 産 合 計		1,362,098,529	負債・純資産合計		1,362,098,529

短 期 経 理 損 益 計 算 書

自　令和○年4月1日
至　令和×年3月31日

損　　　　　失		金　額	利　　　　　益		金　額
	円	円		円	円
経 常 費 用		4,762,772,100	経 常 収 益		4,774,836,007
事 業 費 用	4,439,556,496		事 業 収 益	4,456,854,587	
保 健 給 付	1,677,937,167		短期負担金収入	1,933,479,868	
直営保健給付	10,239,005		介護負担金収入	278,795,903	
休 業 給 付	187,507,343		短期掛金収入	1,961,069,490	
附 加 給 付	26,659,602		介護掛金収入	283,509,326	
退職者給付拠出金	33,890		補 助 金 等 収 入	7,421,000	
前期高齢者納付金等	857,143,045		国庫補助金収入	7,421,000	
後期高齢者支援金等	1,078,058,404		引 当 金 等 戻 入	308,319,510	
病床転換支援金等	2,405		支払準備金戻入	308,319,510	
介 護 納 付 金	578,323,675		事 業 外 収 益	2,240,910	
一部負担金払戻金	23,202,000		短 期 受 取 利 息	16,443	
委 託 費	449,960		介 護 受 取 利 息	657	
繰 入 金	2,291,418		還 付 金 収 入	2,223,810	
業務経理へ繰入	2,291,418		特 別 利 益	3,450,461	
引 当 金 等 繰 入	320,924,186		前期損益修正益	3,450,461	
支払準備金繰入	320,924,186				
特 別 損 失	363,805				
前期損益修正損	363,805				
当 期 利 益 金	15,150,563				
当期短期利益金	31,198,336				
当期介護損失金	△16,047,773				
合 計		4,778,286,468	合 計		4,778,286,468

(2)　利益剰余金又は欠損金計算書の作成

　財務諸表の一つである利益剰余金又は欠損金計算書は，決算附属明細表・財務諸表附属明細表において既述している。具体的には，前期末における積立金又は繰越欠損金に当期利益金又は当期損失金の整理を加え，当期末の積立金又は繰越欠損金の額を算出する。

　前記の決算精算表の例に沿って示せば次のとおりである。

<u>利益剰余金及び欠損金計算書</u>

自令和○年 4 月 1 日　　至令和×年 3 月31日

1	積立金及び繰越欠損金		1,003,968,962円
	欠損金補てん積立金	187,142,874円	
	短期積立金	840,039,176円	
	介護繰越欠損金	△23,213,088円	
2	当期利益金及び当期損失金		15,150,563円
	当期短期利益金	31,198,336円	
	当期介護損失金	△16,047,773円	
3	当期処分額		31,198,336円
	欠損金補てん積立金へ積立	1,684,916円	
	短期積立金へ積立	29,513,420円	
	積立金及び繰越欠損金		1,019,119,525円
	欠損金補てん積立金	188,827,790円	
	短期積立金	869,552,596円	
	介護繰越欠損金	△39,260,861円	

§.6 ── 各会計単位間における本部勘定，支部勘定及び所属所勘定の決算における整理方法

　各会計単位における本部勘定，支部勘定及び所属所勘定は，共済組合等の経理が各会計単位において記録計算される関係上，共済組合等内部の会計単位間における取引を記録計算整理するために設けられた内部勘定である。従って，これらの勘定科目の金額は，当然，相関する会計単位において常に必ず一致していなければならない。

　特に決算時には，これら内部勘定の各会計単位における繰越残高を記緑計算整理し，相関する各会計単位相互間で必ず一致させておく必要がある。決算整理の結果一致しなければ，取引の記録計算の誤謬を証明していることとなる。

　次に掲げる短期経理を例にして，内部勘定の決算時における整理方法を記述する。

〔例題〕

〈前提〉

(1)　例題は，取引日誌，取引日誌に基づく各会計単位のＴ形元帳〈総勘定元帳及び支部総勘定元帳は省略。〉，各元帳（総勘定元帳及び支部総勘定元帳を含む。）の整理経過表の三つからなる。

(2)　会計単位は，本部，Ａ支部，Ｂ支部，Ａ支部に属するＡ'所属所及びＡ"所属所，Ｂ支部に属するＢ'所属所及びＢ"所属所である。

(3)　各取引は取引日誌に示すとおりであり，前期繰越しは皆無で共済組合の発足初年度の取引と仮定する。

〈Ｂ"所属所の整理〉

(4)　Ｂ"所属所の整理は，まず取引日誌に基づいて記録計算された元帳の利益・損失の各勘定の残高を集合損益勘定に集合し，集合損益勘定の差額21,300千円を支部勘定に振替整理する。次に支部勘定のほか資産・負債の各勘定の残高を残高勘定に振替整理する。その結果は残高勘定に示すとおり残高勘定の貸借の各々の合計は必ず一致する結果となる。もし一致しなければ取引の記録計算が誤っていることを示すものである。支部勘定の貸方残高66,300千円は，余裕資金を生じた結果となっており，本来ならば支部に対して回送すべきものであるという概念に基づき，支部に対する負債勘定として計上する。

　支部勘定の修正の経過は，Ｂ"所属所元帳整理経過表に示すとおりである。まず，試算表（共済組合等においては決算精算表といえる。）を作成して記録計算の検証を行い，これを損益と残高に各々分離集合し，当期損益を支部勘定に振り替えるべく支部勘定の修正を行い，最後に支部勘定修正後の修正後残高を記録計算する。この場合，各欄における貸借の各合計は各々必ず一致しなければならない。もちろん帳簿の整理としては，Ｔ形元帳の「Ｂ"所属所関係」に示す内容で十分だが，「Ｂ"所属所元帳整理経過表」は，取引の検証を確証するとともに支部勘定の移動の経過がどのようになっているかを明確にするため示したものである（以下，他の同会計単位に共通する説明は省略する。）。

〈B' 所属所の整理〉

(5)　B' 所属所の整理は，元帳の利益・損失の各勘定の残高を集合損益勘定に集合し，その差額43,500千円を支部勘定に振替整理する。次に支部勘定のほか資産・負債の各勘定の残高を残高勘定に振替整理する。その結果は残高勘定に示すとおり貸借の各々の合計は必ず一致する。支部勘定の修正経過は，「B' 所属所元帳整理経過表」に示すとおりである。

〈B支部元帳の整理〉

(6)　B支部元帳の整理は，B支部の取引日誌に基づいて記録された元帳の利益・損失の各勘定の残高を集合損益勘定に集合する。次にその統轄するB" 所属所及びB' 所属所の損益を各勘定に集合することなく集合損益に集合し，損益の差額64,800千円を所属所勘定に振替整理する。その結果，所属所勘定の繰越しは，回送金の借方残35,000千円と損益の差額64,800千円が合算され借方残99,800千円となり，B" 所属所における支部勘定の貸方残66,300千円及びB所属所における支部勘定の貸方残33,500千円の合算額99,800千円と合致し，翌年度期首での所属所における支部勘定と支部における所属所勘定は，貸借が必ず一致する。

　　また支部においては，所属所における支部勘定の修正と同様に，本部勘定の繰越額の算定をしなければならない。まず支部全体（B" 所属所及びB' 所属所を含んだもの。）の損益を集合損益勘定に集合し，損益の差額244,800千円を本部勘定に振替整理する。従って，本部勘定の繰越額は，回送金の貸方残 130,000千円，損益勘定の差額244,800千円と合算され，374,800千円となる。その結果，残高勘定の貸借の各々の合計は必ず一致する。

　　所属所勘定及び本部勘定の修正経過は「B支部元帳整理経過表」で示すとおりである。まず支部自体の取引の試算表を作成し，次に統轄する所属所の損益を集合してその差額を所属所勘定に振替整理する。その後支部全体の修正後試算表を作成し，これを損益勘定と残高勘定に分離整理し，支部全体の当期損益を本部勘定に振替整理して，最後に本部勘定修正後の修正後残高を算出して翌年度に繰越整理する。

〈Ｂ支部総勘定元帳の整理〉

(7)　Ｂ支部総勘定元帳の整理は「Ｂ支部総勘定元帳整理経過表」で示すとおり，各勘定の残高（支部試算表，Ｂ″所属所試算表及びＢ′所属所試算表の合計残高）を集合して試算表を作成し，損益勘定と残高勘定に分離整理する。次に当期損益を本部勘定に振替整理するとともに，支部勘定及び所属所勘定を相殺するために相互の振替整理を行う。その結果，支部勘定及び所属所勘定は零となり，本部勘定の残高は支部元帳の残高と同額の374,800千円となり貸借の差額が計上される。

〈本部元帳の整理〉

(8)　本部元帳の整理は，本部の取引日誌に基づいて記録された元帳の利益・損失の各勘定の残高を集合損益勘定に集合する。次にその統轄する会計単位の損益を各勘定に集合することなく集合損益に集合し，損益の差額572,800千円を支部勘定に振替整理する。その結果，支部勘定の繰越しは，回送金の借方残200,000千円と損益の差額572,800千円が合算され，借方残772,800千円となり，Ａ支部における本部勘定の貸方残398,000千円及びＢ支部における本部勘定の貸方残374,800千円との合計額772,800千円と合致し，翌年度期首における支部の本部勘定と本部の支部勘定は貸借必ず一致することとなる。また集合損益には，組合全体の損益が集合され，損益の差額は当期損益金として計上され，残高勘定は当期剰余金が計上されることとなり，剰余金処分事項があれば整理して翌年度に繰り越される。

〈総勘定元帳の整理〉

(9)　総勘定元帳の整理は，「総勘定元帳整理経過表」で示すとおり，各勘定の残高（組合全体の試算表残高）を集合して試算表を作成し，損益計算書勘定と残高勘定に分離整理する。損益計算書勘定はそのまま財務諸表としての損益計算書となるが，残高勘定は本部勘定，支部勘定及び所属所勘定の内部勘定をお互いに除去しなければならないため，これらの勘定の修正を行って，剰余金処分事項があれば整理し，最後に財務諸表としての貸借対照表を作成する。

〔取引日誌〕

〈本部関係〉　　　　　　　　　　　　　　　　　　　　　　　　　　　（単位：千円）

1　負 担 金 収 入　　　¥1,000,000
2　利 息 収 入　　　　¥　50,000
3　支 部 へ 回 送 金　　¥　300,000
4　利 息 収 入　　　　¥　30,000
5　支 部 よ り 回 送 金　¥　100,000

〈A支部関係〉　　　　　　　　　　　　〈A'所属所関係〉

1　掛 金 収 入　　　¥300,000　　　　1　掛 金 収 入　　　¥150,000
2　保 健 給 付 支 払　¥　20,000　　　　2　保 健 給 付 支 払　¥　10,000
3　本 部 よ り 回 送 金　¥100,000　　　3　支 部 よ り 回 送 金　¥　15,000
4　災 害 給 付 支 払　¥　80,000　　　4　災 害 給 付 支 払　¥　30,000
5　本 部 へ 回 送 金　¥　30,000　　　5　休 業 給 付 支 払　¥　5,000
6　休 業 給 付 支 払　¥　15,000　　　6　支 部 へ 回 送 金　¥　12,000
7　利 息 収 入　　　¥　7,000　　　　7　利 息 収 入　　　¥　4,000
8　所 属 所 へ 回 送 金　¥　40,000
9　所属所より回送金　¥　20,000

〈A"所属所関係〉

1　掛 金 収 入　　　¥　50,000
2　支 部 よ り 回 送 金　¥　25,000
3　保 健 給 付 支 払　¥　15,000
4　災 害 給 付 支 払　¥　3,000
5　休 業 給 付 支 払　¥　7,000
6　支 部 へ 回 送 金　¥　8,000
7　利 息 収 入　　　¥　2,000

〈B支部関係〉　　　　　　　　　　　　〈B'所属所関係〉

1　掛 金 収 入　　　¥400,000　　　　1　掛 金 収 入　　　¥　70,000
2　休 業 給 付 支 払　¥　30,000　　　2　保 健 給 付 支 払　¥　15,000
3　本 部 よ り 回 送 金　¥200,000　　　3　支 部 よ り 回 送 金　¥　10,000
4　保 健 給 付 支 払　¥150,000　　　4　休 業 給 付 支 払　¥　8,000
5　本 部 へ 回 送 金　¥　70,000　　　5　災 害 給 付 支 払　¥　5,000
6　災 害 給 付 支 払　¥　50,000　　　6　支 部 へ 回 送 金　¥　20,000
7　利 息 収 入　　　¥　10,000　　　7　利 息 収 入　　　¥　1,500
8　所 属 所 へ 回 送 金　¥　60,000
9　所属所より回送金　¥　25,000

〈B"所属所関係〉

1 掛 金 収 入 ￥30,000
2 支部より回送金 ￥50,000
3 保健給付支払 ￥1,000
4 休業給付支払 ￥2,000
5 災害給付支払 ￥7,000
6 支部へ回送金 ￥5,000
7 利 息 収 入 ￥1,300

〔元帳〕

〈本部関係〉 （単位：千円）

現 金・預 金

1,000,000	300,000
50,000	
30,000	
100,000	繰越 880,000
1,180,000	1,180,000

負担金収入

	1,000,000
損益 100,000	
1,000,000	1,000,000

受 取 利 息

	50,000
	30,000
損益 80,000	
80,000	80,000

支 部 勘 定

300,000	100,000
損益 572,800	
	繰越 772,800
872,800	872,800

集 合 損 益

保健給付 211,000	負担金収入 1,000,000
災害〃 175,000	掛金収入 1,000,000
休業〃 67,000	受取利息 105,800
当期利益 1,652,800	
2,105,800	2,105,800

残 高

現金・預金 880,000	
支部勘定 772,800	
	積立金 1,652,800
1,652,800	1,652,800

〈A支部関係〉

現 金 ・ 預 金

300,000	20,000
100,000	80,000
7,000	30,000
20,000	15,000
	40,000
	繰越 242,000
472,000	427,000

掛 金 収 入

	300,000
損益 300,000	
300,000	300,000

受 取 利 息

	7,000
損益 7,000	
7,000	7,000

保 健 給 付

20,000	
	損益 20,000
20,000	20,000

災 害 給 付

80,000	
	損益 80,000
80,000	80,000

休 業 給 付

15,000	
	損益 15,000
15,000	15,000

所 属 所 勘 定

40,000	20,000
損益 136,000	
	繰越 156,000
176,000	176,000

本 部 勘 定

30,000	100,000
	損益 328,000
繰越 398,000	
428,000	428,000

集 合 損 益

保健給付 45,000	掛金収入 500,000
災害〃 113,000	受取利息 13,000
休業〃 27,000	
本部勘定 328,000	
513,000	513,000

残 高

現金・預金 242,000	本部勘定 398,000
所属所勘定 156,000	
398,000	398,000

（参考）集合損益（A'+A"）

保健給付 25,000	掛金収入 200,000
災害〃 33,000	受取利息 6,000
休業〃 12,000	
所属所勘定 136,000	
206,000	206,000

〈A’所属所関係〉

現　金・預　金

150,000	10,000
15,000	30,000
4,000	5,000
20,000	12,000
	繰越 112,000
169,000	169,000

掛　金　収　入

	150,000
損益 150,000	
150,000	150,000

受　取　利　息

	4,000
損益 4,000	
4,000	4,000

保　健　給　付

10,000	
	損益 10,000
10,000	10,000

災　害　給　付

30,000	
	損益 30,000
30,000	30,000

休　業　給　付

5,000	
	損益 5,000
5,000	5,000

支　部　勘　定

12,000	15,000
	損益 109,000
繰越 112,000	
124,000	124,000

集　合　損　益

保健給付 10,000	掛金収入 150,000
災害 〃 30,000	受取利息 4,000
休業 〃 5,000	
支部勘定 109,000	
154,000	154,000

残　高

現金・預金 112,000	支部勘定 112,000
112,000	112,000

〈A”所属所関係〉

現　金・預　金

50,000	15,000
25,000	3,000
2,000	7,000
	8,000
	繰越 44,000
77,000	77,000

掛　金　収　入

	50,000
損益 50,000	
50,000	50,000

受　取　利　息

	2,000
損益 2,000	
2,000	2,000

保 健 給 付	
15,000	
	損益 15,000
15,000	15,000

災 害 給 付	
3,000	
	損益 3,000
3,000	3,000

休 業 給 付	
7,000	
	損益 7,000
7,000	7,000

支 部 勘 定	
8,000	25,000
繰越 44,000	損益 27,000
52,000	52,000

集 合 損 益	
保健給付 15,000	掛金収入 50,000
災害〃 3,000	受取利息 2,000
休業〃 7,000	
支部勘定 27,000	
52,000	52,000

残 高	
現金・預金 44,000	支部勘定 44,000
44,000	44,000

〈B支部関係〉

現 金 ・ 預 金	
400,000	30,000
200,000	150,000
10,000	70,000
25,000	50,000
	60,000
	繰越 275,000
635,000	635,000

掛 金 収 入	
	400,000
損益 400,000	
400,000	400,000

受 取 利 息	
	10,000
損益 10,000	
10,000	10,000

保 健 給 付	
150,000	
	損益 150,000
150,000	150,000

災 害 給 付	
50,000	
	損益 50,000
50,000	50,000

休 業 給 付	
30,000	
	損益 30,000
30,000	30,000

所 属 所 勘 定

60,000	25,000
損益　64,800	
	繰越　99,800
124,800	124,800

本 部 勘 定

70,000	200,000
	損益　244,800
繰越　374,800	
444,800	444,800

集 合 損 益

保健給付　166,000	掛金収入　500,000
災害〃　62,000	受取利息　12,800
休業〃　40,000	
本部勘定　244,800	
512,800	512,800

残 　 高

現金・預金　275,000	本部勘定　374,800
所属所勘定　99,800	
374,800	374,800

（参考）集合損益（B'+B"）

保健給付　16,000	掛金収入　100,000
災害〃　12,000	受取利息　2,800
休業〃　10,000	
所属所勘定　64,800	
102,800	102,800

〈B' 所属所関係〉

現 金 ・ 預 金

70,000	15,000
10,000	5,000
1,500	8,000
	20,000
	繰越　33,500
81,500	81,500

掛 金 収 入

	70,000
損益　70,000	
70,000	70,000

受 取 利 息

	1,500
損益　1,500	
1,500	1,500

保 健 給 付

15,000	
	損益　15,000
15,000	15,000

災 害 給 付

5,000	
	損益　5,000
5,000	5,000

休 業 給 付

8,000	
	損益　8,000
8,000	8,000

支 部 勘 定

20,000	10,000
	損益 43,500
繰越 33,500	
53,500	53,500

集 合 損 益

保健給付 15,000	掛金収入 70,000
災害〃 5,000	受取利息 1,500
休業〃 8,000	
支部勘定 43,500	
71,500	71,500

残 高

現金・預金 33,500	支部勘定 33,500
33,500	33,500

〈B" 所属所関係〉

現 金・預 金

30,000	1,000
50,000	2,000
1,300	7,000
	5,000
	繰越 66,300
81,300	81,300

掛 金 収 入

	30,000
損益 30,000	
30,000	30,000

受 取 利 息

	1,300
損益 1,300	
1,300	1,300

保 健 給 付

1,000	
	損益 1,000
1,000	1,000

災 害 給 付

7,000	
	損益 7,000
7,000	7,000

休 業 給 付

2,000	
	損益 2,000
2,000	2,000

支 部 勘 定

5,000	50,000
	損益 21,300
繰越 66,300	
71,300	71,300

集 合 損 益

保健給付 1,000	掛金収入 30,000
災害〃 7,000	受取利息 1,300
休業〃 2,000	
支部勘定 21,300	
31,300	31,300

残 高

現金・預金 66,300	支部勘定 66,300
66,300	66,300

総勘定元帳整理経過表

（単位：千円）

科　目	試算表 借方	試算表 貸方	損益計算書 借方	損益計算書 貸方	残高 借方	残高 貸方	本部支部所属所勘定修正 借方	本部支部所属所勘定修正 貸方	修正後残高 借方	修正後残高 貸方	剰余金処分 借方	剰余金処分 貸方	貸借対照表 借方	貸借対照表 貸方
現金・預金	1,652,800				1,652,800				1,652,800				1,652,800	
負担金収入		1,000,000		1,000,000										
掛金収入		1,000,000		1,000,000										
受取利息		105,800		105,800										
保健給付	211,000		211,000											
災害給付	175,000		175,000											
休業給付	67,000		67,000											
本部勘定		200,000				200,000	200,000	145,000						
支部勘定	145,000				145,000			55,000						
所属所勘定	55,000				55,000									
当期利益金			1,652,800			1,652,800				1,652,800	1,652,800			
積立金												1,652,800		1,652,800
計	2,305,800	2,305,800	2,105,800	2,105,800	1,852,800	1,852,800	200,000	200,000	1,652,800	1,652,800	1,652,800	1,652,800	1,652,800	1,652,800

本部元帳整理経過表

科　目	試算表 借方	試算表 貸方	支部勘定修正 借方	支部勘定修正 貸方	修正後試算表 借方	修正後試算表 貸方	損益 借方	損益 貸方	残高 借方	残高 貸方	利益処分 借方	利益処分 貸方	処分後残高 借方	処分後残高 貸方
現金・預金	880,000				880,000				880,000				880,000	
負担金収入		1,000,000				1,000,000		1,000,000						
掛金収入				1,000,000		1,000,000		1,000,000						
受取利息		80,000		25,800		105,800		105,800						
保健給付			211,000		211,000		211,000							
災害給付			175,000		175,000		175,000							
休業給付			67,000		67,000		67,000							
支部勘定	200,000		572,800		772,800				772,800				772,800	
当期利益金							1,652,800			1,652,800	1,652,800			
積立金												1,652,800		1,652,800
計	1,080,000	1,080,000	1,025,800	1,025,800	2,105,800	2,105,800	2,105,800	2,105,800	1,652,800	1,652,800	1,652,800	1,652,800	1,652,800	1,652,800

A 支部総勘定元帳整理経過表

科目	試算表 借方	試算表 貸方	損益 借方	損益 貸方	残高 借方	残高 貸方	本部，支部，所属所勘定の修正 借方	本部，支部，所属所勘定の修正 貸方	修正後残高 借方	修正後残高 貸方
現金・預金	398,000				398,000				398,000	
掛金収入		500,000		500,000						
受取利息		13,000		13,000						
保健給付	45,000		45,000							
災害給付	113,000		113,000							
休業給付	27,000		27,000							
本部勘定		70,000				70,000		328,000		398,000
所属所勘定	20,000				20,000			20,000		
支部勘定		20,000				20,000	20,000			
当期損益			328,000			328,000	328,000			
計	603,000	603,000	513,000	513,000	418,000	418,000	348,000	348,000	398,000	398,000

B 支部総勘定元帳整理経過表

科目	試算表 借方	試算表 貸方	損益 借方	損益 貸方	残高 借方	残高 貸方	本部，支部，所属所勘定の修正 借方	本部，支部，所属所勘定の修正 貸方	修正後残高 借方	修正後残高 貸方
現金・預金	374,800				374,800				374,800	
掛金収入		500,000		500,000						
受取利息		12,800		12,800						
保健給付	166,000		166,000							
災害給付	62,000		62,000							
休業給付	40,000		40,000							
本部勘定		130,000				130,000		244,800		374,800
所属所勘定	35,000				35,000			35,000		
支部勘定		35,000				35,000	35,000			
当期損益			244,800			244,800	244,800			
計	677,800	677,800	512,800	512,800	409,800	409,800	279,800	279,800	374,800	374,800

A支部元帳整理経過表

科目	試算表 借方	試算表 貸方	所属所勘定修正 借方	所属所勘定修正 貸方	修正後試算表 借方	修正後試算表 貸方	損益 借方	損益 貸方	残高 借方	残高 貸方	本部勘定修正 借方	本部勘定修正 貸方	修正後残高 借方	修正後残高 貸方
現金・預金	242,000				242,000				242,000				242,000	
掛金収入		300,000		200,000		500,000		500,000						
受取利息		7,000		6,000		13,000		13,000						
保健給付	20,000		25,000		45,000		45,000							
災害営業給付	80,000		33,000		113,000		113,000							
休業給付	15,000		12,000		27,000		27,000							
所属所勘定	20,000		136,000		156,000				156,000				156,000	
本部勘定		70,000				70,000				70,000		328,000		398,000
当期損益							328,000			328,000	328,000			
計	377,000	377,000	206,000	206,000	583,000	583,000	513,000	513,000	398,000	398,000	328,000	328,000	398,000	398,000

B支部元帳整理経過表

科目	試算表 借方	試算表 貸方	所属所勘定修正 借方	所属所勘定修正 貸方	修正後試算表 借方	修正後試算表 貸方	損益 借方	損益 貸方	残高 借方	残高 貸方	本部勘定修正 借方	本部勘定修正 貸方	修正後残高 借方	修正後残高 貸方
現金・預金	275,000				275,000				275,000				275,000	
掛金収入		400,000		100,000		500,000		500,000						
受取利息		10,000		2,800		12,800		12,800						
保健給付	150,000		16,000		166,000		166,000							
災害営業給付	50,000		12,000		62,000		62,000							
休業給付	30,000		10,000		40,000		40,000							
所属所勘定	35,000		64,800		99,800				99,800				99,800	
本部勘定		130,000				130,000				130,000		244,800		374,800
当期損益							244,800			244,800	244,800			
計	540,000	540,000	102,800	102,800	642,800	642,800	512,800	512,800	374,800	374,800	244,800	244,800	374,800	374,800

A″ 所属所元帳整理経過表

科目	試算表 借方	試算表 貸方	損益 借方	損益 貸方	残高 借方	残高 貸方	支部勘定修正 借方	支部勘定修正 貸方	修正後残高 借方	修正後残高 貸方
現金・預金	44,000				44,000				44,000	
掛金収入		50,000		50,000						
受取利息		2,000		2,000						
保健給付	15,000		15,000							
災害給付	3,000		3,000							
休業給付	7,000		7,000							
支部勘定		17,000				17,000		27,000		44,000
当期損益			27,000			27,000	27,000			
計	69,000	69,000	52,000	52,000	44,000	44,000	27,000	27,000	44,000	44,000

A′ 所属所元帳整理経過表

科目	試算表 借方	試算表 貸方	損益 借方	損益 貸方	残高 借方	残高 貸方	支部勘定修正 借方	支部勘定修正 貸方	修正後残高 借方	修正後残高 貸方
現金・預金	112,000				112,000				112,000	
掛金収入		150,000		150,000						
受取利息		4,000		4,000						
保健給付	10,000		10,000							
災害給付	30,000		30,000							
休業給付	5,000		5,000							
支部勘定		3,000				3,000		109,000		112,000
当期損益			109,000			109,000	109,000			
計	157,000	157,000	154,000	154,000	112,000	112,000	109,000	109,000	112,000	112,000

B" 所属所元帳整理経過表

科目	試算表 借方	試算表 貸方	損益 借方	損益 貸方	残高 借方	残高 貸方	支部勘定修正 借方	支部勘定修正 貸方	修正後残高 借方	修正後残高 貸方
現金・預金	66,300				66,300				66,300	
掛金収入		30,000		30,000						
受取利息		1,300		1,300						
保健給付	1,000		1,000							
災害給付	7,000		7,000							
休業給付	2,000		2,000							
支部勘定		45,000				45,000	21,300			
当期損益			21,300			21,300		21,300		66,300
計	76,300	76,300	31,300	31,300	66,300	66,300	21,300	21,300	66,300	66,300

B' 所属所元帳整理経過表

科目	試算表 借方	試算表 貸方	損益 借方	損益 貸方	残高 借方	残高 貸方	支部勘定修正 借方	支部勘定修正 貸方	修正後残高 借方	修正後残高 貸方
現金・預金	33,500				33,500				33,500	
掛金収入		70,000		70,000						
受取利息		1,500		1,500						
保健給付	15,000		15,000							
災害給付	5,000		5,000							
休業給付	8,000		8,000							
支部勘定	10,000				10,000			43,500		
当期損益			43,500			43,500	43,500			33,500
計	71,500	71,500	71,500	71,500	43,500	43,500	43,500	43,500	33,500	33,500

新版
例解 共済組合経理の実務

1992年1月25日	初版発行
2001年11月10日	改訂版発行
2024年12月16日	新版発行

編　者　共済組合経理研究会

発行者　佐 久 間　　重　　嘉

発行所　学　　陽　　書　　房

〒102-0072 東京都千代田区飯田橋 1-9-3
　（営業）　TEL 03-3261-1111　FAX 03-5211-3300
　（編集）　TEL 03-3261-1112　FAX 03-5211-3301
　　　　　　https://www.gakuyo.co.jp

印刷／東光整版印刷　製本／東京美術紙工
© 2024, Printed in Japan　ISBN4-313-12067-9 C2063

吉田耕三・尾西雅博 編　Ａ５判 上製函入 1464頁　定価 26400円（10％税込）

逐条 国家公務員法〈第2次全訂版〉

国家公務員法の逐条解説書。国家公務員法の仕組みと変遷を示すととも
に、実務者に必要な各条文の沿革、詳細な規則までを含めた解釈と運用を
説く唯一の定本。令和5年から段階的に引き上げられる定年延長制度他、
前版2015年以降の改正を網羅した最新改訂版。

（一財）公務人材開発協会　Ａ５判 並製 416頁　定価 4730円（10％税込）
人事行政研究所 編集

諸手当質疑応答集〈第14次全訂版〉

複雑な公務員の諸手当の支給実務に際して生ずる法規上の疑問、諸問題を
Ｑ＆Ａでわかりやすく解説。各種手当の最新改正に伴い全頁にわたって見
直した最新全訂版。「諸手当支給早見表」などの便利な附録も充実。

（一財）公務人材開発協会　Ａ５判 並製 340頁　定価 4180円（10％税込）
人事行政研究所 編著

俸給関係質疑応答集〈第12次全訂版〉

公務員の給与実務に関して生じる疑問や問題点について、正確に処理する
のに役立つよう、わかりやすく解説した質疑応答集の最新版。人事評価制
度や新採用試験制度に伴う、初任給・昇格・昇給制度の改正に対応した全
訂版。

■■■■■■■■■■　学 陽 書 房　■■■■■■■■■■

大森政輔・津野 修・秋山 收・阪田雅裕・宮﨑礼壹・
梶田信一郎・山本庸幸・横畠裕介・近藤正春 共編

A 5 判 上製函入 840頁 定価 11000円（10％税込）

法令用語辞典〈第11次改訂版〉

歴代内閣法制局長官の編による信頼の法律辞典！「こども家庭庁」「拘禁刑」「所有者不明土地」「新型インフルエンザ等感染症」などの新語35語を含めた7年ぶりの大幅改訂版。法令、条例等の立案・解釈に必携の書。

退職手当制度研究会 編著　　　A 5 判 並製 604頁 定価 11000円（10％税込）

公務員の退職手当法詳解〈第7次改訂版〉

退職手当法を条文ごとに詳細に説いた唯一の書。国家公務員法の改正（定年を段階的に65歳まで引き上げ、管理職勤務上限年齢制による降任、転任制度の導入）等、前改訂以降の法令改正分を全面的に見直した最新改訂版。

退職手当制度研究会 編著　　　A 5 判 並製 424頁 定価 5500円（10％税込）

公務員の退職手当質疑応答集〈全訂第7版〉

退職手当制度の運用の中で起こった具体的な279の事例を一問一答形式で解説！『公務員退職手当法詳解（第7次改訂版）』の参照頁を事例ごとに記載。同書との併用で、よりスムーズな実務対応ができる！

学 陽 書 房